INFÂMIA E FAMA

Título original:
*Infâmia e fama: o mistério dos primeiros retratos
judiciários em Portugal (1869-1895)*

© Leonor Sá, 2018

Fotografias que pertencem aos álbuns FTM:
© Francisco Teixeira da Mota

© restantes imagens: ver cada caso em particular

Revisão: Inês Fraga

Capa: FBA
Na capa: o falsário José Maria da Silva, «o *Caramello*»
© Francisco Teixeira da Mota,
10-11b-02; s.d.; Photographia Bastos Sucessor Eduardo Novaes

Depósito Legal n.º 441456/18

Biblioteca Nacional de Portugal – Catalogação na Publicação

SÁ, Leonor

Infâmia e fama: o mistério dos primeiros retratos
judiciários em Portugal (1869-1895). – (Extra-coleção)
ISBN 978-972-44- 2062-2

CDU 343

Paginação:

MϞA

Impressão e acabamento:
ARTIPOL - ARTES TIPOGRÁFICAS, LDA.
para
EDIÇÕES 70
Maio de 2018

Direitos reservados para todos os países de língua portuguesa

EDIÇÕES 70, uma chancela de Edições Almedina, S.A.
Avenida Engenheiro Arantes e Oliveira, 11 – 3.º C – 1900-221 Lisboa / Portugal
e-mail: geral@edicoes70.pt

www.edicoes70.pt

Esta obra está protegida pela lei. Não pode ser reproduzida,
no todo ou em parte, qualquer que seja o modo utilizado,
incluindo fotocópia e xerocópia, sem prévia autorização do Editor.
Qualquer transgressão à lei dos Direitos de Autor será passível
de procedimento judicial.

PREFÁCIO
Filipa Lowndes Vicente

INFÂMIA E FAMA

o mistério dos primeiros retratos judiciários em Portugal (1869-1895)

Leonor Sá

À memória de meu pai.

À presença de minha mãe.

Índice

AGRADECIMENTOS 11

PREFÁCIO – OS ANTI-RETRATOS: O ESPAÇO JUDICIÁRIO COMO ESTÚDIO
FOTOGRÁFICO
    Filipa Lowndes Vicente 13

INTRODUÇÃO 23

PARTE I
O RETRATO JUDICIÁRIO NA EUROPA DO SÉC. XIX

Capítulo 1 – Utilitarismo policial e judiciário. 35

Capítulo 2 – O contexto científico e a retórica de ciência. 45

Capítulo 3 – Os mecanismos do poder e o «retrato repressivo» 59

Capítulo 4 – O eixo infâmia/fama. 67

PARTE II
O RETRATO JUDICIÁRIO EM PORTUGAL EM FINAIS DO SÉC. XIX:
O ENIGMA DOS DOIS ÁLBUNS FOTOGRÁFICOS FTM

Capítulo 5 – Em busca das origens 87
    O quadro legal do retrato criminal/judiciário 90
    Proveniência institucional e autoria dos «álbuns FTM» 98

Capítulo 6 – O contexto fotográfico e conceptual do criminoso português
    em finais de oitocentos 121
    A receção da invenção fotográfica e a fotografia de «tipos» humanos 123
    O conceito de «criminoso» e a intelectualidade portuguesa de oitocentos 138

Capítulo 7 – A «turba medonha» e a textualização dos álbuns 151

Capítulo 8 – A (des)construção dos primeiros retratos fotográficos judiciários portugueses ou a(s) imagem(ns) da «classe criminosa» 163

Capítulo 9 – Criminosos famosos – a exceção e a individualidade 205

CONCLUSÃO 259

FONTES E BIBLIOGRAFIA 267

Agradecimentos

Em primeiro lugar, gostaria de agradecer muito penhoradamente ao Dr. Francisco Teixeira da Mota, pela sua inspiração, abertura e generosidade ao facultar-me os dois álbuns fotográficos que constituíram o *corpus* deste trabalho e que integram a sua coleção particular.

Em segundo lugar, quero agradecer à Professora Doutora Isabel Capeloa Gil, pela sua preciosa orientação e pelo seu entusiasmo contagiante. Gostaria também de agradecer à Teresa Castro pelo auxílio, sempre pronto e tranquilo, que me deu na vertente informática, e ao meu querido amigo Luís Pavão, cuja disponibilidade permanente nunca poderei agradecer suficientemente.

Ao Professor Doutor Peter Hanenberg agradeço as suas inestimáveis sugestões aquando da apresentação do meu projeto, e à Professora Doutora Maria João Vaz e ao Professor Doutor Fernando Cascais a simpática disponibilidade e indicação de dados muito valiosos. Desejo também agradecer ao Dr. Ricardo Cardoso o seu olhar sábio e benévolo e à Dra. Catarina Moura a sua espontânea e imensa gentileza, assim como a amável ajuda da Dra. Manuela Marques, da Biblioteca do Instituto Nacional de Medicina Legal e Ciências Forenses, e do Dr. Paulo Adriano, da Direção Geral dos Serviços Prisionais. Os meus agradecimentos também à Mónica Sousa, à Professora Doutora Margarida Medeiros, ao Dr. Nuno Silva, à Professora Doutora Maria José Moutinho dos Santos, ao Dr. Thomas Schützer Weissman e à Carolina Pinto Leite Bernauer.

As minhas últimas palavras de imensa gratidão dirijo-as à minha família: à Rita, à Joana e ao Luís, pela sua atenção tão contemporânea e afetuosa, que fez – e faz – toda a diferença, no meu trabalho e no meu coração; e à minha mãe, pela verdadeira «fé» que inexplicavelmente tem na minha pessoa.

PREFÁCIO
OS ANTI-RETRATOS:
O ESPAÇO JUDICIÁRIO COMO
ESTÚDIO FOTOGRÁFICO

FILIPA LOWNDES VICENTE

Como tantas vezes acontece, os objectos do passado chegam ao presente separados dos seus contextos de produção. Os legados materiais do passado estão sujeitos às muitas vicissitudes do presente que os podem fragmentar, destruir e modificar os seus lugares e contextos de produção, atribuindo-lhes novos significados. O livro de Leonor Sá parte de dois álbuns fotográficos – hoje pertencentes a uma colecção privada – que a autora, após prolongada pesquisa, comprova terem sido produzidos na Polícia Civil de Lisboa pouco depois da sua criação, em 1867. O percurso profissional de Leonor Sá é indissociável deste cruzamento entre a pessoa que escreve, os materiais históricos sobre os quais escreve e os caminhos de investigação escolhidos. Ser curadora responsável do Museu Português da Polícia Judiciária afigura-se como um facto determinante para compreender a escolha do seu tema, bem como a sensibilidade e conhecimento com que o aborda. A familiaridade com a cultura material, visual e documental de uma instituição tão central à construção de um estado moderno como à difusão de teorias científicas foi determinante para a feitura deste livro, precursor no contexto português.

Os espaços do desvio e da doença

Para pensar no contexto mais alargado destes álbuns, Leonor Sá analisa os modos como a fotografia foi usada nas diferentes disciplinas de saber que fizeram do desvio, da doença, da demência, da marginalidade ou da delinquência o seu principal objecto. Ou seja, o modo como as possibilidades da fotografia foram apropriadas por novas áreas científicas que por sua vez correspondiam a novos espaços arquitectónicos e institucionais. São esses os espaços que Michel Foucault tão bem soube analisar – as prisões e os hospitais, quer os das patologias do corpo como os das patologias da mente. Existe um terceiro espaço, que Leonor Sá também analisa relacionando-o com os anteriores, onde a fotografia surge nos interstícios entre poder, conhecimento, diferença e desigualdade. E esse é o espaço colonial. Não é um lugar institucional e arquitectónico, ao contrário dos outros, mas um espaço múltiplo e disperso, o das geografias da dominação colonial onde a fotografia foi utilizada também para identificar as populações subjugadas ou que se pretendiam subjugar.

A disciplina oitocentista da antropologia é contemporânea do colonialismo moderno – desenvolveram-se em paralelo – tal como da fotografia. Deste encontro tripartido resultaram inúmeros projectos de mapeamento e levantamento visual de «tipos humanos». Mulheres, homens e crianças, sem nome, mas com a identidade das classificações que as diversas disciplinas iam criando, tornaram-se objecto de estudo de uma ciência europeia que passou a ter no espaço colonial (ou nas exposições universais que traziam «nativos» para os centros das capitais europeias) um laboratório humano disponível pela legitimidade do domínio colonial. O retrato fotográfico de seres humanos não ocidentais, de frente e de lado, numa procura da apreensão total foi muitas vezes acompanhado das metodologias antropométricas que mediam corpos e crânios numa tentativa de encontrar as normas e as diferenças. Implícita nestas medições antropométricas esteve, até meados do século XX, a ideia de que se poderia encontrar uma correspondência entre o invisível e o visível – entre a anomalia, o atraso, a propensão para o desvio e para o crime, as limitações intelectuais ou emocionais, e o corpo físico, revelado nos centímetros do crânio, na fisionomia, na distância entre o nariz e a boca. Nesta procura de uma fórmula certa para a diferença (diferença sempre no sentido inferior ou negativo em relação à norma), estiveram implícitas tanto as teorias de prevenção e controle como as ideologias que justificavam a encarceração, a hospitalização ou a colonização.

A circulação de conhecimentos e de pessoas

Este livro traça também um valioso mapa europeu de circulação de conhecimentos, ideias, teorias e práticas científicas entre diferentes nações europeias. Ao fazê-lo, inscreve-se no campo, muito rico, de uma história intelectual contemporânea, pensada como um fenómeno global e transnacional. Como a autora tão bem demonstra, não é possível escrever sobre história do conhecimento, da ciência e das ideias sem ultrapassar fronteiras nacionais. Temos médicos, funcionários públicos, cientistas, militares, fotógrafos que viajavam, que participavam em congressos, que compravam e liam livros, relatórios e jornais estrangeiros. Temos textos que eram traduzidos para português ou ideias que se resumiam em artigos de jornal em vários países e línguas. E temos teorias que combinavam desvio e fotografia, loucura e imagem concebidas por franceses – Bertillon –, ingleses – Galton –, ou italianos – Lombroso – que eram lidas em Portugal e postas em prática por um Estado empenhado em melhor conhecer e controlar aqueles dos seus membros que podiam pôr em causa a segurança e a serenidade de todos os outros. As tecnologias fotográficas desenvolveram-se em paralelo com as instituições judiciárias, prisionais e hospitalárias centralizadas por um Estado moderno, sofisticado nos modos de conjugar conhecimento e poder, tal como John Tagg analisou, de modo pioneiro, no seu *The Burden of Representation* de 1988.

O francês Alphonse Bertillon, um dos muitos autores que Leonor Sá tão bem analisa, foi o mais influente teórico defensor e divulgador da fotografia ao serviço da criminologia. No hospital psiquiátrico parisiense para mulheres, o médico Jean-Martin Charcot criou um arquivo fotográfico da histeria, categoria que ele próprio contribuiu para definir (o historiador de arte e filósofo francês George Didi-Huberman fez deste tema o seu primeiro livro). Francis Galton, britânico polifacético, inventou os «retratos compósitos», uma técnica que juntava vários retratos numa só impressão, o que permitia, segundo ele, encontrar traços fisionómicos comuns que pudessem revelar apetência para o crime ou sinal de doença. Cesare Lombroso, médico e criminologista, italiano de Torino, cidade onde criou o seu próprio museu em 1892, também fez vasto uso da fotografia. Todos eles são homens – pois, a ciência do século XIX ainda é um domínio masculino – que viveram durante a segunda metade do século XIX e morreram no início do século XX ou em finais do XIX. Todos eles criaram formas de atlas fotográficos – a ideia de que várias fotografias distintas, colocadas umas ao lado das outras, tinham significados diferentes daqueles que teriam se vistas individualmente. Todos eles acreditavam que as novas tecnologias fotográficas contribuiriam para os conhecimentos científicos aos quais se dedicavam, e todos eles viram as suas ideias e teorias ser apropriadas noutros contextos nacionais.

O álbum fotográfico

Se tivéssemos de fazer uma seleção dos objectos mais emblemáticos do século XIX, a máquina fotográfica seria, com certeza, um deles. Mas o álbum fotográfico seria outro. Objecto rico que combina múltiplas referências e genealogias para se tornar algo novo. Livro? Caderno? Diário? Exposição? Atlas? Narrativa visual de histórias individuais ou colectivas? Prova ou subjectividade? Tudo isso e mais. Cada álbum é único mas cada álbum também está imbuído das tipologias que se tornaram comuns ao longo do século XIX. O álbum de retratos foi uma dessas mais persistentes tipologias. A banalização do formato *carte de visite*, inventado em França por Disdéri na década de 50 do século XIX, globalizou-se e impôs-se graças às suas muitas vantagens. Sempre das mesmas dimensões, era do tamanho de um rectângulo, como um cartão-de-visita, o que possibilitava que fosse enviado pelo correio para amigos e familiares. E era mais barato porque a máquina fotográfica que os produzia possibilitava logo a multiplicação de uma mesma imagem em várias cópias. Podiam ser coladas em álbuns de cartão duro, ou inseridas nas «janelas abertas» que muitos álbuns já traziam recortadas, prontas a encaixar as *carte de visite*.

Esta revolução fotográfica, uma de tantas que se foram produzindo desde a invenção da fotografia em 1839 até à sua banalização já no século XX, permitiu que a feitura e posse de um retrato de si próprio fossem acessíveis a um número muito maior de pessoas. A fotografia democratizou-se. Mas continuavam a existir muitos modos de distinção: alguns estúdios fotográficos eram muito mais prestigiados e caros do que outros e enquanto algumas pessoas faziam um retrato ao longo da vida, outras fizeram-se fotografar inúmeras vezes. A *carte de visite* e a banalização da tecnologia fotográfica também tiveram outra consequência muito evidente que veio transgredir as fronteiras entre público e privado. As personagens públicas – monarcas, políticos, actrizes e actores, escritores (mais do que escritoras) – agora podiam ser conhecidos pela sua imagem e não apenas por terem os seus nomes impressos em jornais, capas de livros ou cartazes de peças teatrais. Centenas ou milhares de pequenos rectângulos em cartão duro multiplicavam a sua imagem e impacto, a *fama* de que nos fala Leonor Sá, por pessoas que não os conheciam pessoalmente mas que os guardavam em casa, em caixas, em molduras, ou em álbuns. Assim, um álbum privado podia combinar fotografias de família feitas por iniciativa privada com as fotografias de personagens públicas, que estavam disponíveis para venda no mercado cada vez mais rico do comércio fotográfico. Mais tarde, já no século XX, quando a tecnologia permite que a fotografia seja impressa em jornais, a *fama* do retratado passa a ter um outro espaço de divulgação. Leonor Sá refere também como algumas detidas e detidos foram objecto de artigos de jornal – texto e fotografia, *fama* e *infâmia*, numa só página.

Os anti-retratos

As fotografias colocadas em álbuns que servem de ponto de partida ao livro de Leonor Sá também são «retratos». A autora explora como se vêm inscrever na mais persistente das tipologias fotográficas, aquela que por sua vez já tinha uma longa genealogia na pintura emoldurada que se expunha na parede ou nas miniaturas pintadas, ovais ou rectangulares, suficientemente pequenas para poderem ser enviadas pelo correio. Há, no entanto, algo de profundamente distinto nestes retratos que vem perturbar todas as convenções que umas décadas de estúdio fotográfico já tinham consolidado. Quando a fotografia era uma prática única e rara – nos antípodas da *selfie* digital que se pode fazer e apagar com um só gesto –, a retratada ou o retratado passavam por um ritual de preparação demorado. A fotografia tornava-se assim o último gesto do ritual e o único ao qual podemos hoje ter acesso. *Antes* está tudo aquilo que não vemos. O vestir (às vezes com as roupas que o próprio estúdio fotográfico possuía para emprestar), o pentear, o posar faziam parte da encenação que culminava com o último dos gestos – o fotógrafo a accionar o aparelho fotográfico.

Nos retratos judiciários, princípio e fim estão contidos na mesma chapa e no mesmo cartão ou vidro fotográfico. A detida ou o detido não pôde tomar banho, passar a cara por água, pentear-se, vestir-se, fechar o botão da camisa, levantar os colarinhos, pôr pó de arroz, prender o cabelo com ganchos, acertar o bigode, fazer um nó no lenço, lavar a nódoa. É assim que eles são e é assim que o instante fotográfico os deve apreender. Os tempos da fotografia judiciária são os tempos mínimos de colocar o detido, ou a detida, quieto, perante a lente. Não há espaço para o «antes de». O momento imediato substitui a encenação. A verdade acaba por substituir o artifício. Como Leonor Sá analisará, a prova da sua transgressão, do seu crime, estava também neste desalinho, na sua sujidade, nos buracos da roupa, no rasgão da camisa.

Por vezes têm uma placa encostada ao corpo com o número que a instituição lhes deu. O número, em vez do nome, serve de identificação. Número e fotografia marcam assim este ritual de passagem da rua para a prisão, do exterior para o interior, do crime para o castigo. A fotografia judiciária, tal como a fotografia de estúdio comercial, também é uma forma de distinção social, um acto que não é acessível a todos, mas no sentido oposto. Uns querem ser fotografados. Para outros, ser fotografados é apenas a prova de que foram apanhados. A fotografia como a primeira fronteira de uma possível encarceração. Presos na chapa. Entre os quatro lados do rectângulo visual como numa grade (*grid*) que os aprisiona metafórica e literalmente, como a autora também explorará.

Podiam ser fotografados só uma vez na vida. Mas – e essa é a grande distinção em relação à tipologia dominante do retrato fotográfico – não tinham direito à melhor imagem de si próprios. O seu desvio interior – o crime, o roubo, a marginalidade, a loucura – devia ser visível também no exterior. O espaço da Polícia (ou do hospital) onde tinha lugar o «evento fotográfico», para usar uma expressão de Ariella Azoulay, está assim na antítese do estúdio fotográfico comercial que vive também da sua capacidade de tornar a fotografia em si melhor que o objecto fotografado. Como Leonor Sá também nos mostra, esta ilusão do instante – fotografar o criminoso logo após a sua detenção policial – persiste nas *mugshots* contemporâneas. A fotografia tem lugar num instante. Mas a *infâmia* – para usar o título deste livro – que ela provoca, essa, é indelével.

Há um outro aspecto que distingue o retrato do anti-retrato. O retrato realizado por encomenda num estúdio fotográfico é levado para casa. Vai do espaço da sua realização para a casa da pessoa que o solicitou, pagou e que aparece fotografada. Em casa poderá acabar num álbum fotográfico, numa caixa, numa gaveta ou emoldurado e exposto num dos quartos, ou poderá ser enviado para outro lugar – oferecido em mão a um familiar ou amigo ou enviado pelo correio dentro de um envelope. O retrato judiciário ou aqueles outros que referimos, pelo contrário, não fica com a pessoa que está representada. É mesmo muito provável que a fotografada ou o fotografado nunca os veja. Os retratos ficam com aqueles – polícia, médicos, antropólogos, etc. – que acreditam que os retratos são uma prova, um documento, uma das materialidades de um arquivo mais vasto onde se validam diferentes tipos de conhecimentos. Nos anti-retratos, os retratados não têm, à partida, direito a olhar para a sua imagem. Leonor Sá refere o caso de um detido, um falsário, que, entre os seus objectos guardados na cela, tem também um retrato seu. Mas não se sabe que retrato era e muito possivelmente trata-se de uma fotografia comercial para a qual ele posara antes de ser detido e não do retrato que lhe fizeram aquando da sua detenção.

As possibilidades de resistência

Vemos as fotografias, hoje. Mas raramente ouvimos as vozes dos fotografados. Temos, pelo menos, algumas narrativas e arquivos de quem os fotografou, mas não temos as contra-narrativas de quem foi fotografado. Onde é que podemos encontrar traços destas pessoas nos arquivos que nos chegaram até hoje? Onde é que podemos descobrir formas de resistência naqueles «eventos fotográficos» que pressupunham sempre algum modo de imposição, de dominação, de violência, de força? De desigualdade entre quem possuía a tecnologia e quem não a possuía? Uma das características comuns a estes milhares de retratos produzidos em contextos policiais, hospitalares, psiquiátricos ou antropológicos não é certamente o perímetro do cérebro, mas o facto de a grande maioria dos fotografados não ter acesso à escrita. Os retratados dos álbuns analisados por Leonor Sá seriam quase todos analfabetos e para encontramos as suas formas de resistência temos de recorrer a outros traços para além da historicidade da escrita. Será um olhar desafiante uma forma de resistência?

Por vezes é o próprio fotógrafo que, nos seus escritos, espelha as formas de resistência dos fotografados. Isto acontece sobretudo em relatos de antropólogos que descrevem como os «nativos» que eles queriam fotografar resistiam às suas tentativas. O «evento fotográfico» estava longe de ser sempre passivo e os fotografados, mesmo em contextos de desigualdade e desequilíbrio de poder, podiam recorrer a modos de subversão. No seu livro *India*, publicado em Milão em 1884, o italiano Paolo Mantegazza, queixava-se de como os seus objectos de estudo eram difíceis e exigentes. Antropólogo que recorreu tanto à fotografia como à craneometria, além de ter escrito sobre ambos os instrumentos de trabalho, Mantegazza descreveu as dificuldades em medir e em fotografar os membros da comunidade do Indiana do Sul denominada de *Todas*. «Consegui fotografar dois Kotas. O terceiro escapou com medo do craniómetro!» Apesar de tudo, a fotografia antropológica implicava estratégias de negociação com os fotografados que a fotografia prisional não concedia. Uma detida ou um detido nunca poderia fugir da lente tendo de se sujeitar às normas institucionais. Qualquer subversão ou resistência poderia significar uma punição acrescida.

Apesar daquilo que têm em comum, existe, assim, uma diferença que importa sublinhar entre o retrato judiciário e o retrato antropológico ou o retrato médico, de patologias físicas e mentais. Enquanto nestes últimos muito frequentemente se procurava um «tipo» – um grupo étnico ou uma doença específica –, nos retratos judiciários o que se queria apreender era a especificidade do indivíduo, único. Assim, se um «louco» ou um «indígena» tornasse demasiado difícil o acto de posar – implícito sempre o controle sobre o corpo e a imobilidade – poderia ser substituído por outro que correspondesse à mesma «categoria» científica. Enquanto nos retratos de uma mulher ou de um homem preso por um delito, era precisamente a identificação da sua individualidade que se procurava, aquilo que a distinguia de todos os outros.

No âmbito dos retratos de presos importa pensar numa categoria específica que é a dos presos políticos, sobretudo em relação às possíveis formas de resistência. Quando por exemplo vemos as fichas da PIDE que se encontram no Arquivo Nacional da Torre do Tombo – três fotografias por pessoa, impressas num mesmo papel fotográfico, e coladas num cartão onde estão os principais dados de identificação, data, nome, e principal «culpa» – reconhecemos a tipologia já inventada no século XIX. O retrato de frente, o de lado, o de 3/4 e o modo como a fotografia marca a fronteira espacial e temporal entre o estar livre e o estar preso. Mas há diferenças substanciais entre esta «categoria» de presos e aqueles «marginais» dos quais se ocupa este livro. Uma delas é que muitos destes presos tinham acesso à escrita, e tinham-na usado para contrariar aqueles que agora os prendiam. As suas formas de resistência também estão inscritas na história e podemos encontrá-las no mesmo «arquivo» que integra as provas da sua detenção, no fundo, a vitória daqueles a quem se resistia.

A escrita é menos invasiva do que a fotografia. Escrever sobre alguém tende a implicar menos a pessoa sobre a qual se escreve do que acontece numa relação fotográfica. Estes detidos (ou loucos, doentes ou colonizados) foram objecto de relatórios, livros, artigos, páginas e páginas de estudos, mesmo que nunca os lessem. A fotografia – sobretudo antes dos avanços tecnológicos da fotografia instantânea, o *snapshot* – obrigava a gestos e tempos lentos e a uma negociação entre as várias pessoas que participavam do evento fotográfico. A violência com que este processo, por vezes, decorria era quase sempre invisível no resultado final, ou surgia apenas nalguns traços. Podia surgir, como vimos, nas palavras escritas de quem fotografava e descrevia as dificuldades do encontro entre as várias pessoas que são necessárias para que exista uma fotografia.

Mas podia estar também presente de modos mais subjectivos, e também mais difíceis de enquadrar nos protocolos da prova documental da escrita académica. É o que sucede, por exemplo, nos olhares de alguns detidos perante a lente, entre o desafio e a subjugação. Como Leonor Sá analisa num artigo sobre as dimensões performativas do retrato judiciário, existiam tensões entre a submissão e a resistência, também no momento da fotografia.[1] Fechar os olhos podia ser uma delas. Tal como a violência que tantas vezes, ao longo dos séculos XIX e XX, antecedeu a viagem de um objecto do seu lugar de origem para uma colecção ou museu (esse outro espaço que Foucault poderia ter analisado à luz da junção entre poder e conhecimento), também a brutalidade de fotografar seres humanos pode passar facilmente despercebida ao olhar do observador. A fotografia, tal como o espaço do museu ou da exposição, tem a capacidade de neutralizar essa violência.

Existe já uma bibliografia rica, britânica, francesa, italiana ou norte-americana, sobre estes temas – especificamente sobre os cruzamentos entre a história da fotografia e a história das prisões, dos sistemas judiciários e das teorias psicossociais e científicas que, no século XIX, se centraram no marginal, no delinquente, no criminoso. Sobre a fotografia associada à psiquiatria e à medicina, como à antropologia e todas aquelas áreas do conhecimento que no século XIX se começaram a consolidar enquanto disciplinas científicas, há também muitas publicações. Com o livro de Leonor Sá, o caso português, nas

[1] Leonor Sá (2012), «Dimensões performativas do retrato judiciário: elaboração, receção – e autonomia retórica», *Comunicação e Cultura*, n.º 14, Lisboa: Centro de Estudos de Comunicação e Cultura da Universidade Católica Portuguesa, 125-158.

suas relações com aquilo que se passava noutros lugares, fica também inscrito nesta historiografia.

Este livro entra também em diálogo com o catálogo de uma exposição com textos de Maria do Carmo Serén e Maria Filomena Molder, realizada no Porto em 1997, que é ele próprio um marco da historiografia da fotografia portuguesa: *Murmúrios do Tempo*. A primeira exposição que teve lugar no Centro Português de Fotografia em 1997 centrou-se no espólio de retratos de presos que existiam no arquivo da Cadeia da Relação, edifício emblemático portuense que já tinha tido várias outras vidas antes de se tornar um espaço público dedicado à fotografia. Nas fichas intituladas «Posto Antropométrico junto da Cadeia Civil do Porto. Boletim de identificação» (não muito distintas das fichas que a PIDE faria de cada um dos seus presos muitas décadas depois) estão impressas as categorias que se deveriam preencher à mão para cada um dos detidos: nome, alcunha, profissão, a última residência, os sinais particulares do corpo, as observações cromáticas, com os tons do cabelo e dos olhos, mas também o registo criminal e as condenações com subcategorias – a data em que já foram presos, o crime que cometeram, o lugar onde já tinham sido presos e o tempo de detenção. Tudo isto, claro, além das suas fotografias – de perfil, com o número numa placa colocada no ombro, e de frente.

No livro de Leonor Sá, as detidas e detidos também assumem várias outras identidades para além da fotográfica. *A Giraldinha* era a alcunha de uma mulher gatuna, fotografada no espaço judiciário, que acabou por se tornar célebre porque a sua história e a sua imagem foram reproduzidas em jornais da época. O falsário *Caramelo* – que numa extraordinária fotografia que Leonor escolheu, e bem, para capa do seu livro, exibe o motivo do seu crime, uma moeda falsa – ou o *Lindinho* são algumas das pessoas que na investigação de Leonor Sá obtêm a dimensão humana e a individualidade possível.

Se a exposição e o catálogo *Murmúrios do Tempo*, de há mais de vinte anos, foram um marco na história da fotografia portuguesa, também o livro de Leonor Sá se constituirá numa referência indispensável para a história da fotografia portuguesa num livro que demonstra como este é um período em que o visual se cruza com o textual de todas as formas possíveis. Mas não só. Com *Infâmia e Fama: o mistério dos primeiros retratos fotográficos judiciários em Portugal 1869-1895*, Leonor Sá vem enriquecer, em geral, a historiografia sobre o século XIX português, bem como, em particular, a história das instituições públicas oitocentistas, sobretudo a judiciária, e a história dos diversos tipos de conhecimentos que se congregavam na passagem – também fotográfica – entre a liberdade e a detenção, entre o desvio e a norma, entre o crime e o castigo.

INTRODUÇÃO

> *«... o retrato judiciário afirma-se como uma imagem indelével que parece selar o destino dos indivíduos.»*
>
> (About e Denis 2010: 83).

Em contacto desde há um pouco mais de vinte anos com um espólio fotográfico policial do início do séc. XX que tratou segundo prioridades éticas e pragmáticas específicas[1], e na impossibilidade de o expor de um modo não mutilado[2], a autora optou por desviar a sua pesquisa académica para dois álbuns fotográficos inéditos de criminosos portugueses de um período bastante anterior, que um colecionador particular gentilmente colocou à sua disposição para fins de estudo[3]. Estes dois álbuns fotográficos, até agora desconhecidos – que designaremos por «álbuns FTM»[4] – contêm, no atual estado de conhecimento, e conforme esperamos comprovar ao longo deste trabalho, os retratos judiciários portugueses mais antigos que subsistiram até hoje, estando datados de 1869 a 1895.

Sem inscrições nas lombadas nem noutros locais onde seria expectável encontrarem-se referências à tutela que os criou e/ou utilizou, adquiridos num leilão sem quaisquer suportes informativos relativamente à sua origem e perante a absoluta e inultrapassável impossibilidade de a leiloeira poder fornecer quaisquer pistas sobre a sua proveniência[5], os dois «álbuns FTM» ofereceram-se-nos assim envolvidos num «mistério policial» que suscitou o nosso fascínio crítico e que assim decidimos desvendar, num processo de «metainvestigação» que seguiu a perspetiva alargada e interdisciplinar dos Estudos Visuais/Estudos de Cultura – campo académico em que nos inserimos. A investigação seguiu, portanto, diversas etapas que passaremos a expor, num quadro internacional em que os primeiros estudos científicos específicos marcantes sobre o tema surgiram apenas na segunda metade dos anos 80 do século XX, e num cenário de estudos académicos sobre esta temática praticamente inexistente em Portugal. Assim, o presente estudo pretende contribuir para o preenchimento

---

[1] Como responsável pela implementação do Museu de Polícia Judiciária e criação do seu Arquivo Histórico Fotográfico, garantiu a recolha, a conservação, a inventariação e o início do estudo do espólio fotográfico policial em causa, referente sobretudo à Polícia de Investigação Criminal (PIC), força policial antecessora da Polícia Judiciária e anterior a 1945, assim como perspetivou a sua divulgação.

[2] Uma deliberação da Comissão Nacional de Proteção de Dados datada de maio de 2014 determina que a divulgação dos retratos judiciários do Arquivo Histórico Fotográfico do Museu de Polícia Judiciária (datados de 1912 aos anos quarenta do séc. XX) só pode efetivar-se com a autorização dos retratados *ou* mediante ocultação do nome *e* dos olhos dos retratados.

[3] O contrato estabelecido entre a autora deste texto e o colecionador em causa permite a mostragem neste trabalho de um número limitado de retratos judiciários dos dois álbuns em questão.

[4] Seguindo as iniciais do nome do proprietário dos álbuns em questão.

[5] Insistentemente consultada a leiloeira Palácio do Correio Velho, onde os dois álbuns foram comercializados, não foi de todo em todo possível obter informações sobre a sua origem, nomeadamente sobre os anteriores proprietários.

dessa lacuna, aproveitando a rara oportunidade para estudar e mostrar os retratos judiciários portugueses mais antigos que se conhecem na atualidade e que ora se dão a público pela primeira vez. Note-se que esta primeira mostragem pública e investigação se tornam particularmente pertinentes e aliciantes, a nível local, dezoito anos passados sobre a exposição dos então considerados primeiros retratos judiciários portugueses, do início do séc. xx, realizada no antigo edifício da Cadeia e Tribunal da Relação do Porto[6], e no momento preciso em que, por um lado, se tem mostrado um interesse acrescido e aprofundado por este período da história da fotografia em Portugal (no final de 2014 e primeiro semestre de 2015 foram publicadas três extensas obras coletivas sobre fotografia portuguesa do séc. xix nas suas mais diversas vertentes[7]) e, por outro, em que jornalisticamente se aposta na exploração de personagens criminosas portuguesas do séc. xix consideradas célebres, conforme o atesta uma recente rubrica do jornal *Expresso online* intitulada *Crime à segunda*[8]. A nível internacional, a pertinência mantém-se, num cenário de crescente interesse mediático por temas criminais, como veremos adiante, e no preciso momento em que a descoberta de uma fotografia de Billy the Kid a jogar críquete (avaliada em cinco milhões de dólares) leva à realização de um documentário narrado pelo ator Kevin Costner, a ser exibido em 2015 no canal National Geographic, cinco anos depois de um retrato do mesmo Billy the Kid ter rendido 2,3 milhões de dólares num leilão (Carvalho 2015).

Neste quadro, e perante o vazio informativo inicial e o mistério que rodeia os «álbuns FTM», cabe aqui desde já explicitar o ponto de partida desta pesquisa e formular a bateria de «múltiplas grandes perguntas de investigação» que este estudo implica:

Em que contexto nacional e internacional alargado surgem estes álbuns e os seus retratos fotográficos de criminosos? Que mecanismos de poder estão subjacentes a este tipo de «retrato repressivo»? De que modo se liga este tipo de fotografia à estigmatização e à infâmia ou, no polo oposto, à fama e à celebridade? De que modo a evolução da imagem do retrato judiciário nos séculos xx e xxi e a contaminação dos seus *mass media* afetaram o nosso olhar contemporâneo perante os retratos criminais do passado? Que instituições públicas portuguesas de controlo social terão mandatado a elaboração dos retratos e dos «álbuns FTM»? Que tipo ou categoria de funcionários terá ordenado a elaboração e compilação dos retratos e concretizado essa organização em álbuns? Quem terão sido os fotógrafos que captaram estes retratos de delinquentes? Que critérios estariam subjacentes à seleção dos fotógrafos? A que grau de modernidade e desenvolvimento tecnológico, em Portugal, correspondem os procedimentos que levaram aos «álbuns FTM»? Que modelo de representação social está subjacente a estes retratos tão específicos?

O nosso estudo procurou responder a todas estas questões, não necessariamente por esta ordem linear – dada a complexidade e sobreposição frequente dos fatores –, seguindo os passos que explicitaremos de seguida e com resultados que, dadas as circunstâncias, consideramos surpreendentemente satisfatórios.

[6] Referiremos esta importante exposição mais detalhadamente adiante.

[7] Trata-se de uma aglomeração cronológica inédita de publicações coletivas quase simultâneas perante uma bibliografia anterior bastante mais espaçada e que não juntava tantos autores. Referimo-nos a: Costa, Fernanda Madalena e Jardim, Maria Estela (coord.) (2014) *100 Anos de fotografia científica em Portugal (1839-1939) Imagens e instrumentos*, Lisboa: Edições 70; Vicente, Filipa Lowndes (org.) (2014) *O império da Visão. Fotografia no contexto colonial português (1860-1960)*, Lisboa: Edições 70; e Tavares, Emília e Medeiros, Margarida (2015) *Tesouros da fotografia portuguesa do século xix*, catálogo, Lisboa: MNAC – SEC. A este facto acrescente-se que, em primeiro lugar, a última obra suprarreferida acompanhou duas exposições também realizadas em 2015, sob o mesmo título, uma em Lisboa, no Museu Nacional de Arte Contemporânea do Chiado, e outra na Galeria Municipal do Porto; e, em segundo lugar, que a fotografia médica (também forense), científica e etnográfica do séc. xix focada individual ou conjuntamente nestas três obras se aproxima bastante da fotografia judiciária, como veremos adiante.

[8] Esta rubrica jornalística, iniciada a 24.08.15, debruça-se sobre duas das criminosas célebres que trataremos no último capítulo desta tese, como veremos adiante.

Estado da Arte

A nível internacional, os primeiros estudos de envergadura que se debruçaram especificamente sobre o tema dos primórdios do retrato judiciário surgiram só na segunda parte dos anos 80 do século xx em França e nos EUA, com a publicação das obras seminais *L'image accusatrice* (Phéline 1985) e «The Body and the Archive» (Sekula 1986), precedidos por outros com menos impacto (Tuttle 1961, Gilardi 1978; Najman e Tourlière 1980), que abordaram sobretudo os universos francês e anglo-saxónico. Seguem-se-lhe as obras de vulto de Susana Regener, sobretudo a extensiva *Fotografische Erfassung: zur Geschichte medialer Konstruktionen des Kriminellen,* de 1999, dedicada ao advento e evolução dos retratos judiciários na Alemanha e no Norte da Europa e, com menor envergadura, Kurtz 1995 e Ochoa 1996, respetivamente sobre um caso espanhol de fotografia de bandoleiros e um caso mexicano de fotografia de prostitutas, ambos relativos ao séc. xix.

Já no séc. xxi, destacamos dois momentos e obras fundamentais, pela profunda pesquisa que dedicaram aos retratos judiciários, pela perspetiva multidisciplinar com que os abordaram e contextualizaram e pela quantidade de retratos judiciários a que deram visibilidade: duas importantes exposições europeias, produzindo cada uma delas o seu extensivo catálogo:

A primeira exposição, em 2001, na National Portrait Gallery de Londres, intitulada *The beautiful and the damned, the creation of identity in nineteenth century photography* (Hamilton e Hargreaves 2001) e a segunda em 2011/12, nos Archives Nationales de Paris, com o título *Fichés? Photographie et identification 1850-1960* (Berlière e Fournié 2011).[9]

De mencionar, também, sobretudo os artigos de Bill Jay (1991), Jens Jäger (2001) e Richard W. Ireland (2002), que trazem novos dados importantes sobre o retrato judiciário no séc. xix no Reino Unido (Jay 1991 e Ireland 2002) e na Suíça e Alemanha (Jäger 2001).

Encontramos também abordagens transversais ou pontuais ao tema dos retratos judiciários em obras direcionadas para temáticas mais alargadas, oriundas sobretudo das áreas da história da(s) Polícia(s), história da identificação criminal e civil e história e teoria(s) da fotografia, as mais importantes das quais, neste contexto, irão sendo citadas ao longo do presente trabalho.

Em Portugal o tema dos retratos judiciários foi, como referido, muito pouco tratado, mas podemos assinalar alguma investigação, nomeadamente no que concerne a estudos focando áreas temáticas limítrofes, sendo as seguintes as principais obras de referência:

Sobre o tema específico dos primórdios do retrato judiciário no nosso país, constitui menção primeira e obrigatória a suprarreferida exposição de retratos judiciários (que mostrava os até então considerados primeiros exemplares, datados de 1902), realizada em 1997, por ocasião da inauguração do Centro Português de Fotografia no antigo edifício da Cadeia e Tribunal da Relação do Porto, sob o título *Murmúrios do tempo.* Esta exposição produziu uma publicação/catálogo com o mesmo nome (Serén e Molder 1997). De mencionar

[9] Sem pretendermos ser exaustivos, enumeremos algumas outras exposições que ocorreram entretanto focando o tema dos retratos judiciários de modo parcial, sendo, portanto, menos relevantes para o presente trabalho: *Preuve par l'image. La photographie en quête de la verité,* 2003, Lausanne, Fondation Claude Verdan. *Exposed. Voyeurism, surveillance and the camera,* 2010, Londres, Tate Modern. *Le theatre du crime – Rodolphe A. Reiss (1875-1929),* 2012, Paris, Bibliothèque des littératures policières; exposição organizada pelo Musée de l'Elysée, com mostras anteriores em Lausanne e Genève. *Un œil sur le crime. A. Bertillon, précurseur de la police scientifique,* 2015, comissariada por Pierre Piazza, Vire, Musée de Vire. Exposições artísticas que também focaram o tema dos retratos judiciários serão abordadas mais adiante, no final da primeira parte deste trabalho, mais precisamente no seu quarto capítulo.

também um artigo intitulado «Dimensões performativas do retrato judiciário: elaboração, receção – e autonomia retórica», publicado em 2012, de autoria da signatária do presente trabalho (Sá 2012).

Sobre temáticas limítrofes, refiramos em primeiro lugar estudos sobre o registo criminal na perspetiva da história do direito (Costa 1985), em segundo lugar estudos sobre identificação antropométrica numa perspetiva antropológica (Rocha 1985) e histórica (Madureira 2003, 2005) e, sob perspetivas arquivísticas e museológicas, uma curta descrição geral do Arquivo Histórico Fotográfico do Museu de Polícia Judiciária (Sá 1995). Nesta área limítrofe deveremos também referir a integração – a título ilustrativo – de retratos judiciários oriundos das Polícias políticas do Estado Novo (PVDE, PIDE, PIDE-DGS) em diversas pesquisas históricas de fôlego sobre esse período histórico português. Com maior destaque, o mesmo tipo de retratos judiciários figurou também, com os mesmos propósitos ilustrativos, em exposições sobre temas ligados ao mesmo período ditatorial (p. ex. *A voz das vítimas,* em 2011, e na exposição definitiva do Museu do Aljube, em Lisboa, 2015) e em importantes documentários sobre o mesmo tema (p. ex. «48», de 2010, de Susana Sousa Dias, mencionado aqui pelo seu caráter documental, embora possua uma dimensão artística muito acentuada).

A exposição intitulada *Corpo diferenciado,* comissariada por Sérgio Mah e Luísa Costa Dias, a partir da coleção fotográfica da Delegação Sul do Instituto Nacional de Medicina Legal e Ciências Forenses, IP (Lisboa), em colaboração com o Arquivo Fotográfico Municipal de Lisboa e no contexto da Bienal *LisboaPhoto* 2005 (cujo tema geral foi «a imagem cesura»), também se poderá considerar no âmbito imediatamente lateral ao nosso tema. O catálogo desta *LisboaPhoto* 2005 contém artigos de Sérgio Mah e Jorge Costa Santos que incluem menções a práticas fotográficas de instituições judiciais na viragem do séc. XIX para XX.

Por fim, refira-se também uma pequena exposição realizada em outubro de 2013 no Centro de Estudos Judiciários e intitulada *Cadeia do Limeiro – Da punição dos delinquentes à formação dos magistrados,* que expôs alguns retratos antropométricos de presos do princípio do séc. XX.

Metodologia e estrutura

A primeira preocupação metodológica na análise dos «álbuns FTM» consistiu em construir uma abordagem interdisciplinar e dinâmica própria da área dos Estudos de Cultura e dos Estudos Visuais/Cultura Visual, seguindo o travejamento teórico sobretudo de W. J. T. Mitchell (Mitchell 2007), Bolter e Grusin (2000) e Isabel Capeloa Gil (Gil 2011). Esta abordagem implica uma visão dialética da cultura visual que explora não só a «construção social do campo visual», mas também a «construção visual do campo social» (Mitchell 2007: 92; 96; 100). Implica também uma ancoragem «em postulados sígnicos alheios à economia do visual, não se reduzindo, portanto, a um instrumento analítico e utilitário para dissecar os sistemas imagéticos, mas apresentando-se sobretudo como estratégia de produção de um discurso crítico teórica e historicamente informado sobra a cultura visual» (Gil 2011: 21-22). Ou seja, no que concerne à metodologia deste trabalho, implica uma linha comparativa e empírico-interpretativa própria da cultura visual, com enfoques sobretudo nas perspetivas histórica, antropológica, social e política (sobretudo a partir de Foucault), contribuindo todos estes setores analíticos para uma abordagem semiótica, sem esquecer a estética (sobretudo a partir de Barthes) e encarando o fenómeno criminal também de uma perspetiva cultural e interdisciplinar: «Indeed, criminal policy can be usefully seen not only as an inevitably political art or science, but conversely as an equally inevitably esthetic or philosophical form of politics» (Wiener 1990: 9).

Finalmente, implica, por um lado, o reconhecimento da hibridade dos meios e a consequente utilidade de atenção a outros sentidos que não apenas a visão, na sua relação com esta (Mitchel 2007: 95), e, por outro, não deixar de considerar a importante «remediação» na produção e receção das imagens por parte de *media* anteriores e mesmo posteriores (Bolter e Grusin 2000).[10]

A segunda preocupação metodológica e estruturante direcionou-se para a criação de dois momentos subsequentes de pesquisa e análise: em primeiro lugar, um momento que delineia o contexto internacional em que se dá o advento e o desenvolvimento do retrato judiciário no Ocidente; a partir dessa base, num segundo momento, passa-se à investigação do caso português dos dois álbuns fotográficos FTM, num perímetro mais localizado e concreto, permitindo uma pesquisa mais aprofundada que logrou, julgamos nós, desvendar os vários aspetos desconhecidos destes retratos. Estes dois momentos diversos, mas complementares, da investigação correspondem às duas partes em que se divide o trabalho, embora haja uma natural contaminação e pontuais sobreposições entre ambos.

Nesta sequência, na primeira parte procurou focar-se o tema dos primórdios do retrato judiciário a nível internacional sob diversas perspetivas, analisando não só a bibliografia disponível, como todos os elementos culturais ligados ao tema que nos pareceram de particular interesse para a sua compreensão global e interdisciplinar, no sentido de conseguir uma contextualização transversal que levasse em conta os pontos de vista sobretudo históricos, antropológicos, sociológicos e políticos, possibilitando assim uma análise de cariz semiótico mais dirigida para a visualidade. No que diz respeito à temporalidade, o período de tempo abarcado pela pesquisa ultrapassou por vezes o período especificamente analisado de finais do século XIX (sobretudo no quarto capítulo da primeira parte), no sentido suprarreferido de expor a «remediação» na produção e receção das imagens em questão por parte de *media* anteriores e posteriores.

Assim, e seguindo esta linha, o primeiro capítulo foi dedicado às questões mais utilitárias do advento e evolução do retrato judiciário, como nova «ferramenta» de identificação criminal que se apresentava como promissora resposta aos crescentes problemas de criminalidade sobretudo urbana, particularmente a nível da reincidência.

O segundo capítulo foca a contextualização do retrato judiciário numa realidade mais vasta de práticas fotográficas positivistas e «científicas» suas

[10] Refiro-me ao conceito de «remediação» criado por Jay David Bolter e Richard Grusin (Bolter e Grusin 2000) que se mantém extremamente atual e que enfatiza a contaminação e renovação dinâmica prospetiva e retrospetiva entre os diversos *media* (impressos, digitais, eletrónicos). Segundo este conceito, os novos *mass media* influenciam e renovam (*refashion*) os meios de informação mesmo anteriores e os seus processos de representação, que assim adquirem novas formas, novos tipos de utilização e novos propósitos.

contemporâneas, de características e objetivos gerais muito próximos, seguindo preocupações taxonómicas e de formalização do controlo social predominantes na época, que procuram identificar, observar, estudar e controlar diversos «tipos» do «Outro», ou seja, quaisquer desvios do padrão humano ocidental considerado «normal», quer em termos de raça, patologias (sobretudo mentais), ou diferença social de cariz negativo, podendo assim constituir uma potencial ameaça à ordem social e pensamento dominantes.

O terceiro capítulo focaliza-se sobretudo nas relações de poder subjacentes ao cenário em que vimos surgir e evoluir o retrato judiciário e atribui-lhe, assim como às práticas fotográficas «científicas» contíguas, um caráter de controlo panótico e sobretudo biopolítico (Foucault) de largo futuro.

O quarto e último capítulo desta primeira parte identifica e analisa o que designámos pelo «eixo infâmia/fama» do retrato judiciário (ou do seu homólogo americano *mugshot*), à volta do qual este tipo de fotografia se movimenta e evolui, tanto a nível da sua produção, como da sua receção. Dado que esta receção e produção dependem de variadíssimos fatores culturais e foram evoluindo de forma porventura cada vez mais marcante ao longo do tempo, este será o capítulo onde se ultrapassa mais notória e assumidamente o período em análise: recua-se e avança-se no tempo, desde épocas primordiais até aos séculos xx e xxi, focando sobretudo a recente explosão mediática à volta do tema criminal, permitindo assim o que Mitchell designa por *showing seeing* (Mitchell 2007), ou seja, permitindo mostrar o nosso olhar contemporâneo «remediado» (Bolter e Grusin 2000) perante os mesmos retratos judiciários – e o que esse olhar hoje vê.

Na segunda parte, como referido, e já munidos de uma bagagem contextual importante, em termos de Estudos de Cultura, respeitante aos retratos judiciários no geral, parte-se para uma abordagem das fotografias inéditas portuguesas de criminosos do séc. xix e dos dois «álbuns FTM» que as compilam, com o primeiro objetivo de determinar a sua origem e tutela, ou seja, determinar a sua autoria até agora desconhecida. Para tal, foi necessário, logo à partida, seguir duas vias distintas: por um lado, proceder a uma cuidada observação e análise dos dois «objetos compostos» em questão, com o objetivo de recolher o máximo de informação possível; por outro, e partindo já de alguns elementos informativos recolhidos, apertar o círculo de contextualização dos «álbuns FTM», desta feita num círculo nacional e, portanto, geográfica e culturalmente mais próximo, como explicitaremos de seguida.

Um primeiro escrutínio do exterior e do todo, um primeiro folhear continuado e o início da manipulação dos retratos destes dois álbuns fotográficos trouxe-nos alguma informação – mas trouxe-nos também a confirmação muito nítida de um grande vazio informativo, nomeadamente no que diz respeito às origens institucionais precisas. Assim, os primeiros passos de abordagem sistemática e analítica dos dois «álbuns FTM» foram os seguintes: em primeiro lugar, fotografar o exterior e o interior dos álbuns, com ênfase nalguns pormenores; em segundo lugar, digitalizar e atribuir um número de inventário a todas as fotografias dos dois álbuns; em terceiro lugar, transcrever, registar e sistematizar informaticamente todos os dados informativos inscritos tanto nas fotografias como nas molduras (referentes, como veremos, sobretudo a datas, nomes e alcunhas dos criminosos e respetivos crimes, assim com a sua naturalidade, filiação, profissão e estado civil, além dos nomes e endereços dos ateliês fotográficos); em quarto lugar, construir quadros Excel onde constam todas estas informações recolhidas, sendo possível passar a dispor de listagens informativas por ordem cronológica, alfabética, e/ou de número de inventário.

Estavam assim criadas as condições para se poder abarcar e analisar de forma sistemática e concreta um universo de 289 fotografias datadas de 1869 a 1895, distribuídas desigualmente pelos dois «álbuns FTM». Foi o que se fez, passo a passo, e como veremos, no final do capítulo 5 e nos capítulos 7, 8 e 9. Além disso, as fotografias foram também examinadas à lupa por um especialista em fotografia antiga, concluindo tratar-se, na sua grande maioria, de albuminas, processo fotográfico bastante comum e dos menos dispendiosos, na época.

Uma vez na posse da informação geral sobre estes retratos, nomeadamente o período cronológico abarcado, foi possível delimitar vários âmbitos de contextualização a nível nacional. Assim, o capítulo 5 começa por identificar e analisar a legislação portuguesa relativa às instituições policiais, prisionais, registos criminais e demais entidades potencialmente ligadas ao advento e evolução dos primeiros retratos judiciários em Portugal. Num segundo momento, leva a cabo uma pesquisa bibliográfica e arquivística, assim como uma primeira análise geral sistematizada dos próprios álbuns. Como veremos, o modo *sui generis* como estes estão estruturados e os retratos foram arquivados é também ponderado e analisado, considerando-se extremamente elucidativo em termos da compreensão do nosso objeto de estudo[11].

Seguindo esta linha, no final deste quinto capítulo é possível determinarmos a proveniência institucional e a autoria dos «álbuns FTM».

Uma vez desvendada a tutela institucional e a autoria dos retratos dos «álbuns FTM» e antes de se voltar à análise concreta das fotografias propriamente ditas, o sexto capítulo avança para uma apresentação prévia e imprescindível do contexto português da época (na esteira das influências internacionais tratadas na primeira parte) relativamente a dois aspetos fundamentais para a posterior análise dos nossos retratos, que se vão aproximando dos retratos FTM em círculos cada vez mais apertados:

- Num primeiro ponto, a receção da invenção fotográfica e o seu desenvolvimento, em Portugal, nomeadamente no que diz respeito à fotografia de «tipos» humanos nas áreas da etnografia, medicina e antropologia criminal;
- Num segundo ponto, os conceitos de «criminoso» na intelectualidade portuguesa da época, determinante para o modelo fotográfico escolhido nos retratos FTM.

Na posse do panorama informativo fornecido pelo capítulo anterior, o sétimo capítulo vai poder proceder a uma análise comparativa e por vezes

---

[11] Citemos, a propósito, Derrida, sobre a «incessante tensão [...] entre o arquivo e a arqueologia» (Derrida 1995: 58): «The technical structure of *archiving* archive also determines the structure of the *archivable* content even in its very coming into existence and in its relationship to the future. The archivization produces as much as it records the event» (Derrida 1995: 17).

quantitativa das perceções e representações dominantes sobre os delinquentes neste período em Portugal e a informação manuscrita nos retratos e nos álbuns (nomeadamente tipologia de crimes, profissão e classe social), constatando-se serem confluentes e coincidentes.

Uma vez recolhida a informação suprarreferida, é chegado o momento de o oitavo capítulo se poder dedicar a uma desconstrução dos retratos dos «álbuns FTM», dando assim continuidade à sua análise semiótica. Considerando-os (a partir dos principais autores da história e teoria da fotografia) um sistema de representação que emprega tanto convenções como «correspondências» com o objeto registado, procede, a partir daí, a uma análise comparativa não só com toda uma longa tradição retratista, mas também com toda a informação recolhida nos capítulos anteriores sobre a «imagem interna» (Belting 2014a) dos criminosos nesta época, que consideramos determinante em termos de modelo e resultado final da «imagem externa» dos retratos FTM. Dada a significativa quantidade de retratos, e dado o relevo conferido na época à «classe criminosa» em detrimento da importância individual de cada criminoso, os retratos FTM são divididos e classificados em grupos e subgrupos, tendo sempre em conta diversos aspetos, nomeadamente a comparação com o modelo do retrato burguês mais comum na época e a(s) referidas «imagem(s) externa(s)» finisseculares dominantes em Portugal sobre a «turba medonha».[12]

O nono e último capítulo focaliza-se num número restrito de retratos FTM que logrou diferenciar-se e sobressair do conjunto dos dois álbuns de onde são originários, através da notoriedade alcançada pelos retratados em questão, apontados na época como «criminosos célebres». Considerando alguns jornais deste período e, sobretudo, uma publicação da época de divulgação bastante expressiva, intitulada *Galeria de criminosos célebres em Portugal. História da criminologia contemporânea* (1896-1908), como o culminar desta celebração de notoriedade, verificámos que mais de duas dezenas de retratos de «criminosos célebres» reproduzidos nesta obra coincidem exatamente com retratos dos «álbuns FTM». As fotografias em questão são assim analisadas neste novo contexto, que as catapulta para as luzes da ribalta, onde ganham um novo estatuto, uma nova dimensão – e enorme fama. Este último capítulo volta assim a enfatizar o «eixo infâmia/fama» que perpassa por todo o trabalho, fechando o ciclo.

No final deste trabalho, esperamos ter não só desvendado em grande parte o mistério dos «álbuns FTM», como ter dado um contributo para o conhecimento da fotografia portuguesa desta época, colmatando, em parte, uma lacuna relativa aos primórdios do retrato judiciário em Portugal. Esperamos, ainda, que este estudo dos «álbuns FTM» contribua para uma nova visibilidade da fotografia e da criminalidade portuguesa em finais de oitocentos, e que o seu *corpus* surja como evidência cultural de diversas viragens em curso neste período em Portugal, num contexto ocidental mais alargado.

[12] O número de retratos mostrados como exemplificativos dos vários grupos é, tal como no capítulo seguinte, limitado pelo número de fotografias passível de reprodução neste trabalho, de acordo com o referido contrato assinado entre a signatária e o colecionador.

PARTE I

O RETRATO JUDICIÁRIO NA EUROPA DO SÉC. XIX

CAPÍTULO 1
UTILITARISMO POLICIAL E JUDICIÁRIO

No mundo ocidental, a Polícia começou a fotografar criminosos com fins de identificação criminal[1] logo desde os anos 40 do séc. XIX (Phéline 1985: 15; Henisch e Henisch 1994: 297), ou seja, praticamente após a proclamação da invenção da fotografia em 1839[2]. Também desde o advento desta nova tecnologia de representação existiu um rápido reconhecimento público do seu potencial para fins de identificação judiciária. A comprovar este reconhecimento e a importância tão precocemente atribuída à ligação entre a fotografia e a esfera policial e judiciária, citemos a primeira e a terceira estrofes de uma canção que logo em 1839 começou a circular em Londres, no contexto dos esforços de sistematização dos procedimentos policiais e penais na Grã-Bretanha[3] e da aquisição da patente de Daguerre por parte do governo francês, em agosto desse mesmo ano:

> O Mister Daguerre! Sure you're not aware
> Of half the impression's you're making,
> By the sun's potent rays you'll set Thames in a blaze,
> While the National Gallery's breaking.
>
> The new Police Act will take down each fact
> That occurs in its wide jurisdiction
> And each beggar and thief in the boldest relief
> Will be giving a color to fiction.
>
> (*apud* Sekula 1986: 4; a partir de Gernshiem 1968: 105).

A letra desta canção não nos deixa muitas dúvidas relativamente ao facto de, logo entre as primeiras imagens e ideias associadas à nova invenção da fotografia, surgir – expressa embora através de metáforas – a certeza da sua futura utilização, em forma de retrato, pela Polícia e pelo poder judiciário, a cujo registo nenhum ladrão ou mendigo passaria, a partir daí, a lograr escapar.

Também o próprio inventor britânico do calotipo, William Henry Fox Talbot, apontou, logo em 1844, na sua obra *The pencil of nature*, a potencial utilização judiciária de determinados registos fotográficos. A propósito de uma

---

[1] «Niepce invente la photographie, la police en comprit la portée», Charlie Najman e Nicolas Tourlière (1980) *La police des images*, Paris: Encre, p. 5, *apud* Phéline, 1985: 15).

[2] É geralmente aceite que a fotografia foi inventada em 1839, na forma de «daguerreótipo» (imagem única não reprodutível), criado por Louis Daguerre e Joseph Niépce em França e, na forma do primeiro negativo reprodutível (calotipo), por William Henry Fox Talbot, na Grã-Bretanha.

[3] Refira-se, como a legislação britânica mais importante nesta matéria e neste período, a «Gaols Act», de 1823, e as «Metropolitan Police Acts», de 1829 e 1839, iniciativas de Sir Robert Peel (Sekula 1986: 4).

Infâmia e Fama

Daguerreótipo de prostituta, c. 1850
Polícia de Birmingham

Daguerreótipo de gatuno, c. 1850
Polícia de Birmingham

das suas imagens fotográficas representando várias prateleiras com preciosos objetos de porcelana, escreve: «Should a thief afterwards purloin the treasures – if the mute testimony of the picture were to be produced against him in court – it would certainly be evidence of a novel kind» (*apud* Sekula 1986: 6).

Embora existam ecos que referem a suposta prática de retratar fotograficamente detidos em Paris em 1841 (Tuttle 1961) e na prisão de Bristol a partir de 1847 (Jay 1991: 104), os primeiros retratos judiciários em forma de daguerreótipo que hoje conhecemos[4], no mundo ocidental, foram executados em 1843 e 1844 pela Sûretée Publique de Bruxelas, seguidos dos captados em 1846 pelo fotógrafo Mathew Brady em duas prisões de Nova Iorque[5] e dos da Polícia de Birmingham em 1850 (Phéline 1985: 15; Sekula 1986: 13).

No ano seguinte, em 1851, na Dinamarca, foram captados daguerreótipos dos quatro cabecilhas de um bando que ficou conhecido pelos seus roubos e assassinatos e, em 1852, na Suíça, foram também retratados em daguerreótipo todos os pedintes vagabundos que não se encontravam no seu cantão de proveniência. (Regener 1999: 28)

Data de 1854 a primeira investigação criminal de que há conhecimento com base numa imagem fotográfica, a partir de Lausanne. O *Journal des tribunaux* n.º 10, de 10 de setembro, saúda este «nouveau moyen d'enquete» e relata a identificação de um suspeito através da difusão de um retrato fotográfico[6] pela Polícia de todos os cantões e dos países vizinhos[7] (Phéline 1985: 15; Mathyer 1986: 223-224; Regener 1999: 28).

Foi também em 1854 que James Gardiner, diretor da Cadeia de Bristol, se tornou o primeiro dirigente prisional a elaborar e distribuir sistematicamente retratos de criminosos (desconhecidos da Polícia local) por outras prisões e postos de Polícia, embora de modo oficioso. Gardiner obteve bastante êxito

[4] Trata-se de quatro daguerreótipos que só foram descobertos em 1929 (Regener 1999: 28).
[5] Estes retratos foram efetuados a pedido da dirigente da prisão feminina de Sing Sing, Eliza Farnham (Sekula 1986: 13; Goldberg 1991: 59).
[6] Apesar de esta difusão implicar um grande número de retratos e de ocorrer após a descoberta do processo do colódio húmido, a notícia em questão refere que o retrato do suspeito foi obtido «par le procédée daguerreotypique».
[7] Mais tarde, em 1982, Paul Nadar dá-nos conta da primeira caça intercontinental ao criminoso bem sucedida através da divulgação de retratos judiciários.

Utilitarismo policial e judiciário

Detido da Préfecture de Paris c. 1860   Detido da Préfecture de Paris c. 1860

na identificação de vários reincidentes, o que levou muitos outros diretores de prisões britânicas a segui-lo, de tal modo que em 1871, em vésperas de a fotografia de presidiários se tornar legalmente obrigatória em Inglaterra e no País de Gales[8], apenas 12 das 115 prisões destes territórios não aplicavam ainda este processo (Jay 1991: 102-105).

Ainda em 1854, desta feita em Paris, o primeiro periódico exclusivamente dedicado à fotografia, *La Lumière*, dirigido por Ernest Lacan, apresenta e louva no seu número de julho a proposta do inspetor-geral das prisões Louis-Mathurin Moureau-Christophe para um sistema «biometrofotográfico» de identificação geral dos detidos, que antecipa de um modo surpreendente o sistema que décadas depois Alphonse Bertillon viria a implementar, como veremos[9]. Dois anos depois, e ainda na esteira da proposta suprarreferida, o mesmo Ernest Lacan redige um texto altamente apologético e retoricamente marcante sobre a eficácia deste tipo de retrato fotográfico judiciário:

> Si ce système, proposé par M. Moureau Christophe [...] était adopté en France, quel repris de justice pourrait échaper à la vigilance de la police? Qu'il s'échappe des murs ou le retient le châtiment; qu'une fois liberé, il rompe le ban qui lui prescrit une résidence, son portrait est entre les mains de l'autorité; il ne peut échapper: lui-même sera forcé de se reconnaitre dans *cette image accusatrice*[10] (Lacan 1987: 39).

Na década de 60 do século XIX, na Europa e nos Estados Unidos, a Polícia e as prisões foram adotando o procedimento de fotografar detidos e presos com

---

[8] Trata-se da «Prevention of Crimes Act», efetiva a partir de 2 de novembro de 1871.

[9] O número de agosto do mesmo ano desta publicação faz eco de uma proposta do engenheiro de minas Eugène Beau para aperfeiçoamento do sistema preconizado por Moureau-Christophe, que aproxima este método ainda mais do futuro sistema de Bertillon (Phéline 1985: 18).

[10] Itálico nosso. Esta expressão foi escolhida para título de um dos primeiros estudos que se debruçaram sobre retratos judiciários, da autoria de Christian Phéline e publicado em 1985.

Detido da Préfecture de Paris c. 1860   Detido da Préfecture de Paris c. 1860

frequência crescente, embora esta prática não tivesse ainda um caráter sistemático ou institucional, nem fosse aplicada a todos os detidos[11].

É também no final desta década que surgem os primeiros retratos judiciários em Portugal, como veremos adiante. Esta propagação atribui-se à crescente disseminação das práticas fotográficas, por motivos também tecnológicos. Com efeito, no início da década de 50 do séc. XIX tinha surgido o novo processo fotográfico do negativo de colódio húmido, que permitia a reprodução (ao contrário do daguerreótipo, de imagem única) e possuía bastante nitidez (ao contrário do calotipo de Talbot), assim como diminuía a redução do tempo de pose. A propagação deste novo processo fotográfico, mais favorável, teve, como referido, um enorme impacto a nível da crescente difusão da fotografia nas décadas seguintes, incluindo a fotografia judiciária.

A primeira operação de grande escala de identificação da Polícia por meios fotográficos com consequências para o futuro institucional da fotografia judiciária, porém, só ocorreu em 1871, em França, por ocasião da Comuna de Paris[12]. Durante esta convulsão social e política, que constituiu, em termos de identificação pela fotografia, um autêntico «episódio fundador» (Denis e About 2010: 83), a Polícia francesa utilizou pela primeira vez de modo sistemático fotografias de grupos envolvidos na ocupação da capital francesa – que, numa onda de euforia, se tinham deixado retratar – para identificar e capturar centenas de cidadãos implicados. Além disso, as autoridades judiciárias utilizaram também, com fins de controlo e vigilância, as centenas de retratos dos rebeldes detidos em Versailles obtidos pelo fotógrafo Eugène Appert, nomeado para este efeito

[11] A partir deste período, para conhecimento dos primeiros casos alemães e dinamarqueses, ver Regener 1999.

[12] A primeira operação referenciada de grande escala de identificação da Polícia por meios fotográficos ocorreu antes, em 1865-1868, por parte da Polícia britânica e direcionada para os revolucionários irlandeses, mas não teve o impacto internacional nem as consequências profundas e estruturantes para o futuro da fotografia policial que a operação ligada à Comuna de Paris implicou.

«especialista do tribunal de la Seine» (Rouillé 1986: 72). Estas fotografias foram depois vendidas por Appert e largamente difundidas, mesmo a nível internacional, tornando-se célebres no mundo inteiro, ironicamente transformando os retratados em heróis, a tal ponto que o «Général gouverneur» de Paris acabou por proibir a sua divulgação (Rouillé 1989: 480).

Três meses apenas após a derrota da Comuna de Paris, a 11 de agosto de 1871, o ministro francês da Marinha e das Colónias ordena que sejam fotografados todos os condenados pelos tribunais militares da Marinha a uma pena de mais de seis meses de prisão «para tornar mais seguras e rápidas» as decisões dos juízes, sendo prontamente seguido pelo seu colega, o ministro da Guerra, em fevereiro de 1872, que aplica a mesma medida ao Exército e, no que concerne a Paris, «aos militares condenados por participação na insurreição». A 30 de março de 1872, o diretor da administração penitenciária – que em 1863 já havia, sem sucesso, solicitado a aquisição de um aparelho fotográfico para fotografar os detidos – renova o seu pedido, sublinhando-o desta feita com a necessidade de fazer frente ao problema dos «indivíduos condenados por feitos insurrecionais» (Rouillé 1989: 479). Perante este novo cenário, a decisão altera-se e, em 1874, é criado na Préfecture de police de Paris um laboratório de fotografia[13] que passa a fotografar sistematicamente todos os indivíduos detidos na capital francesa. Este serviço fotográfico policial cresceu muito rapidamente – em 1883 detinha já cerca de 100 000 fotos –, acabando por se transformar num arquivo fotográfico gigantesco e inviável em termos de consulta para identificação.

Também no Reino Unido o número de fotografias de presos tinha aumentado bastante, embora em menor escala. Em 1886 existiam quase 34 000 retratos de condenados nos arquivos da Scotland Yard, provocando crescentes dificuldades na identificação pela via fotográfica e, na viragem do século, com resultados francamente negativos: as detenções de pessoas erradas devido a identificação por esta via atingiam os 60% (Jay 1991: 112-114).

Tratava-se de retratos que, no geral, se distinguiam sobretudo dos restantes da época pela ausência ou diminuição de elementos cenográficos ornamentais ou indicadores de *status* social, elementos que, entre outras razões, não se adaptavam convenientemente e interferiam com os fins de identificação criminal em vista, como veremos sobretudo na segunda parte desta tese, quando analisarmos os retratos portugueses desta época que constituem o *corpus* deste trabalho.

Perante a situação arquivística caótica e a suprarreferida desadequação do tipo de fotografia para fins específicos de identificação criminal, Alphonse Bertillon – filho e neto de intelectuais bem posicionados, mas até aí modesto funcionário da mesma Préfecture de police de Paris – vê finalmente aceite, em 1882, uma segunda proposta de sua autoria de reformulação total de elaboração e sistematização de retratos fotográficos policiais, através de um novo conjunto de regras, procedimentos específicos e equipamento próprio. Este novo protocolo, uma vez implementado, viria a permitir uma completa reorganização e modernização dos métodos de identificação policial e criminal.

---

[13] Na sua obra de 1986, Rouillé refere sumariamente uns «serviços fotográficos de Polícia» criados em Paris em 1872 (Rouillé 1986: 72), não dando contudo mais detalhes, nem sendo acompanhado nesta afirmação por outros autores que trataram o assunto.

Para tal, Bertillon criou o modelo de retrato judiciário de frente/perfil, que obedece a uma série de regras muito precisas e rigorosas – sobre a iluminação, distância focal, posição ereta do detido, direcionamento do seu olhar, neutralidade da expressão, escala de redução, equipamento, interdição de retoques, etc. A posição de perfil adicionada à frontal pretendia sobretudo, em primeiro lugar, anular a influência da expressão facial do momento, de grande variabilidade e indutora de erros de identificação, e, em segundo lugar, possibilitar a mensuração de alguns elementos faciais (complementados pelas restantes mensurações antropométricas) e o enfoque visual noutros, como a orelha, por exemplo, à qual Bertillon conferia a maior das importâncias para fins de identificação (Bertillon 1890). O retrato judiciário de Bertillon constituiu assim um corte radical com os retratos judiciários anteriores – elaborados de modo aleatório em todas as suas componentes, por vezes retocados (a avaliar pela insistência de Bertillon na importância da interdição destes retoques) e, portanto, no todo, pouco fiáveis para os fins de identificação a que se destinavam.

O retrato judiciário de frente e perfil de Bertillon constituía parte complementar (e, sob determinada perspetiva, secundária) de um complexo sistema de identificação criminal baseado em três ramos adicionais: em primeiro lugar, a antropometria (mensurações corporais específicas), considerada na época a mais importante inovação introduzida por Bertillon e que constituía a base de toda a «Bertillonage»[14]; em segundo lugar, o «retrato falado» (sistematização taxonómica dos traços faciais) e, por fim, o registo de marcas corporais (tais como sinais, cicatrizes, tatuagens, etc.). Este sistema incluía também um eficaz procedimento de indexação específica que facilitava a pesquisa de fotos, permitindo um método global, eficaz e sistemático de que a Polícia havia longamente carecido e que veio revolucionar a abordagem judiciária do problema da identificação criminal. Na verdade, a identificação criminal em grande escala, questão até então tecnicamente insolúvel, constituía um procedimento central no combate à reincidência, que no séc. XIX surgia aos olhos dos contemporâneos como um autêntico flagelo social.

Os primeiros criminosos identificados pelo sistema de Bertillon em 1883-84[15] abriram caminho para a disseminação institucional deste método por toda a França e, muito rapidamente, também a nível internacional. Na viragem do século foram instalados laboratórios antropométricos para a prática da «Bertillonage» nas maiores cidades do mundo: Buenos Aires 1889, México 1892, Bucareste 1893, Berlim e Madrid em 1896, Chicago em 1897 e Lisboa em 1902[16] (About e Denis 2010: 79).

O novo sistema de identificação foi considerado um triunfo – em numerosos congressos internacionais e também nas Exposições Universais de Chicago, em 1893, e de Paris, em 1899 –, chegando os *media* a elevar Bertillon ao nível de Pasteur. Pouco tempo depois, porém – na viragem do século e pela mão do britânico Francis Galton, de quem adiante se falará por outros motivos –, surgiram as impressões digitais, novo método de identificação criminal, que, por ser de aplicação mais fácil, fiável e menos dispendiosa, veio, com o tempo, substituir o sistema antropométrico[17]. O retrato judiciário seguindo o modelo

[14] As obras de Bertillon sobre a antropometria foram publicadas em 1885 e 1886, antes, portanto, da que dedicou à fotografia judiciária, publicada em 1890.

[15] A primeira identificação através da Bertillonage ocorreu em 1883, tendo Bertillon logrado obter mais 300 identificações pelo mesmo método em 1884.

[16] O próprio Bertillon afirmou que, em 1893, o seu sistema havia sido já adotado pelos EUA, Bélgica, Suíça, Rússia, parte da América do Sul, Tunísia, Antilhas britânicas e Roménia. (Bertillon 1890:lxxxi). Para Portugal (Lisboa), About e Denis indicam a data de 1900, que é a que surge num artigo da revista *Archives d'Anthropologie Criminelle*, publicada sob a direção de G. Tarde e A. Lacassagne. Na realidade, a data correta de abertura do 1.º posto antropométrico português é 1902, tendo o Porto precedido Lisboa; contudo, a legislação portuguesa que cria estes postos antropométricos data de 1901. Este equívoco torna-se particularmente visível a partir da reprodução do artigo francês suprarreferido na *Revista Amarella*, n.º 5, de 20 de janeiro 1904.

[17] Galton desempenhou um papel fundamental na história da identificação criminal, com a publicação de *Fingerprints* em 1892. O método de identificação por impressões digitais, muito mais simples do que a Bertillonage e cedo aplicado em muitos países, teve como exceção parcial a França, onde apenas teve um papel secundário até à morte de Bertillon, em 1914 (Phéline 1985: 42).

de frente e perfil de Bertillon, porém, continuou a ser aplicado para fins de identificação criminal, em conjugação com as impressões digitais, e prevaleceu quase inalterado até à atualidade. Para a manutenção deste tipo de retrato judiciário como elemento de identificação terá também contribuído a chamada segunda revolução técnica fotográfica, na década de 80 do século XIX, com o surgimento do novo processo de gelatina sal de prata, a seco, que, no geral, facilitou enormemente os procedimentos técnicos e acabou por popularizar o uso da fotografia[18] (Phéline 1985: 81; Regener 1999: 164).

Para além do nível sobretudo prático que acabámos de abordar neste primeiro ponto – de resposta técnica, concreta e oportuna para o grave problema criminal da identificação e da reincidência que havia atormentado a justiça e a Polícia até aí –, também a um nível mais geral o advento do retrato judiciário se encontra totalmente em harmonia com o *Zeitgeist* da época, como veremos nos pontos seguintes, quando focarmos o contexto social, político e científico da fotografia criminal, aspetos esses que relevam particularmente a sua importância e interesse.

[18] São deste tipo – formato frente e perfil, à escala, processo de gelatina sal de prata – e datados a partir de 1911, os retratos do Arquivo Histórico Fotográfico do Museu de Polícia Judiciária, dos quais apresentaremos dois exemplares neste trabalho.

CAPÍTULO 2
O CONTEXTO CIENTÍFICO E A RETÓRICA DE CIÊNCIA

Aquando da sua invenção, a fotografia foi saudada como um instrumento inédito e privilegiado para a observação científica. Esta receção entusiástica é compreensível, sobretudo se nos lembrarmos de que a observação havia sido definida como um dos métodos centrais da ciência desde o início do séc. XVII e que, em meados do século XVIII, essa preocupação com a observação, a tecnologia visual e a taxonomia havia passado a ser particularmente bem documentada pelo grande projeto da Enciclopédia – que, para além de seus dezassete volumes de texto, se compunha por mais doze volumes de ilustrações sob a forma de gravura, criando, assim, um modelo seminal em que o elemento visual se torna fundamental para a representação do conhecimento (Hamilton e Hargrieves 2001: 59; Daston e Galison 2010).

É, pois, neste contexto que se enquadram as palavras de Fox Talbot, um dos já citados inventores da fotografia, que logo em 1839 escreve que esta última irá provar o seu grande valor para os «métodos indutivos da ciência moderna» (*apud* Hamilton e Hargrieves 2001: 58). No mesmo sentido vai uma frase que terá sido proferida pelo astrónomo Jules Janssen (1824-1870), retomada depois por vários autores: «A chapa fotográfica é a verdadeira retina dos sábios» (*apud* Lemagny e Rouillé 1998: 71; Regener 1999: 161).

O exemplo do físico britânico Arthur Worthington é particularmente ilustrativo e paradigmático desta visão da fotografia como instrumento científico inteiramente fidedigno e objetivo no séc. XIX. Tendo iniciado a sua pesquisa em 1875, Worthington estudava de forma sistemática os efeitos das forças físicas causados pela difusão de pingos de leite em queda, desenhando-os para tal, de memória. Vinte anos depois, em 1895, após sucessivos melhoramentos técnicos, o físico obteve finalmente registos fotográficos dos mesmos, concluindo que as imagens obtidas contrariavam e punham totalmente em causa os seus desenhos e a sua abordagem anterior, baseados na observação ocular, filtrada pelo seu julgamento e memória. O físico inglês considerou, assim, ter finalmente conseguido uma «objetividade mecânica» e um registo visual totalmente fidedignos. Este tipo de experiências fotográficas iniciou uma nova era científica no séc. XIX (Daston e Galison 2010: 12-16).

Tal significa que, embora tenha havido no séc. xix um grande debate sobre a dicotomia da fotografia como arte ou como tecnologia, paradoxalmente o «poder de atestação» da fotografia não foi, no geral, verdadeiramente questionado, e as questões da sua «objetividade mecânica» ou «exatidão automática» não foram consequentemente equacionadas. O mundo positivista séc. xix acreditava, pois, no progresso e na evolução humana, com base no conhecimento permitido pela observação e pela verificação objetivas, e a fotografia surgia como uma importante nova ferramenta científica que tornava possível a visualização extensiva, a classificação e a criação de registos, feitos para serem estudados de forma sistemática.

Os primeiros retratos judiciários – incluindo o de Bertillon – surgem neste contexto, e não como casos isolados, mas acompanhados de exemplos fotográficos aproximados em áreas muito diversas das ciências humanas. Nem mesmo Bertillon foi, aliás, o primeiro a utilizar o modelo fotográfico de frente/perfil padronizado num contexto antropométrico, apesar de nos nossos dias ser muitas vezes referido como o seu «inventor».

De facto, nesta época, a nova posse da ferramenta fotográfica, o reconhecimento do «Outro» e de «outras» culturas em todo o mundo, algumas interpretações das teorias de Darwin[1] e uma forte preocupação com o controlo social tenderam a orientar-se numa direção específica e a concentrar-se no estudo e no registo fotográfico dos corpos «dos tipos humanos» diversificados[2] e sobretudo divergentes do que era considerado coincidente com a «normalidade». Este conceito de «normalidade» tinha muito a ver com os estudos estatísticos aplicados pela primeira vez às ciências sociais pelo positivista matemático e sociólogo belga Adolphe Quetelet (1796-1874), que estabeleceram a medida mediana nas mensurações humanas como a norma (*l'homme moyen*), assim como as medidas maiores ou menores como desviantes da normalidade. As ideias de Quetelet passaram a constituir, assim, bases metodológicas fundamentais nas ciências humanas, nomeadamente na antropologia criminal, que tinha como um dos seus instrumentos principais as mensurações antropométricas. Nessa sequência, as teorias de Quetelet foram fundamentais para a visão taxonómica dos «tipos humanos» da antropologia criminal, criminologia e medicina desta época. O próprio Quetelet se interessou pela criminologia e exerceu funções nessa área, publicando *Of the development of the propensity to crime*, que surgiu como precursor de algumas escolas da criminologia que enfatizam a importância dos factos sociais em relação à hereditariedade na formação dos criminosos. Também Bertillon recorreu às teorias de Quetelet para criar o seu sistema antropométrico de identificação, recorrendo sistematicamente a uma classificação que partia da medida mediana para medidas maiores ou menores dos diversos membros, cuja indexação em fichas individuais permitia uma pesquisa relativamente fácil dos vastos arquivos policiais[3]. Assim, os «tipos», considerados «diferentes», «marginais» ou mesmo «inferiores» – com base em critérios de visibilidade relativos à patologia física, às «raças» e a comportamentos criminosos – ganhavam o interesse dos teóricos, até por poderem constituir uma ameaça à mundovisão e ordem social vigentes, ligando-se, como

[1] Sobre a receção das teorias de Darwin no séc. xix, ver Eisely 1961.

[2] A perceção fotográfica do «Outro» em termos de «raças» e/ou numa perspetiva de «evolucionismo social» na segunda metade do séc. xix e primeira metade do séc. xx focou-se também nas populações do próprio continente europeu. Ver exemplos da Alemanha e do Reino Unido em Edwards 1994: 55-61. O caso de Portugal será mais detalhadamente abordado na segunda parte deste trabalho.

[3] Para uma abordagem da influência de Quetelet na criminalogia positivista, ver Piers 1987 e, mais especificamente, em Bertillon, ver Sekula 1986: 19-29.

O contexto científico e a retórica de ciência

veremos no capítulo seguinte, à conceção de «perigosidade» de determinados grupos ou classes de indivíduos.

Nesta sequência, no séc. XIX, os retratos fotográficos (muitas vezes acompanhados por medidas antropométricas) começaram também a ser utilizados como ferramenta supostamente objetiva pela medicina (nomeadamente a psiquiatria) e por diferentes áreas científicas, nomeadamente as novas ciências humanas – antropologia, criminologia, psicologia, sociologia –, para o estudo dos múltiplos «tipos humanos», mostrando um interesse particular pelas raças e/ou grupos considerados desviantes, degenerados ou, de um modo geral, «inferiores». Em virtude disto, na segunda metade do séc. XIX e início do séc. XX, surge uma série de «catálogos visuais humanos» (Didi Huberman) de raças, distúrbios psiquiátricos e categorias criminais, com o objetivo de conhecer – e também coagir e controlar – os elementos considerados diferentes e potencialmente ameaçadores.

O êxito do retrato fotográfico como ferramenta de estudo nas várias áreas científicas que abordaremos de seguida também deverá ser visto à luz do facto de a observação sistemática e obsessiva dos corpos se focar e restringir, à época – dado o estado evolutivo do conhecimento científico e tecnológico de então –, ao «invólucro» e à superfície desses mesmos corpos[4] e se inserir, no fundo, numa longa tradição interpretativa da aparência do corpo, nomeadamente da fisionomia e do formato do crânio. Referimo-nos ao estudo da fisionomia e à frenologia, muito difundidos e extremamente popularizados nos séculos XVIII e XIX, cujos principais teóricos – Petrus Camper (1722-1789) e, especialmente, Johann Kaspar Lavater (1741-1801) e Franz Joseph Gall (1758-1828) – defendiam que os traços fisionómicos (Lavater) e as medidas do crânio (Gall) do ser humano podem caracterizar os indivíduos e revelar o seu caráter e a essência da sua identidade. De notar que a raiz das ideias sobre a interpretação da fisionomia, porém, remonta à Antiguidade grega, sendo estas «redescobertas» no séc. XVI por Giambattista della Porta (1535-1615), com ligações muito estreitas à medicina, que se vieram a repetir, como veremos, no âmbito da criminologia do séc. XIX:

> Mientras que la tradición considera a Pitágoras como el iniciador desta ciencia, Galeno vê en el «divino Hipócrates» a su verdadero fundador. En cuanto ciencia, la fisiognómica tuvo, pues, en sus orígines, una relación muy estrecha con la medicina. Nacida probabelmente entorno al siglo V a. de C., participa de aquellos signos definidos por los antiguos médicos como *tekmerion*, «prueba», «indicio», «síntoma» (Magli 1991: 89).[5]

Ao nível da antropologia e da fotografia etnográfica, podemos encontrar imagens retratando nativos de outros continentes desde a década de 40 do século XIX, como resultado das viagens e expedições científicas com origens de diferentes nacionalidades que proliferaram ao longo dos séculos XIX e XX. O próprio Bertillon publicou *Les races sauvages* em 1883 (muito antes de *La photographie judiciaire,* publicado em 1890), onde afirma que os «negros permanecem

[4] Neste ponto será útil relembrar que as teorias de Mendel, apesar de terem sido publicadas em 1866, só começaram a ter verdadeira repercussão a partir de 1900, tendo os estudos científicos sobre criminosos enveredado pela via da genética apenas nos anos 50 e 60 do séc. XX. Por outro lado, a discussão que surgiu nos anos 1890 sobre o potencial dos recém-descobertos raios X para o trabalho policial de identificação acabou por não ter repercussões de monta (Regener 1999: 145-146). Relativamente à nossa contemporaneidade, verificamos a existência de estudos neurológicos de cérebros de criminosos utilizando *brainimaging* a partir dos anos 90 do séc. XX (Regener, 1999: 310-312).

[5] Sobre a história do estudo da fisionomia e da frenologia, ver Magli 1991: 87-127 e Belting 2014b: 83-99.

Infâmia e Fama

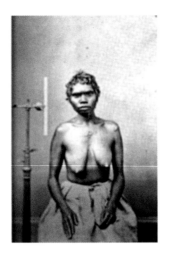 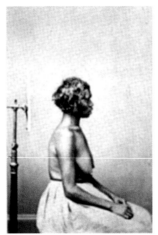 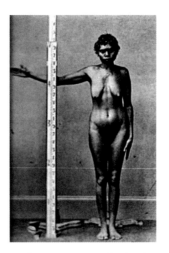 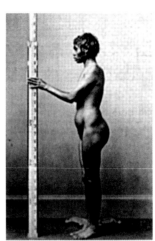

Aborígene australiana fotografada c. 1870. Royal Anthropological Institute of Great Britain and Ireland

toda a vida crianças grandes, animadas por paixões de adultos» e que a posição na «escala das raças humanas» é regida por uma «lei fatal que determina que a raça mais fraca se renderá à raça mais forte» (*apud* Phéline 1985: 47). Estas não são, de modo algum, ideias originais para a época, mas teorias amplamente compartilhadas pela comunidade científica de então, incluindo Portugal, como veremos na 2.ª parte. Bertillon também participou em publicações etnográficas no início do séc. XX – fazendo uso do que passara a designar-se por «bertilhonagem etnográfica» (Phéline 1985: 68). No entanto, temos evidência de utilização muito anterior de «métodos fotométricos padronizados» semelhantes ao de Bertillon, com base em fotografias antropométricas de frente e perfil, logo na década de 40 do século XIX, por parte do daguerreotipista francês E. Thiésson (Sena 1998: 30; Marien 2002: 38-39) e, mais tarde, no final da década de 60 do século XIX, seguindo um sistema criado por Thomas Henry Huxley e John Lamprey no Reino Unido (Edwards, 1994: 99; Hamilton e Hargreaves 2001: 91).

No que diz respeito à fotografia médica e psiquiátrica do séc. XIX, esta surge quando, na esteira das ideias então vigentes que focámos, a medicina tenta construir tipologias detalhadas de indivíduos dementes, com objetivos de diagnóstico, tratamento e controlo terapêutico e social. No Reino Unido, logo em 1850, surge o Dr. Hugh Welch Diamond[6], figura de liderança na então nova psiquiatria, que inicia um censo fotográfico de alienados no asilo de Springfield. Quase em simultâneo, Henry Herring desenvolveu um trabalho semelhante no Hospital Bethlem.

Em Itália, em 1873, podemos encontrar também um registo fotográfico sistemático do Hospital de San Clemente, em Veneza.

Em França, o doutor Duchenne de Boulogne – em colaboração com o irmão de Nadar, Adrien Tournachon – fotografa as reações de um doente mental à estimulação «eletrofisiológica», a fim de estudar os mecanismos fisionómicos humanos e publica a série fotográfica resultante deste processo em 1862.

[6] H. Welch Diamond foi também um dos fundadores da nova Photographic Society, que se tornaria mais tarde a Royal Photographic Society.

O contexto científico e a retórica de ciência

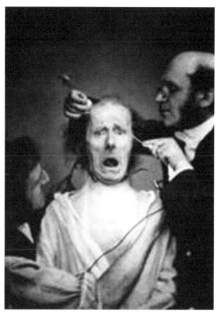

Paciente de Hugh Welch Diamond, fotografada c. 1850-1858

D. Bologne levando a cabo estimulação eletrofisiológica num doente mental, 1862. Foto de A. Tournachon

Fotos de mulher «histérica» reproduzidas na *Nouvelle Iconographie de la Salpêtrière*

Em 1876, não só Jean-Martin Charcot, pioneiro de renome da neurologia moderna e antigo aluno de Duchenne, publica o seu *Iconographie photographique de la Salpêtrière*, mas também H. Dagonet publica o seu *Nouvel traité élémentaire et pratique des maladies mentales,* que incluía uma vasta coleção de clichés psiquiátricos.

Com a confiança de Charcot, Albert Londe é incumbido de fotografar o «museu patológico vivo» da Salpêtrière e, consequentemente, publica *La photographie médicale: application aux sciences medicales et physiologiques* em 1893 (com o mesmo editor e na mesma coleção que havia publicado *La photographie judiciaire* de Bertillon três anos antes). Nesta obra de Londe, destacaremos o seguinte parágrafo, que consideramos particularmente ilustrativo do conceito recorrente de «tipos visuais» utilizados pela comunidade científica da época:

> Há certas afeções que conferem ao doente uma fisionomia muito especial que não chama particular atenção do observador num caso isolado, mas que se torna *típica* se a encontramos noutros pacientes com a mesma doença. A comparação de fotografias, tiradas por vezes com distância de anos, permitirá, tal como o professor Charcot na Salpêtrière, descrever o *facies* próprio desta ou daquela afeção do sistema nervoso. Este resultado é importante, pois o tipo, uma vez definido, permanecerá gravado na memória e, em certos casos, poderá ser precioso para o diagnóstico[7] (*apud* Phéline 1985: 62).

Este conceito de «tipologias visuais», caracterizadas por traços fisionómicos específicos, como vimos, não é exclusivo da psiquiatria da época. Foi também largamente aplicado em diversas ciências no mesmo período, nomeadamente na criminologia, por autores tão diferentes quanto o polímato Francis Galton, na Grã-Bretanha, o médico Cesare Lombroso, que liderou a chamada «escola italiana», ou o jurista e sociólogo Gabriel Tarde, principal representante da «escola francesa».

Francis Galton, fundador do Eugenismo[8], foi um homem profundamente marcado pelas teorias da «seleção natural» do seu primo Charles Darwin[9], teorias que ele tentou adaptar à esfera da civilização humana. No que diz respeito à criminologia, Galton criou um método fotográfico que é particularmente relevante para a compreensão contemporânea dos referidos «tipos humanos científicos» – a «fotografia composta». A «fotografia composta» é o resultado da sobreposição de imagens fotográficas de vários indivíduos que Galton considerava membros de um determinado «tipo» específico – por exemplo, criminosos, mas também doentes que sofrem da mesma patologia, membros da mesma família, ou da mesma «raça» – e pretendia apresentar numa só imagem os traços fisionómicos comuns do conjunto fotografado, como prova fotográfica «verdadeira» e «autêntica» do «tipo» específico do grupo de indivíduos em questão. No fim da vida, Galton estava firmemente convencido de ter criado um método e uma ferramenta absolutamente determinantes para o estudo científico das várias tipologias humanas.

Foi, no entanto, o médico italiano Cesare Lombroso quem mais extremou a tendência teórica que aqui perseguimos, baseado em teorias de degeneração e atavismo. Lombroso foi o primeiro a defender que os criminosos (assim como os loucos) constituiriam o resultado de uma regressão brutal a um tipo humano primitivo ou sub-humano, caracterizado por traços físicos reminiscentes dos macacos, dos primatas inferiores e do homem primitivo, em certa medida preservada nos selvagens modernos. O médico e criminologista italiano chegou ao ponto de defender que as características fisionómicas dos «criminosos natos» e dos «tipos criminaloides» (criminosos ocasionais) eram facilmente identificáveis e poderiam ser «cientificamente» comprovadas por medidas

[7] Tradução nossa e itálicos como no original.

[8] F. Galton formulou o termo «Eugenia» pela primeira vez em 1883.

[9] De resto, Charles Darwin foi um dos primeiros, senão o primeiro, a escrever um livro científico inglês usando retratos fotográficos como ilustrações, focado precisamente nas expressões do rosto humano e publicado em 1872 sob o título *The expression of the emotions in man and animals* (Prodger 2009: 400).

«Fotografias compostas» de criminosos ingleses, por Francis Galton

antropométricas e comparação fotográfica anatómica, podendo a aparência física constituir um critério na investigação policial. Em *L'uomo delinquente*, publicado em 1876, Lombroso apresenta um «Atlas ilustrado» que considera a parte «provavelmente mais importante» da obra, com dezenas de retratos

Infâmia e Fama

Atlas de criminosos políticos inserido em *L'uomo deliquente*, de C. Lombroso, 1876

fotográficos que supostamente deveriam comprovar visualmente a sua teoria (Phéline 1985: 52-72).

Estas teorias de causalidade direta entre traços fisionómicos e culpabilidade, da autoria de Lombroso, deram lugar a grandes e controversos debates em toda a Europa (incluindo Portugal, como veremos adiante) e foram contestadas por muitos médicos e teóricos de diferentes campos científicos. A chamada «escola francesa», liderada pelo sociólogo Gabriel del Tarde (magistrado e mais tarde dirigente do departamento de estatística no Ministério da Justiça) e onde também se evidenciou Alexandre Lacassagne, revelou-se um dos seus principais adversários. Ao atavismo e determinismo biológico da antropologia criminal da escola italiana[10] de Lombroso, a escola francesa respondia sobretudo com determinismos ligados ao meio social envolvente, à imitação de comportamentos que levavam à profissionalização do criminoso e ao conceito de «degeneração», resultante dos nocivos efeitos urbanos ambientais.

Contudo, no fundo, ambas as escolas convergiam num ponto essencial: a valorização do diagnóstico visual. Divergiam apenas nas conclusões e tipologias consequentes, de cariz mais hereditário/anatómico para uns, fisiológico e social para outros. Tal significa que, qualquer que fosse a forma como o «tipo penal» era concebido – enquanto realidade biológica ou socioprofissional –, os criminalistas de vanguarda desta época seguiam a tendência científica cada vez mais vincada no séc. xix de procurar e tentar representar os caracteres visíveis do objeto estudado, neste caso a «culpabilidade» dos criminosos (Phéline 1985: 59).

A crença na existência de características físicas visíveis na superfície dos corpos como marca determinante do caráter criminoso e/ou anormal de certos indivíduos e a consequente análise de retratos de criminosos não se restringiu, porém, a esta época (Marques 2007), continuando, pelo contrário, ainda por um largo período[11] e vindo até a reforçar-se de modo obsessivo, nomeadamente à volta do conceito de raça, que em certos casos englobou também os criminosos[12] e os presos políticos[13] (Regener 1999: 222-263).

Só a partir dos anos 50 e 60 do séc. xx a pesquisa da «visibilidade do mal» (Regener 1999: 311) deixou a superfície dos corpos e mergulhou na observação e análise das estruturas genéticas (Regener 1999: 309), tendo na Alemanha os retratos judiciários deixado de ser alvo de interesse neste âmbito científico a partir de 1945[14].

Esta linha de interesse científico que acompanhou o retrato criminal durante praticamente um século emprestou-lhe, à época, conotações científicas determinantes. Esta retórica científica poderá explicar, em grande parte, o fenómeno da existência de uma série de retratos judiciários de indivíduos não criminosos da viragem do século, que tudo indica terem sido captados pelos serviços fotográficos das autoridades judiciárias competentes, pois são rigorosamente iguais aos por eles produzidos, estando alguns colados em cartões com os habituais registos antropométricos. Trata-se de retratos judiciários de indivíduos não criminosos, como referido, em muitos casos ilustres, e sempre de algum modo direta ou indiretamente ligados à criminalística. Estes retratos «de criminosos sem criminosos» surpreendem-nos, hoje, dado que as conotações científicas do retrato judiciário se perderam com o tempo.

O primeiro retrato judiciário deste tipo que iremos focar é o de Francis Galton, um dos cientistas que abordámos neste ponto e uma figura central no meio científico do séc. xix que estudou o fenómeno criminal. Um dos seus principais interesses incidiu precisamente na fotografia ligada à criminologia,

[10] Será importante referir, neste ponto, que na escola da criminologia positivista italiana – que não se apresenta uniforme – se destacaram também E. Ferri e R. Garófalo, que divergiram de Lombroso na medida em que atribuíram como determinante para a definição do criminoso não o primado antropológico, mas as condicionantes sociológicas (Ferri) e o elemento psicológico (Garófalo).

[11] Data do final dos anos vinte do séc. xx a criação da «Biologia Criminal», cujos objetivos científicos explícitos incidiam tanto nos fatores do meio envolvente, como nos fatores biológicos dos criminosos (Regener 1999: 234), aglutinando lado a lado estes dois polos de ênfase que se foram sempre substituindo ou sobrepondo, na abordagem científica dos delinquentes, até aos dias de hoje.

[12] «Once the mechanism of biocriminal was called upon to make it possible to execute or banish criminals, criminality was conceptualized in racist terms» (Foucault 2003: 258). Sobre esta temática no geral, ver: Foucault 2003: 254-258.

[13] O caso mais extremado e paradigmático ocorreu na Alemanha entre os anos 20 e 40 do séc. xx, com o advento do nacional-socialismo e as suas políticas radicais de higienização rácica.

[14] Segundo Regener, na Alemanha, a partir desta data, os retratos judiciários deixam de constar da literatura pedagógica e outras publicações sobre criminologia, a não ser como testemunho histórico (Regener 1999: 311).

como vimos, produzindo os mencionados *composite photographs* e criando o sistema das impressões digitais como sistema de identificação predominante. Este contexto torna o seu retrato judiciário especialmente interessante.

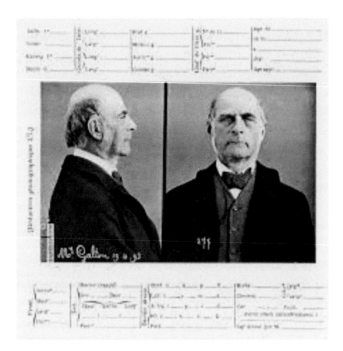

Retrato antropométrico de Francis Galton

O segundo caso de retratos judiciários que nos surpreende, no seu formato frente/perfil e demais características parametrizadas, é constituído por uma série de retratos do próprio Alphonse Bertillon e de familiares seus, alguns dos quais crianças, em diversas idades. Uma delas – um sobrinho de Bertillon, François, filho de um irmão seu que também trabalhava na Polícia de Paris – é fotografada deste modo (frente/perfil) em bebé e depois sucessivamente, em diversas fases do seu crescimento, ao longo de quase quinze anos:

 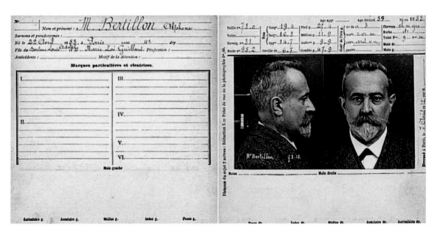

Alphonse Bertillon fotografado segundo o modelo judiciário em 1892 e em 1912

O contexto científico e a retórica de ciência

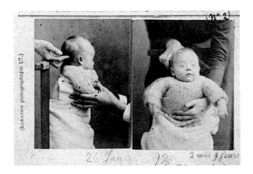 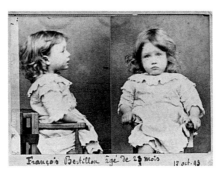 

François Bertillon, sobrinho de Alphonse Bertillon, fotografado no modelo judiciário como recém-nascido, com 23 meses e com 8 anos

Estes retratos compreendem-se no contexto dos interesses e do trabalho de Bertillon no domínio da antropologia geral que já mencionámos. É muito provável que Bertillon os tenha elaborado para tentar analisar a evolução de alguns elementos fisionómicos ligados à hereditariedade da sua família (Hamilton e Hargreaves 2001: 67). Hoje dificilmente se imagina que se possa retratar em contexto judiciário real indivíduos não criminosos, muito menos crianças de tenra idade: a conotação retórica científica do retrato judiciário desapareceu e o confronto com estes retratos surpreende-nos, surgindo aos nossos olhos como paradoxal.

O terceiro conjunto de retratos judiciários de «não criminosos» e de figuras ilustres ligadas à criminologia que gostaríamos de focar é constituído por exemplares portugueses datados já de 1913, período bastante posterior ao que concerne ao quadro temporal deste trabalho e por isso aqui muito sumariamente abordados. Trata-se dos retratos judiciários de João Eloi, que assumiu a direção da Polícia de Investigação Criminal pouco depois da implantação da República (voltando ao exercício da advocacia em 1926), e de Juan Vucetich, eminente antropólogo e polícia argentino, pioneiro nos métodos de identificação criminal. Este último retrato terá sido efetuado exatamente pelo mesmo serviço português que o anterior, como atestado por todas as semelhanças, incluindo a letra da legenda e a proximidade de datas.

Ainda no que concerne a estes retratos judiciários surpreendentes e paradoxais aos nossos olhos contemporâneos, consideramos também uma outra

Retrato de João Eloi, 30.12.1913.
Retrato de Juan Vucetich, 28.10. 1913.
Arquivo Histórico Fotográfico do
Museu de Polícia Judiciária

explicação possível: este tipo de fotografia habitualmente coercivo está ligado à ideia da existência, papel e performance de uma entidade dominadora da autoridade e do poder. Constitui um registo visual e uma prova – repetidos vezes sem conta – da performance dessa autoridade e do seu poder real e efetivo de infligir, nos indivíduos por ela dominados, uma penalização indelével. Ora, no caso dos ilustres retratados de frente e perfil, consideramos que poderá ocorrer uma metonímia, e nesse caso estas fotografias seriam o resultado desse mecanismo metonímico, em consequência do qual apenas a componente da autoridade e do poder seria considerada, em detrimento da segunda componente da relação com o poder – o dominado. Estas invulgares fotografias transmitiriam, assim, uma «colagem» e uma total identificação com o poder instituído, não só por parte dos fotógrafos, como habitualmente, mas também por parte dos fotografados ou tutores dos fotografados, todos eles figuras fortemente implicadas nas teorias da criminologia da época e na introdução dos novos métodos de identificação judiciária através da fotografia (Sá 2012). Constatamos, assim, que as conotações científicas do retrato judiciário, não se verificando hoje, nos surpreendem, mas as conotações de poder repressivo se mantiveram, como veremos.

Desse poder instituído e, sobretudo, dos relacionamentos do retrato judiciário com esse poder repressivo, trataremos no capítulo seguinte.

CAPÍTULO 3
OS MECANISMOS DO PODER E O «RETRATO REPRESSIVO»

A abordagem da génese dos retratos de criminosos no âmbito científico e de utilitarismo policial do século XIX é essencial para a sua compreensão, mas não esgota a análise do contexto em que se insere o nosso objeto de estudo, nomeadamente no que diz respeito à relação das estruturas de poder que lhe estão subjacentes, perspetiva essencial e determinante para o enquadramento em Estudos de Cultura. Assim, no presente ponto proceder-se-á a uma abordagem e análise dos mecanismos de poder em causa, numa escala que se pretenderá concisa e proporcional à dimensão total do trabalho e recorrendo amiúde à obra de Michel Foucault – «um dos raros senão o único filósofo depois de Hegel a interessar-se pela Polícia»[1] (Berlière 1998: 291). Com efeito, a obra de Foucault tornou-se seminal no que concerne à abordagem das esferas judicial e judiciária e das estruturas do poder, no geral, a partir das análises que desenvolveu em especial sobre os casos da França, Reino Unido e Alemanha. Este enquadramento revelar-se-á, como veremos, especialmente adequado para o entendimento do contexto político do nosso objeto de estudo e para a compreensao do retrato judiciário como instrumento de poder, a diversos níveis.

Em primeiro lugar, será necessário situar o retrato judiciário como parte integrante de um vasto contexto de esforços de melhoramento e formalização da organização administrativa e do controlo social por parte do Estado, no mundo ocidental, face a uma explosão demográfica urbana, a uma crescente industrialização e mobilidade populacional, à emergência de uma burguesia dominante, e a convulsões sociais e problemas de segurança e criminalidade que surgem, ou se agudizam, na segunda metade do século XVIII e durante o século XIX.

Na verdade, na passagem do século XVIII para o XIX – a partir da Revolução Francesa e da revolução de 1848 –, assiste-se a um «desenvolvimento da dimensão política das ilegalidades populares» (Foucault 1991b: 241). Com efeito, neste período, elas desenvolvem-se segundo dimensões novas, entrecruzando conflitos sociais, lutas contra os regimes políticos e a resistência ao movimento da industrialização. O quadro dos delitos populares complexifica-se e, num cenário de reincidência crescente[2], torna-se cada vez mais frequente, nas camadas sociais menos favorecidas, uma «comunicação entre diferentes

---

[1] Tradução nossa.

[2] Sobre o problema do crescimento da reincidência em França no séc. XVIII ver Garnot (1992: 27), e no séc. XIX ver Foucault (1991b: 234-236).

Infâmia e Fama

formas e níveis de infração» que contribui para a criação, na opinião pública e nas classes dirigentes, da imagem de uma *«classe perigosa»* e potencialmente delinquente. Sobre esta imagem de *perigosidade* de uma plebe potencialmente criminosa, citemos Foucault:

> [...] certamente não se formou no começo do século XIX uma ilegalidade maciça, ao mesmo tempo política e social. Mas em forma esboçada e apesar de sua dispersão, foram suficientemente marcadas para servir de suporte ao grande medo de uma plebe que se acredita toda em conjunto criminosa e sediciosa, ao mito da classe bárbara, imoral e fora da lei que, do império à monarquia de julho, está continuamente no discurso dos legisladores, dos filantropos, ou dos pesquisadores da vida operária. São processos que encontramos atrás de toda uma série de afirmações bem estranhas à teoria penal do século XVIII: que o crime não é uma virtualidade que o interesse ou as paixões introduziram no coração de todos os homens, mas que é coisa quase exclusiva de uma certa classe social; que os criminosos, que antigamente eram encontrados em todas as classes sociais, saem agora «quase todos da última fileira da ordem social»[3] (Foucault 1991b: 242-243).

Na verdade, relativamente ao direito penal do séc. XIX, refira-se que este sofreu profundas alterações a partir das ideias iluministas de Beccaria e da escola clássica, e posteriormente também da escola positivista, passando a haver uma crescente laicização e racionalização do conceito de crime, assim como uma particular atenção para com o delinquente enquanto indivíduo, a par de uma crença na corrigibilidade do seu comportamento, desembocando estas linhas de pensamento na reforma e na reorganização dos sistemas judicial e penal de diferentes países ocidentais, incluindo Portugal[4].

De facto, a partir da publicação, em 1764, da obra *Dei delitti e delle pene*, do iluminista penal Cesare Bonesana, marquês de Beccaria, as conceções sobre o fundamento e a finalidade do direito de punir modificam-se profundamente, em nome dos ideais humanitários e correcionais, não só reagindo em primeiro lugar contra a barbaridade das penas corporais, consideradas inadmissíveis, mas também contra os inconvenientes estigmatizantes das penas infamantes[5], consideradas reações desproporcionadas e anticorrecionais. As ideias de Beccaria tiveram enorme repercussão, à época, sendo muitas delas incorporadas no texto constitucional norte-americano, assim como na *Declaração dos direitos do Homem e do Cidadão* durante a Revolução Francesa, e dando origem à chamada *escola clássica* do Direito Penal. A escola clássica defendia o livre-arbítrio do delinquente e a teoria absoluta da pena retribucionista, na proporção do dano causado, com a finalidade de defesa social e de prevenção de novos delitos, não havendo ainda propriamente preocupação com a pessoa do criminoso. Tal estado de coisas altera-se substancialmente um século depois com a escola positivista, surgida a partir da antropologia criminal de Lombroso e restantes correntes da criminologia do séc. XIX, que enfatizavam

[3] Sobre como esta questão de classes se impõe na aplicação da justiça nos séculos XVIII e XIX no universo britânico, numa visão que se pretende estritamente histórico-social e que critica a perspetiva de Foucault como «determinista» e «não passível de prova», ver Emsley 1996: 6-16.

[4] Para uma visão abrangente das teorias reformadoras do séc. XVIII e das reformas efetivas do séc. XIX dos sistemas judicial e penal, sobretudo em França e no Reino Unido, ver Foucault 2002: 52-69. Aí se faz a destrinça entre a tónica na defesa social das teorias e penas propostas no final do séc. XVIII por teóricos como Cesare Beccaria e Jeremy Bentham, a par de legisladores franceses que contribuíram para o primeiro código penal revolucionário, e a tónica das reformas penais do séc. XIX, que se desvia e passa a incidir no controlo e na reforma psicológica e moral dos indivíduos. Consideramos que o caso português segue um percurso aproximado, conforme se verá na segunda parte deste trabalho. Sobre a evolução do sistema judicial e repressivo em Inglaterra nos séculos XVIII e XIX numa perspetiva crítica de Foucault, ver: Emsley 1996: 248-286 (que segue a linha da história social) e Wiener 1990 (linha histórica culturalmente mais abrangente).

[5] Sobre a origem das penas infamantes (*pena-facti* e *infamia-iuris*), ver: Costa 1985: 13-85. Sobre o conceito de pena infamante ligado ao retrato judiciário, ver capítulo seguinte do presente trabalho.

Os mecanismos do poder e o «retrato repressivo»

o determinismo do meio e das causas psicológicas nos criminosos, passando assim a levar em consideração o estudo da biologia da pessoa do criminoso, do meio em que vive e das causas suscetíveis não só de o influenciar, mas determinar. Embora estas duas escolas passem a surgir mescladas em novas correntes do direito penal (escolas ecléticas ou mistas), o que é facto é que a tomada em consideração da pessoa do agente criminoso em concreto passa a «constituir o pano de fundo de todo o pensamento e reformas legislativas da época» (Costa 1985: 111).

Este enfoque preponderante na pessoa e na individualidade do criminoso (que pode ser visto como uma das causas do advento do retrato judiciário) leva, em termos de direito penal, à ponderação da personalidade do delinquente na hora da escolha da sanção (consubstanciando-se sobretudo nas figuras das «circunstâncias atenuantes» e das «medidas de segurança») e à enfatização da possibilidade da sua «correção ou emenda», assim como à abolição das penas corporais e infamantes – mas traz, contudo, também a noção da *perigosidade* do delinquente, conceito que se torna central em termos de direito penal do séc. xix[6].

Como vimos antes, neste período de formação da sociedade capitalista, na última parte do séc. xix, o conceito da potencial *perigosidade* foi também largamente tratado pelas novas ciências humanas e pela medicina, assim como se encontra muito presente no discurso dos dirigentes e da opinião pública. De uma tal convergência de focos, perspetivas e abordagens sistemáticas – oriundas de áreas tão diferentes como a justiça, as novas ciências humanas e a ciência dita tradicional – se conclui uma série de conceções teóricas, preocupações sociais e políticas coincidentes oriundas do medo da *perigosidade* e da potencial delinquência das camadas sociais mais desfavorecidas. Esta atitude generalizada contamina o quadro real da justiça praticada, bem distante dos suprarreferidos ideais humanitários do quadro penal:

> [...] nessas condições seria hipocrisia ou ingenuidade acreditar que a lei é feita para todo mundo em nome de todo mundo; [...] é mais prudente reconhecer que ela obriga a todos os cidadãos, mas se dirige principalmente às classes mais numerosas e menos esclarecidas; que, ao contrário do que acontece com as leis políticas ou civis, a sua aplicação não se refere a todos da mesma forma; que nos tribunais não é a sociedade inteira que julga um de seus membros, mas uma categoria social encarregada da ordem sanciona outra fadada à desordem (Foucault 1991b: 243).

A noção da potencial *perigosidade* de certas classes e tipos de indivíduos trouxe, porém, implicações mais profundas e estruturantes: na verdade, este conceito transpôs o eixo temático à volta do qual giravam o direito penal e as restantes abordagens da criminalidade do séc. xix, do ato criminoso *efetivo* para o ato criminoso *possível* (Foucault 2002: 56-57).

Para enfrentar esta nova realidade, e no contexto social, político e científico da época, tornava-se uma necessidade imperativa e estrutural criar mecanismos de controlo alargado e permanente dos indivíduos – mecanismos de registo e

[6] «A pena, embora sancione o crime, passa a poder modificar-se conforme o comportamento do condenado; e as "medidas de segurança" que acompanham a pena (proibição de permanência, liberdade vigiada, tutela penal, tratamento médico obrigatório) [...] não se destinam a sancionar a infração, mas a controlar o indivíduo, a neutralizar a sua periculosidade» (Foucault 1991b: 22).

identificação, vigilância, observação e conhecimento, sob múltiplas perspetivas e vertentes. É neste quadro de necessidades de controlo e de dupla focagem no indivíduo e na sua potencial *perigosidade* que se insere o nosso objeto de estudo, o retrato de criminosos.

Vimos já, no capítulo 2 desta primeira parte do trabalho, a panóplia de mecanismos (sobretudo fotográficos) de observação, análise e controlo que se inserem neste contexto e se criaram no séc. XIX, no âmbito de diversas vertentes do conhecimento científico, mecanismos esses direcionados não só para os criminosos confirmados, mas também para todos os «tipos» de indivíduos que divergissem da normalidade e se constituíssem, assim, como diferentes, marginais e potencialmente ameaçadores e perigosos para a ordem social vigente.

Vimos também, ao abordar o que designámos por «utilitarismo policial e judiciário» do retrato criminal, uma componente destes novos mecanismos a nível do controlo da identidade e da reincidência dos delinquentes, componente essa cujas dificuldades técnicas só vieram a encontrar uma solução satisfatória com o sistema antropométrico e o novo modelo de retrato fotográfico judiciário rigorosamente parametrizado de Bertillon, do final do séc. XIX. Este controlo das identidades inseriu-se também no contexto da instituição formal dos novos «Registos criminais» e «policiais» do séc. XIX, mecanismos de controlo social formal que, embora tivessem antecedentes ao longo de toda a história[7], só a partir deste século lograram uma sistematização e um apuramento técnico capazes de atingir de modo eficaz os seus objetivos, apuramento esse que incluía, como elemento determinante, o retrato judiciário.

A par dos registos criminais e policiais e no âmbito deste movimento controlador e vigilante da população, outras instituições na esfera judiciária foram reformuladas no período em apreço, como o estabelecimento prisional, passando a prisão a afirmar-se enquanto forma generalizada de sanção para todo o tipo de crime. Este aspeto reveste-se também de especial importância para o nosso tema, pois foi, como vimos, também nas prisões que foram elaborados muitos dos primeiros retratos judiciários.

Fora do âmbito judiciário, muitas outras instituições – militares, escolares, hospitalares, industriais – são contaminadas por este espírito de controlo e vigilância das suas populações[8], que materializa uma sociedade *disciplinar* e *panótica*[9].

Neste sentido, em todos os domínios enumerados – da ciência à justiça, passando pelas esferas militar, da saúde, da assistência social ou da educação, mas também, mais especificamente, no retrato judiciário –, reconhecemos uma linha transversal e convergente de poder que «*disciplina*» os indivíduos e os seus corpos através do «*exame*», utilizando diversas «*tecnologias políticas do corpo*» (Foucault 1991b: 26-28; 123-172) e constituindo, de forma global, o que Foucault designa por «biopolítica»[10]. Começava assim verdadeiramente a «era do controlo social biopolítico», cuja malha não cessaria de se estreitar durante os séculos XX e XXI através de «tecnologias do poder» cada vez mais avançadas e sofisticadas (Foucault 1991b: 57; 82).[11]

Aproximemo-nos ainda mais do nosso objeto de estudo: em primeiro lugar, será útil e importante relembrar que o retrato judiciário era então o único tipo

[7] Para uma visão aprofundada da instituição do Registo Criminal e do Registo Policial e dos seus antecedentes desde o Direito Romano, ver Costa, 1985. De referir que, de todas as tentativas anteriores à que passou a incluir a «Bertillonage», nenhuma lograra ultrapassar o problema do fornecimento de falsas identidades, questão absolutamente central em termos de eficácia destes mecanismos de registo e controlo da população delinquente.

[8] «Os processos desta "mecânica do poder" são múltiplos e atuam em áreas disciplinares muito diferentes, mas "entram em convergência e esboçam aos poucos a fachada de um método geral". Encontramo-los em escolas, hospitais, nas instituições militares» (Foucault 1991b: 127).

[9] Sobre o princípio panótico, Foucault afirma: «Aparentemente, não passa da solução de um problema técnico, mas, através dela, se constrói um tipo de sociedade» (Foucault 1991b:190).

[10] A primeira referência de Foucault à «biopolítica» (equiparando-a ao «biopoder») surge no seu texto «Society must be defended» (Foucault 2003: 243), publicado a partir das conferências que deu no Collège de France em 1975 /76 (mais precisamente, a 11.ª conferência, a 17 de março de 1976). A obra intitulada *The birth of biopolitics*, publicada a partir das conferências de Foucault no Collège de France de 1978/79 (Foucault 2010), pelo contrário, acaba por não abordar esta temática, encontrando-se apenas brevíssimas referências ao conceito nas pp. 21-22, 185 e 317, todas elas consistindo em justificações de Foucault por não ter, afinal, abordado o tema. É no final do primeiro volume de *The history of sexuality* que sumariza como, no limiar da era moderna, o poder do Estado transforma a política em biopolítica (Foucault 1978: 133-159). O conceito de biopolítica viria a ter um futuro profícuo, nomeadamente através de Giorgio Agamben.

[11] A introdução do Bilhete de Identidade em diversos países, no séc. XX, que inclui um retrato fotográfico, constitui um dos melhores exemplos deste adensamento de controlo dos indivíduos, também através da sua imagem visual.

[12] A este propósito cabe aqui referir que encontramos sobretudo no Reino Unido referências a muitos casos de detidos que tentavam recusar-se a ser fotografados e tinham de ser subjugados através da força ou da astúcia (Jay 1991: 107-109). Também em Portugal encontramos referências a este assunto, como veremos na segunda parte.

[13] Em *The burden of representation* (1988), John Tagg leva esta ideia ainda mais longe e ao limite – também a partir de Foucault –, traçando um detalhado paralelo entre a história da fotografia e a história do poder capitalista (e da Polícia) ou, melhor dizendo, atribuindo à fotografia um papel de absoluto destaque na construção do poder e controlo social capitalistas.

[14] «O corpo humano entra numa maquinaria de poder que o esquadrinha, o desarticula e o recompõe. Uma "anatomia política", que é também igualmente uma "mecânica do poder", está nascendo; ela define como se pode ter domínio sobre o corpo dos outros [...]. A disciplina fabrica assim corpos submissos e exercitados, corpos "dóceis". A disciplina aumenta as forças do corpo (em termos econômicos de utilidade) e diminui essas mesmas forças (em termos políticos de obediência)» (Foucault 1991b: 127).

[15] Susan Sontag considera que a fotografia no geral equivale a uma apropriação e a uma agressão (Sontag 1979: 4-5; 14). Ao longo da sua obra *On photography,* Sontag refere numerosas vezes a fotografia policial como um dos importantes argumentos que sustentam esta tese.

[16] Uma outra afirmação de Foucault na mesma obra se aproxima muito da referência ao retrato judiciário: «A tessitura carcerária da sociedade realiza ao mesmo tempo *as captações reais do corpo* e sua perpétua observação; é, por suas propriedades intrínsecas, o aparelho de punição mais de acordo com a nova economia do poder, e o instrumento para a formação do saber de que essa mesma economia tem necessidade. Seu funcionamento panótico lhe permite desempenhar esse duplo papel. Através de seus processos de fixação, repartição, registro, foi ele por muito tempo uma das condições, a mais simples, a mais primitiva, a mais material também, mas talvez a mais indispensável, para que se desenvolvesse essa imensa atividade de exame que objetivou o comportamento humano» (Foucault 1991: 266). Itálico nosso.

de retrato coercivo legal existente. Neste sentido, dificilmente se poderia tornar mais visível a sua ligação direta ao poder repressivo que o institui, regulariza e elabora, assim como o seu caráter «disciplinar» e de «tecnologia do poder». Cabe a este propósito referir que muitos detidos tentaram, alguns por todas as vias ao seu alcance, fugir à câmara e evitar ser fotografados judiciariamente[12]. A obrigatoriedade do retrato judiciário e a subjugação do corpo do detido tornam-se assim centrais nesta discussão e contribuíram para uma das suas designações mais radicais: o «retrato repressivo» (Regener 1999: 186).

Continuemos a nossa abordagem ao retrato judiciário seguindo o fio de Ariadne de Foucault: os primeiros retratos de criminosos que focámos – mas também os de doentes psiquiátricos, de diferentes «raças», de diversos tipos de marginais – e, sobretudo, o «bio-conceito» e a «bio-lógica» de Bertillon (Regener 1999: 163; 186) constituem instrumentos técnicos visuais ímpares e inéditos de observação e vigilância crescente dos criminosos e de todas as tipologias de indivíduos potencialmente ameaçadores da ordem vigente. Nesse sentido – sobretudo no que concerne ao modelo frente/perfil –, trata-se de instrumentos que podemos considerar «panóticos» na aceção lata que Foucault lhe conferiu, constituindo uma apurada «tecnologia do poder» e uma «tecnologia política do corpo» inédita ao serviço de uma «biopolítica» que tenta exercer o maior controlo possível sobre as populações[13].

Com efeito, a partir dos primeiros retratos judiciários e sobretudo a partir do «retrato métrico» de Bertillon, o corpo dos criminosos, que no séc. XIX deixara de ser o alvo final da justiça (mediante sanções corporais), volta a estar na sua mira, desta feita como um meio – «o» primeiro meio técnico eficaz de identificação criminal em massa da história. A justiça utiliza agora mecanismos já não violentos direcionados para o corpo – processos fotográficos, antropométricos e, por fim, de captação de impressões digitais – que implicam uma nova «tecnologia política do corpo», sem abdicarem, no entanto, do domínio e da subjugação desse mesmo corpo[14].

Assim, constatamos que o retrato fotográfico judiciário «aprisiona»[15] a imagem do delinquente ou marginal, permite o seu exame visual sistemático minucioso e coloca-o num campo de vigilância permanente. Na verdade, embora Foucault nunca se tenha referido neste âmbito especificamente à fotografia judiciária, andou lá muito perto ao afirmar, referindo-se ao panótico: «A máquina de ver é uma espécie de câmara escura em que se espionam os indivíduos» (Foucault 1991b: 183).[16]

De facto, à luz destas teorias e do conceito de «biopolítica», todo o conteúdo factual e histórico dos capítulos anteriores ganha novos contornos e significados. Neste ponto, tomaremos a liberdade de chamar a atenção apenas para dois aspetos de caráter mais específico:

Em primeiro lugar, o facto de a Polícia começar a utilizar retratos de criminosos logo a seguir à invenção da fotografia, nos anos 40 do séc. XIX, ainda sob a forma de daguerreótipo, demonstrando um entendimento muito precoce do potencial do poder disciplinar desta nova «tecnologia política do corpo», entendimento em que foi acompanhada pelo público no geral, como vimos.

Em segundo lugar, o facto de, apesar de o novo processo fotográfico do colódio húmido (que veio facilitar os procedimentos técnicos simultaneamente permitindo a reprodução múltipla da imagem) ter sido criado nos anos 50 do mesmo século, a Polícia e o poder judiciário no geral só terem utilizado a fotografia criminal em grande escala a partir de 1871 e da grande convulsão da Comuna de Paris, que veio abrir as portas à criação de um serviço fotográfico sistemático em 1874 na Préfecture de police de Paris, serviço cuja criação fora recusada pouco antes do aparecimento da *Comuna*.

Independentemente de estas primeiras práticas – e todas as outras subsequentes, a nível de fotografia criminal – se inserirem no quadro geral das políticas criminais implementadas pelo poder vigente nas várias épocas e, portanto, no seu quadro geral biopolítico, gostaríamos de sublinhar que foi um evento eminentemente político e não uma questão de delito comum que catalisou o primeiro uso sistemático da fotografia por parte dos aparelhos judiciários. Foi a ameaça de subversão do regime político que espoletou o recurso à utilização policial sistemática da fotografia, enfatizando de forma dificilmente ultrapassável o caráter político e o poder repressivo do retrato criminal nesse âmbito.

Neste ponto, lembremos como Agamben retoma o conceito de «biopolítica» de Foucault e lhe confere uma posição absolutamente central e determinante no pensamento contemporâneo[17], a partir da ancestralidade e do tema criminal, cuja componente política faz questão de enfatizar: sobre a figura do direito romano arcaico *homo sacer* a que dedica a obra com o mesmo nome (que designa um tipo específico de criminoso, o mais abjeto e simultaneamente o mais sagrado), Agamben afirma:

> Let us now observe the life of *homo sacer*, or of the bandit, the *Friedlos*, the *aquae et igni interdictus*, which are in many ways similar. He has been excluded from the religious community and from all political life: he cannot participate in the rites of his *gens*, nor (if he has been declared *infamis et intestabilis*) can he perform any juridically valid act. [...] he can save himself only in perpetual flight or a foreign land. And yet he is in a continuous relationship with the power that banished him precisely insofar as he is at every instant exposed to an unconditional threat of death. [...] In this sense, no life, as exiles and bandits know well, is more «political» than this (Agamben 1998: 103).

No final deste capítulo fica assim enfatizada a relação política entre o poder e o criminoso, assim como fica aflorada a questão da sua potencial infâmia, que iremos desenvolver no capítulo seguinte.

[17] Considerando que as teorias de Foucault terão de ser corrigidas ou pelo menos «completadas» (Agamben 1998: 12), Agamben acrescenta: «Foucault's death kept him from showing how he would have developed the concept and study of biopolitics. In any case, however, the entry of *zoe* into the sphere of the polis – the politization of bare life as such – constitutes the decisive event of modernity and signals a radical transformation of the political-philosophical categories of classical thought. [...] Only within a biopolitical horizon will it be possible to decide whether the categories whose opposition founded modern politics (right/left, private/public, absolutism/democracy, etc.) – and which have been dissolving, to the point of entering today into a real zone of indistinction – will have to be abandoned or will, instead, eventually regain the meaning they lost in that very horizon. And only a reflection that, taking up Foucault's and Benjamin's suggestion, thematically interrogates the link between bare life and politics, a link that secretly governs the modern ideologies seemingly most distant from one another, will be able to bring the political out of its concealment» (Agamben 1998: 10).

CAPÍTULO 4
O EIXO INFÂMIA/FAMA

Como vimos, os retratos fotográficos judiciários estão indelevelmente ligados à transgressão e ao crime. O conceito de crime, porém, está longe de ser unívoco. Tendo tido uma vasta pluralidade de abordagens ao longo do tempo, permanece em aberto nos nossos dias.[1] Como Figueiredo Dias e Costa Andrade referem, e na esteira do que temos vindo a afirmar até aqui, o problema da definição do crime é «eminentemente político»:

> Há crimes – e não caberá aqui enumerá-los – que exprimem um inequívoco consenso de toda a colectividade e que despertam nela sentimentos de coesão e solidariedade. Trata-se, além disso, de crimes comuns à generalidade das sociedades e tendencialmente constantes ao longo da história. Não faltam, porém, crimes «criados» para emprestar eficácia a uma particular moralidade ou a um determinado arquétipo de organização económica, social ou política. Tais crimes constituem sempre, de forma mais ou menos imediata, afloramentos de uma determinada conflitualidade, porquanto a criminalização nesta área pressupõe o exercício do *poder* no interesse de uns, mas impondo-se a *todos* (Dias e Andrade 1992: 89).

Tal não significa, porém, que não haja um núcleo comum dos diversos conceitos de crime, pois «todo o conceito criminológico de crime assenta necessariamente numa dupla referência: uma referência jurídica e uma referência sociológica» (Dias e Andrade 1992: 84). E isto implica que, quer seja de um ponto de vista jurídico, quer seja de um ponto de vista sociológico, o crime é considerado altamente negativo por quem o designa, e esta negatividade imposta ao criminoso tem muitas vezes implicações fortemente infamantes. Assim, existe todo um historial de «penas infamantes»[2] já aqui referidas e contra as quais a escola clássica se insurgiu, das quais destacaremos duas, que nos elucidam de modo particularmente claro sobre uma longa tradição de repercussões sociais devastadoras em que o retrato judiciário, como veremos, se inscreve.

Em primeiro lugar, mencionemos a designada *pittura infamante*, comum sobretudo entre os séculos XIII e XV no Norte e Centro da península itálica (mas

[1] Sobre esta questão ver Dias e Andrade 1992: 63-90.
[2] Sobre a história das «penas infamantes» ver Costa 1985: 13-85.

Infâmia e Fama

Exemplo de *pittura infamante*

Exemplo de um *Schandbild* alemão equivalente, c. 1490

também existente, nesse período, noutros países da Europa Central): trata-se de um tipo de pintura que retratava ladrões, traidores, culpados de fraude ou de outras condutas condenáveis, encomendada muitas vezes pelos governos das cidades-estado para exposição pública, sobretudo nos casos em que não dispunham de outros mecanismos legais contra os indivíduos em questão. Estas *pitturas infamantes* retratavam frequentemente os seus alvos dependurados de cabeça para baixo ou com outras marcas vexatórias (Edgerton 1985)[3].

Em segundo lugar, lembremos a «marca de ferro» frequentemente designada por «marca infamante»[4]. De facto, um dos mais vibrantes sinais da forte associação dos retratos judiciários ao conceito de infâmia, na Europa, é-nos transmitido por um número significativo de testemunhos escritos do séc. XIX, oriundos de França, da Grã-Bretanha e de Portugal, afirmando a equivalência explícita deste tipo de fotografia à marca de ferro, então recentemente abolida. Com efeito, esta noção de que a infâmia se abate sobre os fotografados dos retratos judiciários e os estigmatiza socialmente de modo indelével é algo que emerge logo desde o aparecimento dos primeiros retratos de criminosos. Já em 1854 encontramos, no anteriormente citado periódico *La Lumière*, uma comparação do retrato judiciário à infamante marca de ferro. Escreve o seu editor, Ernest Lacan, que o retrato criminal permitiria «l'infliction de cette marque nouvelle» (Lacan 1854). No momento em que Lacan escreve estas palavras, haviam passado apenas vinte e dois anos da abolição da marca de ferro em França. Esta proximidade leva-nos a compreender melhor a sua comparação implícita, assim como o facto de que o repúdio e consideração de intolerabilidade da fotografia criminal, por comparação com a marca de ferro, se tornou, na época, relativamente frequente (About e Denis 2010: 42-44; 83).

[3] Um testemunho do séc. XIV relata-nos, a propósito: «Today, 13 october 1377, work has begun on plastering the façade of the podestà's palace and on painting the head and body of the traitor Messer Idolgo da Camerino, traitor to the Holy Mother Church, to the *popolo* and commune of Florence and to all its allies. Likewise he was painted on the façade of the Army Pay Office. He is depicted upside down on the gallows, suspended by the left foot, at the top. By his left side he has a siren, by his right a basilisk […]. He is tied at the neck by a devil.» *Apud* Dean 2000: 45 (Franco Sacchetti, *Il trecentonovelle* n.º 41, Borlenghi A. (1957) F. Sacchetti *Oppere*, Milão, pp. 159-61).

[4] A marca de ferro era aplicada na pele com ferro incandescente a criminosos condenados e foi imposta pela justiça europeia entre o séc. XVI e finais do séc. XVIII, princípios do séc. XIX. Em França, foi definitivamente abolida em 1832, em Inglaterra em 1834 (Foucault 1991b: 16) e em Portugal em 1822 (Costa 1985: 78-79). A marca de ferro foi considerada por muitos equivalente a um Registo Criminal ancestral (Costa 1985: 13-85).

Também em Portugal o *Diário de Notícias* de 31 de março de 1869 se pronuncia explicitamente sobre o assunto, numa notícia seminal para este trabalho a que voltaremos adiante, e que aqui reproduzimos parcialmente: «A photografia foi para os criminosos o que era antigamente o ferrete com que os marcavam. Hoje não se estampa com ferro quente a marca ignominiosa na testa do criminoso para ser conhecido. Tira-se-lhe o retrato.» O próprio comissário-geral da Polícia Civil de Lisboa se pronuncia, em 1876, contra a exibição pública deste tipo de retratos nos comissariados de Polícia, conforme veremos detalhadamente adiante, considerando que essa exibição constitui «uma verdadeira pena perpétua e degradante».[5]

Esse mesmo sentimento se torna visível na imprensa inglesa da época.[6] Os três exemplos que citaremos de seguida são particularmente significativos em termos da formação da opinião pública inglesa sobre esta problemática, nesse período. O primeiro refere-se ao *The Daily Telegraph* de 27 de janeiro de 1871, onde se pode ler que «The prison authorities have no more right to compel a man who is simply awaiting his trial to sit for his photograph than they have to hang him» (*apud* Jay 1991: 107). O segundo exemplo diz respeito a um exemplar do *The Daily News* (também datado de 1871) que compara a fotografia de presos à tortura, questionando-se como poderia este procedimento fotográfico ser tolerado, perante a exclusão de outras «sanções» mais brandas. Finalmente o humorístico *Punch*, no âmbito de uma série de peças sobre fotografia criminal, publicava uma notícia sobre a realização de uma «manifestação antifotografia» por parte da Government Intimidation Society, manifestação que, segundo o mesmo jornal, incluía ladrões e gatunos que consideravam uma indignidade serem fotografados na prisão (*apud* Jay 1991: 110-111).

O rol de considerações explícitas extremamente negativas que acabámos de expor mostra-nos claramente que o efeito estigmatizante do retrato judiciário foi profundamente sentido nesta época, no geral, e largamente difundido.

É no sentido de impedir esse efeito infamante do retrato judiciário e da documentação que o envolve que, na Europa, o acesso aos registos criminais e policiais foi alvo de restrições e de «limitação de publicidade», quase desde o momento em que estes foram criados, no séc. XIX, tendo tal acesso vindo a ser sucessivamente restringido ao longo do tempo, impossibilitando-se cada vez mais a consulta pública e limitando-a a um círculo restrito de operadores da administração e do sistema de justiça criminal obrigados a sigilo. No mesmo sentido, têm vindo a ser paulatinamente criadas medidas concretas de cancelamento e supressão desses mesmos registos para alguns tipos de crimes, em casos de indivíduos que não reincidiram, segundo normas e prazos relativos às tipologias criminais e de diversas circunstâncias específicas, no sentido de dar a tais indivíduos possibilidades efetivas de reabilitação e reinserção social, perspetiva teoricamente plasmada nos códigos penais desde o séc. XIX, mas que só recentemente começou a ter concretização plena (Costa 1985: 94-151; 192-379).

O problema do estigma deste tipo de retratos é, pois, no contexto europeu[7], mais atual do que nunca[8], abrangendo mesmo os retratos judiciários com alguma antiguidade e colocando alguns deles ao abrigo do «direito ao esquecimento».

[5] ANTT/Arquivo de Polícia Civil – NT:262; NP:78; Registo de «Ordens de Serviço» expedidas 1876-1890 p. 14 – ordem n.º 319.

[6] A atitude de oposição, na Grã-Bretanha, a este tipo de fotografia teve, no futuro, consequências e repercussões em domínios próximos. A título de exemplo, surgiu em vários países, já na década de 30 do séc. XX, uma polémica sobre a obrigatoriedade de retratos no Bilhete de Identidade – tendo como argumentos a favor a eficácia contra a criminalidade e imigração ilegal, e como argumentos contra o facto de se considerar um método vexatório que transformaria todos os cidadãos em suspeitos. A favor desta última argumentação, países como o Reino Unido e os EUA não adotaram o Bilhete de Identidade (About e Denis 2010: 92).

[7] Nos EUA o entendimento deste problema é inteiramente diverso, sendo a divulgação dos retratos judiciários, aí designados por *mugshots* – mesmo de detidos não condenados –, pública e sem restrições, incluindo a internet, como veremos adiante.

[8] Esta questão prende-se com o fenómeno mais vasto e muito atual da crescente preocupação e tentativa de implementação de medidas para proteção de dados e da privacidade dos indivíduos, perante os novos avanços da tecnologia.

Nesta sequência, julgamos muito provável que a carga de infâmia transmitida pelos retratos judiciários conotados com o crime comum e as atividades repressivas quotidianas da Polícia e do aparelho judiciário estejam na origem da omissão e do esquecimento a que foram votados, durante muito tempo, na maioria das histórias da fotografia e dos estudos fotográficos, circunstância que se torna particularmente relevante no âmbito deste estudo. De facto, durante um largo período a historiografia fotográfica obliterou quase por completo a existência da fotografia policial e judiciária, assim como de retratos de criminosos no geral, tal como Alan Sekula reconheceu em 1986:

> It is quite extraordinary that histories of photography have been written thus fare with little more than passing reference to their work [Alphonse Bertillon e Francis Galton]. I suspect that this has something to do with a certain bourgeois scholarly discretion concerning the *dirty work*[9] of modernization, especially when the status of photography as a fine art is at stake. It is even more extraordinary that histories of social documentary photography have been written without taking the police into account. Here the issue is the maintenance of a certain liberal humanist myth of the wholly benign origins of socially concerned photography (Sekula 1986: 56).

Segundo Sekula, o retrato judiciário e de criminosos está, assim, literalmente conotado com «trabalho sujo», com conexões infamantes, que durante mais de um século o tornaram inominável e alvo de obliteração na historiografia fotográfica. Torna-se, pois, muito claro que a infâmia e um certo tabu estiveram ligados aos retratos fotográficos judiciários desde o seu início e que esse estigma perdurou praticamente até aos nossos dias.

No entanto, como veremos de seguida, não podemos deixar de notar como a demarcação entre a infâmia e a fama é por vezes débil e fácil de transpor. A definição do conceito de tabu, segundo a etnologia, nascida no final do séc. XIX, pode ajudar-nos a compreender esta ambiguidade: «August and damned, worthy of veneration and provoking horror» (Agamben 1998: 48).[10] De facto, paradoxalmente, a tradição mostra-nos que, em certas ocasiões, os criminosos ganharam extraordinária fama, demonstrando, assim, a continuidade/polaridade do que se poderá considerar um mesmo eixo fama/infâmia. Os exercícios de tradução do texto bíblico podem revelar dados filologicamente interessantes sobre este fenómeno. No Evangelho de São Mateus, 27:16, o criminoso Barrabás é referido em inglês como *a notorious prisoner*, tendo a palavra inglesa *notorious*, como sabemos, uma conotação negativa, ligada ao conceito de infâmia. No entanto, a tradução francesa menciona *un prisonnier célèbre* e a tradução portuguesa refere «um prisioneiro famoso», ambas apresentando, portanto, uma conotação positiva ligada aos conceitos de celebridade e fama.

Esta passagem da infâmia à fama, do negativo ao positivo, no que concerne aos criminosos, é amplamente focada pelo médico e psicólogo britânico Havelock Ellis na sua obra *The criminal*[11], publicada em 1890, um período

---

[9] Itálico nosso.
[10] Os conceitos de «tabu» e de «sagrado» de vários autores da viragem do século vão no mesmo sentido. Nos seus *Roman essays*, W. Ward Fowler, pp. 17-23, refere: «Taboo, i.e removed out of the region of the *profanum*, without any special reference to a deity, but "holy" or accursed according to the circumstances» (*apud* Agamben 1998: 51). E Emile Durkheim escreve: «The fear inspired by malignant powers is not without a certain reverential quality [...]. The pure and the impure are therefore not two separate genera, but rather two varieties of the same genus that includes sacred things.» (*Les formes élémentaires*, 446-48, *apud* Agamben 1998: 50). Freud também irá explorar esta ambivalência do sagrado em *Totem e tabu*, aplicando-a à psicanálise.
[11] Curiosamente, a contracapa deste livro mostra-nos a «fotografia composta de vinte criminosos do Reformatório de Elmira» (Ellis 1890).

ainda coincidente, portanto, com os retratos judiciários portugueses que iremos analisar. Nas conclusões desta obra, Ellis destaca a forma positiva como vários elementos ligados aos criminosos têm sido mitificados na cultura popular, desde a Antiguidade: quatro em sete páginas das suas conclusões são inteiramente dedicadas à listagem de dezenas de exemplos de mitificações positivas referentes sobretudo à Europa Central do séc. XIX. Mencionando entre as suas fontes a publicação alemã *Zeitschrift für ethnologie*, datada de 1888, Ellis refere: «The criminal has always been the hero, almost the saint, of the uncultured» (Ellis 1890: 283). E continua:

> The Romans gave the name of Hercules to great criminals after death, and dedicated a distinct cult to them. If we go back to a still more primitive phase of life as preserved in folk-lore, and still to some extent perpetuated, we find that all that belongs to an executed criminal brings luck. A finger or other small bone kept in the purse will preserve it from ever being empty. It also keeps away vermin, and protects a thief from his victim. Buried beneath the threshold it brings perpetual blessing, and to have a thief's thumb among his goods is an excellent thing for a shopkeeper. The people came for the Marquise de Brinvilliers's bones the day after her execution; they regarded her as a kind of saint, says Mme. de Sevigné. […] Precious above all is the blood of a criminal; even a few drops on a rag are most costly […]. When in Prussia executions took place in public, there was always friction between the armed guards and the crowd of women, who at all costs pressed forwards with spoons, cups, and dishes to catch some of the blood. At the execution of a murderer in Hanau in 1861, several men leapt on to the scaffold and drank the steaming blood. At the execution of two murderers in Berlin in 1864, the executioner's assistants dipped numbers of white handkerchiefs in the blood, and received two thalers for each. The bystanders even call upon the criminal for his most powerful intercession in Heaven (Ellis 1890: 284-285).

De seguida, Havelock Ellis narra outros casos semelhantes, mas de «um grau de cultura mais elevado», sendo um deles também mencionado por Foucault em *Vigiar e punir*: trata-se do famoso criminoso e assassino Lacenaire e dos tributos e homenagens que lhe foram prestados, por parte da burguesia parisiense e de figuras públicas famosas da época, em finais do séc. XIX (Foucault 1991b: 248-250).

Esta mitificação tradicional de criminosos, conjuntamente com outros comportamentos festivos e comemorativos dos criminosos nos séculos XVIII e XIX mencionados por Foucault (Foucault 1991b: 229-231), constitui, sem dúvida, uma das razões que estarão na origem da receção ambígua e, por vezes, glamorosa, dos retratos judiciários, que focaremos de seguida.

O retrato judiciário está, como vimos no capítulo anterior, inserido numa lógica de poder que implica uma objetificação e uma sujeição do fotografado ao poder instituído, mas, significativa e simultaneamente, confere também, por

Infâmia e Fama

vezes, como veremos, uma enorme visibilidade ao fotografado, de certo modo subvertendo a anterior relação de estatutos e poderes.

Explorando os antecedentes do retrato fotográfico, relembremos que a história do retrato nos demonstra que, nos seus primórdios, se elaboravam sobretudo os retratos das pessoas mais ilustres e poderosas; os mais altos dignitários das pirâmides sociais e económicas eram quase os únicos que podiam ganhar a imortalidade e a visibilidade pública através do retrato pintado[12]. Deixar-se retratar constituía um luxo e um dos «rituais de poderio» destinados a salientar a individualidade dos privilegiados. O retrato constituía, assim, na generalidade, um símbolo de poder, e o retrato fotográfico veio alargar extensiva e crescentemente esse poder de visibilidade e de imortalidade a toda a burguesia, «democratizando» significativamente essa regalia. É interessante verificar, de resto, que a grande maioria dos primeiros retratos fotográficos ostentava – independentemente de o fotografado ser um duque ou um pequeno burguês – poses que denotam prestígio e dignidade, assim como elementos cenográficos emblemáticos e indicadores de alto estatuto social, como imponentes colunas ou reposteiros e elegantes poltronas, demonstrando, assim, seguir uma linha de tradição e uma herança de valores simbólicos e sociais oriunda dos retratos pintados seus antecessores[13]. A partir sobretudo do formato standard *carte de visite,* em 1854, por parte de Disdéri, e da invenção da técnica do colódio seco, nos anos 1880, o retrato fotográfico expandiu-se exponencialmente, vulgarizando-se nas camadas sociais burguesas. Só os verdadeiramente pobres – a grande massa da plebe – lhe não podia aceder, com raras exceções, constituindo os criminosos uma delas, como veremos.

As fotografias das pessoas mais célebres e poderosas, contudo, continuaram a ter um estatuto especial em termos de visibilidade. Os retratos da realeza, por exemplo, eram muito populares e vendidos aos milhares, assim como os de figuras históricas ou, mais tarde, os retratos de grandes atrizes[14]. Este culto de adquirir e colecionar imagens de personagens célebres não era, de resto, novo. Pelo menos desde o séc. XVIII, no Reino Unido e noutros países, existia o hábito e a moda de colecionar gravuras com retratos de personagens célebres e as respetivas biografias[15], hábito que demonstrava já um enraizado culto da fama (Hamilton e Hargreaves 2001: 21).

Cabe referir, neste contexto, um dado curioso. Em 1769, o clérico, biógrafo e colecionador de gravuras James Granger, cuja obra *A biographical history of London* serviu de guia para todos os colecionadores de biografias ilustradas que referimos no parágrafo anterior, elaborou um «catálogo metódico» que reduzia estas biografias célebres a um «sistema» que incluía um rigoroso quadro hierárquico de grupos sociais dividido em doze classes, a começar na realeza e membros da família real e a acabar na «classe mais baixa de pessoas». Nesta última, apenas se tornavam elegíveis aqueles que se haviam salientado por uma de três circunstâncias: ter atingido uma idade invulgar, ter uma deformidade ou ser condenado (Hamilton e Hargreaves 2001: 23). Constatamos, assim, que também no cruzamento do conceito de celebridade com o de hierarquia social se repete o mesmo paradigma e interesse pelos criminosos e pelos que

---

[12] Sobre a história do retrato, ver sobretudo Pommier 1998, Brilliant 2002 e West 2004.

[13] Esta questão é muito anterior ao retrato fotográfico, conforme nos dá testemunho já em 1584 o *Trattato dell'arte della pittura, scoltura et architettura*, de Giovanni Lomazzo: «Merchants and bankers who have never seen a drawn sword and who should properly appear with quill pens behind their ears, their gowns about them and day-books in front of them, have themselves painted in armour holding general's batons» (*apud* West 2004: 71).

[14] Em Portugal, no final do séc. XIX, a Livraria Chardron, dos Lello, «assegurava [...] a fama dos autores que publicava vendendo-lhes retratos» (Ramos 1994: 46).

[15] O primeiro registo de uma enciclopédia ilustrada biográfica terá sido o do romano erudito Marcus Terentius Varro (116-27 a. C.), que nela terá compilado 700 retratos pintados de romanos célebres, acompanhados das respetivas biografias (Hamilton e Hargreaves 2001: 21).

se desviavam da normalidade, paradigma que já havíamos verificado quando abordámos a perspetiva policial, judiciária, científica e política. Assim se compreende que os retratos de criminosos constituam uma exceção nas classes mais pobres, que de outro modo dificilmente poderiam aspirar a deixar-se retratar. O curioso é verificar, nesta sequência e do que referimos sobre os retratos de personagens históricas e célebres, que os retratos de criminosos famosos gozaram de um estatuto de visibilidade muito próximo.[16] Como se explica tal facto? Para além das razões que já invocámos, e sem pretensões de esgotar o assunto, tentaremos apontar mais alguns motivos para este fascínio que ultrapassam, em muito, o período temporal focado neste trabalho.

Comecemos por atentar no facto de os retratos fotográficos judiciários terem uma carga semiótica e emocional muito forte, uma autêntica «aura» no sentido «benjaminiano» do termo. Em primeiro lugar, mostram-nos, aparentemente de um modo direto (mas em simultâneo longínquo), algo ligado à ilegalidade: apresentam-nos verdadeiros criminosos, de forma não-ficcional. Em segundo lugar, exibem-nos no que poderia ser designado como um «cenário de crime e castigo»: por um lado, dão-nos a ver factos de uma narrativa «real», mas altamente contaminada pela «remediação» (Bolter e Grusin 2000) – procedimentos policiais envolvendo registos fotográficos de detidos – e, por outro, registam o momento e a conjuntura dramáticos do evento, ou seja, o instante único, altamente emocional e potencialmente avassalador que visualmente capta, para sempre, a detenção de um certo indivíduo que alegadamente cometeu um crime e vai ser punido por tal[17] (Sá 2012).

Os retratos judiciários permitem-nos assim uma proximidade voyeurista e um contacto visual do ilícito, sem o perigo de um contacto físico direto com o ilícito; permitem-nos um visionamento e um ingresso legal, livre e aparentemente direto no submundo do crime, por norma interdito e inacessível; permitem-nos a possibilidade de espreitar algo considerado vergonhoso sem estarmos sujeitos a qualquer admoestação. Esta redução metonímica – que retira o elemento «risco» da emoção original, mantendo a ilusão da sua integridade e da capacidade de provocar *frisson* – desperta muitas vezes uma atração fatal no observador e não será provavelmente alheia ao imenso apelo e atração que este tipo de imagem exerce sobre o comum dos mortais (Sá 2012). Exemplos explícitos dessa atração não são, em absoluto, difíceis de encontrar, nomeadamente na época por nós focada: em 1870, um fotógrafo britânico (que assina simplesmente com o nome Harry) publica uma carta no jornal *The Photographic News* declarando que ganha bom dinheiro a fotografar profissionalmente criminosos porque elabora mais um ou dois negativos dos «mais famosos», regista os seus direitos autorais e vende essas imagens «on the love of the horrible in the public mind» (*Apud* Jay 1991: 110). Em 1871, em França, como já referido, durante o episódio revolucionário da Comuna, o fotógrafo Eugène Appert, encarregado pelo Tribunal de la Seine de fotografar os *communards*, vendeu esses retratos com enorme sucesso a nível nacional e internacional. Também em França, em 1875, um opúsculo do dramaturgo Ernest Legouvé interpreta a moda de colecionar retratos de figuras célebres deste modo:

[16] De notar, a este propósito, a referida exposição de temática muito aproximada realizada na National Gallery, em 2001, intitulada *The Beautiful and the Damned*, que deu origem à publicação com o mesmo nome, da autoria de Peter Hamilton e Roger Hargreaves (Hamilton e Hargreaves 2001).

[17] A partir de Bertillon, este conjunto é apresentado nos retratos judiciários em modelos fotográficos que são facilmente reconhecíveis, mostrando formas e elementos fixos, como a sequência face frente/perfil, os dados antropométricos e/ou números sequenciais, formando um quadro retórico facilmente identificável, que, com o tempo, se autonomizou, passando a ser utilizado com outros conteúdos, por exemplo em publicidade e marketing (Sá 2012).

> Que a imagem exposta seja a dum criminoso ou dum homem de génio, de uma atriz ou de um general, de um rei ou de um poeta [...] É pura curiosidade? Amor simples pela distração? Frivolidade do ócio? Não! Existe algo mais do que o desejo de olhar este insaciável ardor de olhares; existe um desejo íntimo e característico da inteligência moderna: só temos sede do rosto humano porque temos sede da alma humana (*apud* Tavares 2015: 26).

Ainda em França e também em Portugal, na viragem do século, como veremos mais detalhadamente adiante, surgem uma série de publicações sobre «Criminosos célebres» exibindo retratos dos criminosos acompanhados das respetivas biografias[18].

Este tipo de forte e ambígua atração voyeurista não é, em absoluto, exclusiva dos retratos judiciários do séc. xix: muito pelo contrário, como veremos, aumenta exponencialmente com o tempo, desenvolvendo-se como resultado de uma contaminação e de uma «remediação» (Bolter e Grusin 2000) crescentes, sobretudo a partir da ficção literária, do *glamour* cinematográfico de Hollywood e da explosão mediática dos séculos xx e xxi.

Por esse motivo, por breves momentos iremos ultrapassar aqui drasticamente o período focado neste trabalho e referir exemplos muito recentes, pois os olhos com que observamos os retratos judiciários de finais de século xix são olhos contaminados e «remediados» pelos *media* dos séculos xx e xxi. Tal contaminação não pode deixar de ser, assim, abordada neste trabalho, por influenciar profundamente a nossa capacidade de observação dos retratos em causa, assim como a nossa análise e compreensão do que constituiu o início deste fenómeno, em finais do séc. xix[19].

Dentro desse acontecimento da «remediação» optaremos por abordar, em primeiro lugar, um elemento que se tornou icónico e que se apresenta como um desenvolvimento do quadro retórico dos retratos judiciários: o chamado *Wanted poster*, surgido ainda no séc. xix:

Utilizando retratos judiciários (desenhados sob a forma de gravura ou recorrendo já a processos fotomecânicos), o *Wanted poster* divulga publicamente a imagem do rosto do criminoso e é usado com fins de identificação e captura do fugitivo, sobretudo nos EUA (muitas vezes acompanhado da notícia de uma recompensa monetária)[20]. Apesar de infamante, este *Wanted poster* tornou-se extremamente popular e «glamoroso», em especial através dos *Westerns*, um dos géneros cinematográficos mais populares do mundo, e a partir do séc. xx o seu formato ou «moldura retórica» foram usados e abusados fora da sua função inicial em vários domínios (sobretudo no marketing), demonstrando a aquisição de uma independência em relação à função inicial (Sá 2012).

A remediação contemporânea dos retratos judiciários no que concerne à fama e à celebridade, porém, poderá ter nascido sobretudo da escalada do fenómeno da ficção policial na literatura, no cinema e nos *media* em geral. Podemos afirmar que esta espiral crescente de popularidade começa essencialmente com a proliferação da *popular crime literature and theatre* da primeira metade do

---

[18] Em França referimo-nos sobretudo a *Les criminels célèbres*, de Th. Labourieu, publicado em Paris em 1885 e, em Portugal, à *Galeria de criminosos célebres em Portugal. História da criminologia contemporânea 1896-1908*, que adiante abordaremos com algum detalhe.

[19] A propósito diz-nos Hans Belting: «Apesar de os nossos órgãos sensoriais não se terem modificado, a nossa perceção está sujeita à mudança cultural. Para este facto contribui de forma determinante a história medial das imagens» (Belting 2014a: 34).

[20] Em Portugal, ter-se-á recorrido pela primeira vez a um método próximo deste no final do séc. xix por ordem de Morais Sarmento – o mesmo dirigente policial que interditou a mostragem de retratos fotográficos nas esquadras de Polícia, como vimos – para capturar um assassino de alcunha *o Pardal*. Com efeito, nessa ocasião procedeu-se à distribuição de «uma circular» «por 20 000 autoridades do país» com a promessa de um prémio de 50$000 reis pela captura do suprarreferido assassino. Porém, a dita «circular» não continha o retrato do criminoso, apenas a descrição minuciosa dos «signaes exteriores» do homicida. Decididamente, Morais Sarmento não era apologista da divulgação do retrato com fins policiais. «Foi a primeira vez que se poz em pratica este expediente que tão bons resultados tem dado sempre, como sucedeu naquela diligência» (*Galeria de criminosos célebres em Portugal* 1896: 28).

O eixo infâmia/fama

 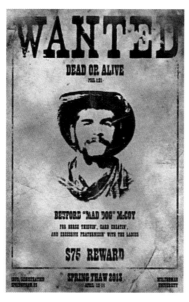 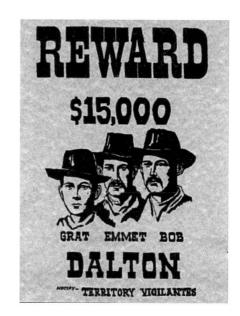

Exemplos de *Wanted Posters* cujo modelo entrou no imaginário coletivo contemporâneo

séc. XIX (Wiener 1990: 15-23) e a publicação de *The murders in the rue Morgue*, de Edgar Allen Poe, em 1841, ganhando forma e celebridade com a personagem de Sherlock Holmes, de Arthur Conan Doyle (trazido a público pela primeira vez em 1887), e de Arsène Lupin (criado por Maurice Leblanc em 1905), sendo depois amplificada por Agatha Christie, seguida de um sem-número de escritores que multiplicaram exponencialmente o número de romances e contos policiais. Esta tendência crescente, contudo, sofreu ainda um maior impulso a nível planetário através da indústria cinematográfica (especialmente originária de Hollywood, incluindo o *film noir*), seguida por um *boom* de séries televisivas e, finalmente, nos nossos dias – nada menos do que canais de televisão inteiramente dedicados à ficção criminal. Não sendo este o local apropriado para aprofundar a tentacular popularidade e o notório *glamour* do policial na cultura contemporânea, não deveremos deixar de notar que o «género policial», muitas vezes considerado «superficial» e «pouco sério», parece envolver – como os nossos retratos judiciários «remediados» – dicotomias perturbadoras e poderosos arquétipos[21].

Façamos aqui um parêntesis para referir que a «remediação» dos olhos contemporâneos relativamente ao tipo de imagens fotográficas de detidos de frente e perfil não se liga apenas ao crime comum e não retrata apenas os autores desses crimes. De um modo secundário – porque menos frequentemente expostos aos olhos do público em geral –, este tipo de imagens retrata também vítimas de crimes. Trata-se sobretudo de retratos burocráticos policiais de presos políticos do séc. XX, em diversos países, incluindo Portugal[22]. Também – de modo especialmente marcante – existem os retratos de identificação de judeus (mas também de presos políticos) do campo de extermínio de Auschwitz. Este, porém, é «o absoluto espaço de exceção», quando «o estado de

---

[21] A demanda do mal, ou, melhor dizendo, do autor do mal, e a reposição da justiça e da ordem podem ser vistas como características do género policial e remetem-nos para temas ancestrais que extravasam o âmbito deste trabalho. Limitemo-nos, neste contexto, a citar Aristóteles: «And it is a characteristic of man that he alone has any sense of good and evil, of just and unjust, and the like.» Aristóteles, *Politics*, Book I, Part II.

[22] O já referido filme *48*, de Susana Sousa Dias, foi feito precisa e unicamente a partir de retratos deste tipo de presos políticos da PIDE, em Portugal, emprestando às imagens em questão um raro e poderoso efeito sobre o espectador.

Infâmia e Fama

exceção se torna a regra» (Agamben 1998: 19; 96) e, como tal, não se mistura com os nossos retratos judiciários. Ou seja, embora os retratos identificativos de prisioneiros de Auschwitz[23] formalmente se assemelhem em tudo aos retratos judiciários e, portanto, não possam deixar de, de certo modo, «contaminar» o olhar do observador deste tipo de retratos a partir do séc. XX, eles têm uma existência própria não passível de simples junção ou associação ao grupo de retratos judiciários tratados no nosso trabalho. O fardo incomensurável do seu potencial perturbador diferencia-os de modo irreversível e vai muito para além do fenómeno do crime.[24]

Voltando ao tema da mediatização do crime e dos retratos criminais, na nossa era, também nas artes plásticas vamos encontrar desenvolvimentos importantes. Com efeito, o tema dos retratos judiciários tem-se revelado extremamente atual, sendo cada vez mais eleito, a nível internacional, por artistas do séc. XX e XXI, constituindo-se nitidamente como uma extensão do referido eixo fama/infâmia. Mencionemos brevemente alguns casos de obras de artistas mais conhecidos, apenas a título de exemplo do que pretendemos demonstrar, já que uma análise minimamente detalhada deste campo ou das obras em apreço extravasaria por completo o âmbito do trabalho[25]:

Marcel Duchamp, *Wanted: $2,000 Reward*, 1922

Nesta obra Marcel Duchamp representa-se a si próprio no formato clássico do *Wanted Poster*, a partir do modelo do retrato judiciário frente/perfil criado por Bertillon. Este «ostensivo antirretrato» (Brilliant 2002: 174) parodia o

[23] Sobre um dos dois laboratórios fotográficos que funcionaram no campo de Auschwitz, associados ao «Serviço de Reconhecimento» ou «de Identificação» (*Erkennungsdienst*) onde este tipo de imagens era produzido, ver Didi-Huberman 2012: 40-41 e Hevesi 2012.

[24] Com efeito, as fotografias de Auschwitz têm, pela escala avassaladora do seu peso e da sua carga totalmente fraturante, um estatuto próprio completamente independente. Trata-se, no que concerne às imagens fotográficas não retratistas deste campo, do que se designou «*imagens apesar de tudo*» (Didi-Huberman 2012: 15). Não podemos, portanto, associá-las aos retratos judiciários que são o tema do nosso trabalho porque simplesmente não são associáveis. Esta impossibilidade de associação não tem a ver com a questão do «inimaginável» e «impensável» de Auschwitz contra a qual primeiro Hannah Arendt e depois Agamben e Didi Huberman se posicionaram, afirmando que é absolutamente necessário persistir em imaginar e (re)pensar os campos (Arendt 1997: 233-259; Agamben 1998: 19; 95-97; Didi Huberman 2012: 15-47).

[25] Dos vários exemplos recentes possíveis enunciemos p. ex. os casos de Péter Forgács: Col Tempo/Hungarian Pavilion/53rd Biennale di Venezia 2009 http://vernissage.tv/2009/08/19/peter-forgacs-col-tempo-hungarian-pavilion-53rd-biennale-di-venezia-2009/ ou Titus Kaphar com *The Jerome Project – Portraits of Prisoners in Gold Leaf and Tar*, 2014 http://hyperallergic.com/183665/portraits-of-prisoners-in-gold-leaf-and-tar/ ou, em Portugal, no Porto, Luís Coelho com a exposição *Não passamos de números*, 2014, http://p3.publico.pt/node/14763

género do retrato artístico e simultaneamente o procedimento judicial de divulgação infamante, indo na linha típica de Duchamp da «adoção da mascarada para desafiar» e subverter de um modo satírico as convenções da época (West 2004: 206), utilizando muitas vezes objetos já existentes. Para além da «falsa» utilização da «moldura retórica» do *Wanted poster*, também «falsos» são os nomes inscritos no texto da sua legenda, embora todos tenham conotações que remetem para referências «verdadeiras»[26], pretendendo o todo funcionar como perturbador do modo de pensar instituído, das suas categorias taxonómicas clássicas e dos seus valores, pondo assim também em causa e relativizando a carga moralizante dos polos do eixo fama/infâmia.

Andy Warhol, *13 Most Wanted Men*, 1964 World's Fair 1964

[26] «Rrose Sélavy», p. ex., é um trocadilho francês com «*Eros, c'est la vie*» e designa uma personagem fictícia feminina personificada por Duchamp numa série de fotografias que Man Ray lhe tirou, vestido de mulher (West 2004: 206). Sobre as conotações dos restantes nomes usados nesta obra por Duchamp, ver Brilliant 2002:173.

[27] Em nenhum dos casos é Warhol que retrata diretamente, limitando-se a utilizar retratos já existentes oriundos dos meios de comunicação.

Esta obra de Andy Warhol, parte de um conjunto mais numeroso de retratos judiciários, foi «censurada» há cerca de cinquenta anos na World's Fair de 1964, em Nova Iorque, tendo sido pintada por cima com tinta prateada devido à potencial controvérsia que poderia causar. No entanto, *13 Most Wanted Men* foi reexibida muito recentemente, de 27 de setembro 2014 a 4 de janeiro 2015, no Museu Andy Warhol, também em Nova Iorque, a pouca distância do primeiro local «censurado», demonstrando, assim, como foi significativa a evolução das mentalidades, também relativamente ao eixo «fama/infâmia», nos últimos cinquenta anos. *13 Most Wanted Men* insere-se no contexto da Pop Art de Warhol, com a sua celebração do retrato, da exploração das imagens dos *media*, do consumo e da celebridade. Como as personagens famosas que Warhol retratou de modo icónico – Marilyn Monroe, Elvis Presley, Judith Garland, Jackie Onassis –, também os retratados das *mugshots*[27] se associam à noção de tragédia e celebridade: se no caso das celebridades aludidas é suposto o observador imediatamente reconhecer de quem se trata, aqui é a «moldura retórica» do retrato judiciário que é imediatamente identificada e que leva ao reconhecimento também imediato dos retratados como criminosos, que assim se tornam celebridades. Se nos casos referidos de Marilyn Monroe a Jackie Onassis Warhol sente por vezes a necessidade repetir imagens da mesma personagem lado a

Infâmia e Fama

lado, num jogo quase incessante, em *13 Most Wanted Men* a repetição frente/
/perfil já existe originalmente e Warhol limita-se a juntar imagens de outros
criminosos: aqui não é a identidade e celebridade do indivíduo retratado que
está em causa e é exaltada e repetida imageticamente, mas sim a sua condição
de criminoso, pois é ela que lhe confere notoriedade. A escolha da celebridade
como tema recorrente por parte de Warhol não é, em absoluto, neutra, mas,
pelo contrário, voluntária e assumida: a celebridade é um tema que, já vindo
de trás, como vimos, se torna central na segunda metade do séc. XX e aponta
para um facto importante, nomeadamente no que concerne às imagens de
criminosos: é que a fama se torna por vezes autónoma (podendo existir independentemente
dos habituais atributos do poder: classe, estatuto, autoridade)
e confere ela própria poder: «The fame of the sitter has become a new kind of
authority» (West 2004: 93).

Christian Boltanski (*Les archives*)
Detective 1972 e 1987

Trata-se de uma instalação (primeira versão em 1972 e segunda versão
mais extensa em 1987) constituída pela reprodução mecânica de 400 fotografias
a preto e branco originárias da revista *Detective*, que retratam tanto
criminosos como vítimas, não estando nem uns nem outros identificados.
Um dos desafios que inevitavelmente se colocam ao observador é, pois, distinguir
uns de outros, vítimas de agressores, num exercício que cedo se revela
vão e impossível neste «arquivo» aleatório. Como o próprio Boltanski afirma

O eixo infâmia/fama

sobre o criminoso nazi Klaus Barbie: «Barbie has the face of a Nobel Peace Prize Winner. It would be easier if a terrible person had a terrible face[28]» (apud Perloff 1998: 258). Este «antiarquivo» (Belting 2014b: 244) revela-se, assim, particularmente perturbador ao levar ao limite a indiferenciação que no fundo já havia sido iniciada pelos *media,* que exploravam a divulgação tanto dos retratos dos criminosos e agressores como das vítimas, conferindo notoriedade a ambos os polos[29].

Ai Weiwei, @Large: Trace, Politic prisoners' portraits made in LEGO

[28] Com esta afirmação, Boltansky remete-nos para a questão já aqui referida das velhas fisionomia e frenologia tão difundidas e populares, especialmente nos séculos XVIII e XIX, mas que, no fundo, ainda estarão bem vivas no inconsciente coletivo contemporâneo.

[29] Boltanski produziu diversas obras com base no conceito de arquivo usando retratos de pessoas mortas (por vezes misturadas com retratos de pessoas vivas) que não abordaremos aqui porque não têm ligação direta com o nosso tema. Sobre as obras em questão, veja-se Perloff 1998: 258-263 e Belting 2014b: 244-249.

Muito recentemente (2014-2015), o artista chinês Ai Weiwei expôs na antiga prisão de Alcatraz uma instalação de Lego formando retratos de 175 presos políticos do passado recente e do presente de todo o mundo (incluindo Nelson Mandela e Eward Snowden). A localização da exposição torna-se, como se depreende facilmente, uma importante componente da própria exposição, dada a enorme carga simbólica desta famosa (ou infame?) prisão desativada, que constitui atualmente, por si, uma atração turística que atrai todos os anos milhares de visitantes. Mais uma vez, nela, o eixo fama/infâmia atribuído aos criminosos se torna de certo modo indestrinçável, pois Ai Weiwei, ele próprio ex-preso político famoso, escolhe uma prisão de delito comum para expor os seus retratos de presos políticos, os quais pretende ver libertados. O facto de os retratos «pixelizados» serem compostos por elementos de Lego – um jogo infantil que nos é afetivamente próximo – modera, adoça e contrasta com a crueza de Alcatraz e dos prisioneiros políticos em causa, apresentando-os de um modo emocionalmente próximo. Trata-se, nesta exposição, de uma acumulação de celebridades – o próprio Ai Weiwei, presos políticos famosos, o jogo Lego – num cenário de ambígua infâmia, que passa a componente expositiva indissociável do todo.

Finalmente, mencionemos uma última exposição recente sobre o mesmo tema, datada de 2012, da autoria do artista norte-americano Paul Schiek, que «refotografa» e amplia impressões de *mugshots* encontradas numa prisão abandonada da Georgia:

81

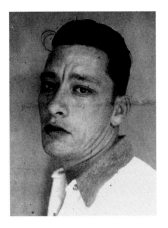   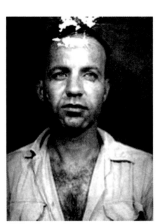

Paul Schiek, *Dead men don't look like me*

Citemos uma breve passagem da *press release* desta exposição, patente na Stephen Wirtz Gallery, em San Francisco, de abril a junho de 2012, na qual os fatores que temos vindo a referir como importantes na receção contemporânea dos retratos judiciários – a «remediação», o *glamour*, o eixo «fama/infâmia» – são explicitamente mencionados e sublinhados de modo particularmente marcante:

> Mug shots are compelling by nature, and Schiek was particularly struck by his subjects' brutally glamorous attractiveness, a blood-and-guts charm he describes as «the American male stench.» Like young actors posing for a Hollywood headshot, they smirk and leer at the camera with palpable defiance [...]. These are haunting and seductive images that reveal the interplay between cinematic fantasy and real-life criminality in the concept of the American antihero – from the iconic movie rebel James Dean, to the mass murderer Charles Starkweather, who infamously resembled Dean, to Martin Sheen, whose character in Terrence Malick's 1973 film *Badlands* was itself based on Starkweather.

A imbricada remediação entre ficção e realidade na receção destes *mugshots*, o fascínio exacerbado que exercem e a sua dialética fama/infâmia estão também bem patentes em dezenas de *mugshots* de atores famosos, cantores e outras figuras públicas que facilmente encontramos na net – alguns factuais, outros ficcionais, contaminando o tema de uma forma cada vez mais «glamourosa».

Esta crescente tendência parece ter chegado recentemente a um clímax não só devido às exposições supramencionadas, mas também porque o retrato judiciário do ofensor americano Jeremy Meeks, divulgada no Facebook pela Polícia de Stockton, Califórnia, se tornou repentinamente viral e foi comentada por milhares e milhares de pessoas – em muitos casos com elogios estéticos algo eufóricos – nos *media* de todo o mundo.

O eixo infâmia/fama

Mugshots de (da esquerda para a direita, de cima para baixo):
Frank Sinatra; Elvis Presley; James Brown;
Mick Jagger; Zsa Zsa Gabor; Steve Mcqueen;
Jane Fonda; Hugh Grant; David Bowie; Bill Gates;
Justin Bieber

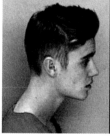

Mugshot viral de Jeremy Meeks divulgada na internet pela Polícia de Stockton, Califórnia, em 2014

Sobre este caso citaremos apenas o *The New York Times* de 19 julho de 2014, mais precisamente parte de um artigo significantemente intitulado «Our Love affair with the Mugshot»[30]:

> From the iconic images of Butch Cassidy and his crew to the gangster mug shots in 1920s and '30s pulp magazines, from the introduction of the F.B.I.'s most-wanted posters in 1950 to today's click-bait online mug shot slide shows, we have always sought the chance to gaze[31] at accused criminals.

Esta espécie de «atração fatal» por retratos judiciários, que como vimos tanto se intensificou recentemente a diversos níveis, começou em Portugal, em parte, como iremos ver no último capítulo deste trabalho, com a reprodução e divulgação de um lote de retratos judiciários dos dois álbuns policiais FTM 1869-1895.

[30] Sturken e Cartwright referem-se a outro caso relativamente recente de divulgação de grande impacto de *mugshot* nos *media*, em 1994, desta feita da antiga estrela de futebol americano O. J. Simpson, sobretudo através das capas das revistas *Newsweek* e *Time*, com contornos e resultados que consideram incriminatórios: «The conventions of the mugshot were presumably familiar to most people who saw the covers of *Time* and *Newsweek*. Frontal and side views of suspect's unsmiling, unadorned faces are shot. These conventions of framing and composition alone connote to viewers a sense of the subject's deviance and guilt, regardless of who is thus framed; the image format has the power to suggest the photographic subject's guilt. O. J. Simpson's mugshot seemed to be no different from any other in this regard. [...] because of the codes of the mugshot, it coud be said that by simply taking Simpson's image out of the context of the police file and placing it in the public eye, *Time* and *Newsweek* influenced the public to see Simpson as a criminal even before he had been placed on trial» (Sturken e Cartwright 2001: 24).

[31] Embora de modo não explícito, o recente conceito de *gaze*, de raiz Lacaniana, é uma constante no presente trabalho, desde o *gaze* disciplinar e vigilante de Michel Foucault já aqui focado, ao *male gaze*, de Laura Mulvey, que objetifica a mulher (Mulvey 1975) e ao *imperial gaze*, de Ann Kaplan, que define o observado segundo os valores do observador privilegiado (Kaplan 1997), que trataremos em capítulos subsequentes.

PARTE II

O RETRATO JUDICIÁRIO EM PORTUGAL EM FINAIS DO SÉC. XIX: O ENIGMA DOS DOIS ÁLBUNS FOTOGRÁFICOS FTM

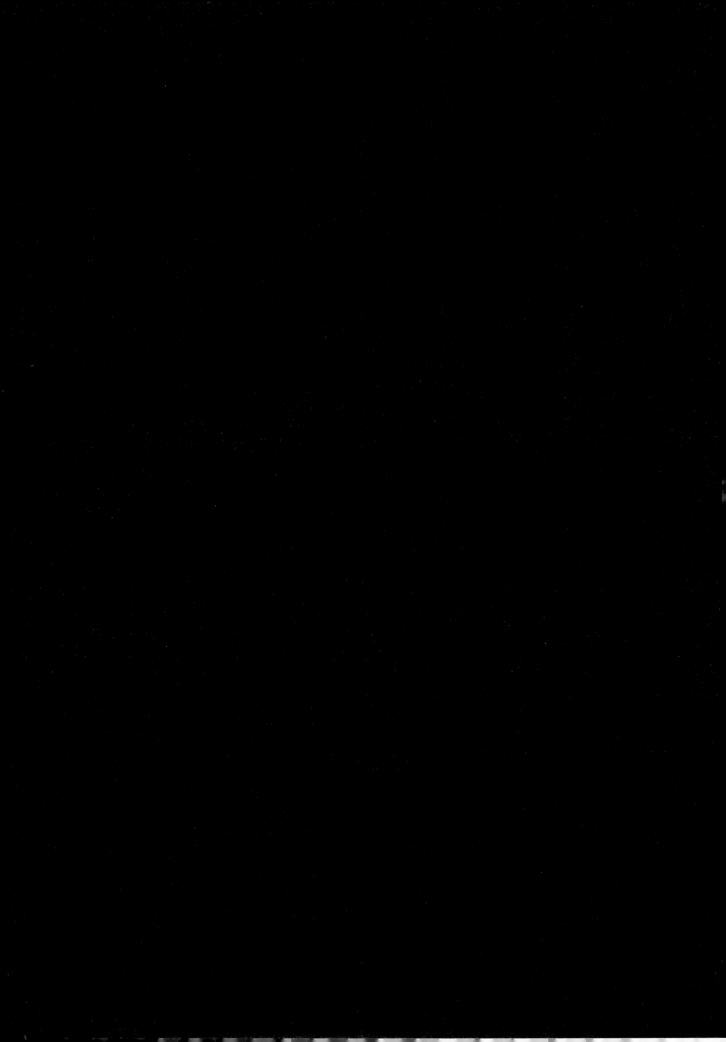

CAPÍTULO 5
EM BUSCA DAS ORIGENS

Até ao momento, os primeiros retratos judiciários conhecidos, em Portugal (que se encontram atualmente no Centro Português de Fotografia), datavam de 1902, sendo o primeiro de 6 de março, e estando a sua origem perfeitamente identificada, pois encontra-se colado no primeiro Boletim de Identificação do Posto Antropométrico junto das Cadeias da Relação do Porto, seguindo o modelo frente/perfil de Bertillon.

Os dois álbuns fotográficos de retratos de criminosos que constituem o *corpus* do nosso estudo, porém, são muito anteriores, não seguindo as suas fotografias – datadas de 1869 a 1895 – ainda o modelo de Bertillon e tendo a sua proveniência institucional permanecido, até agora, desconhecida, por total ausência de referências à entidade produtora oficial.[1]

Estamos, assim, perante um hiato informativo que muito dificulta a devida contextualização e compreensão desta importante e inédita coletânea fotográfica, ameaçando inviabilizar o seu estudo.

Nesta sequência, no primeiro capítulo da segunda parte deste trabalho, tentaremos ultrapassar este vazio informativo e, tanto quanto possível, desvendar os «mistérios» das origens destes dois conjuntos fotográficos judiciários. Ou seja, iremos exercer uma espécie de «metafunção» de investigação criminal, ao tentar pesquisar as primeiras instituições de identificação judiciária fotográfica em Portugal.

Nessa linha de investigação que pretendemos percorrer, e após termos abordado de modo alargado o contexto internacional em que surgem, as principais questões às quais procuraremos responder, neste ponto, são as seguintes:

Que instituições públicas portuguesas de controlo social formal terão, em primeiro lugar, mandatado a elaboração dos retratos que compõem estes dois álbuns fotográficos de delinquentes e, em segundo lugar, requerido a organização dos álbuns em si? Que tipo ou categoria de funcionários terá ordenado a elaboração e compilação dos retratos e concretizado essa organização em álbuns, neles registando as respetivas informações? Quem terão sido os fotógrafos que captaram estes retratos de delinquentes? Que critérios estariam subjacentes à seleção dos fotógrafos?

[1] Como referido, os dois álbuns fotográficos pertencem a um colecionador particular que gentilmente os cedeu para o presente estudo. Por uma questão de clareza, repetimos aqui o conteúdo da nota 5 da Introdução: «Insistentemente consultada a leiloeira Palácio do Correio Velho, onde os dois álbuns foram comercializados, não foi de todo em todo possível obter informações sobre a sua origem, nomeadamente sobre os anteriores proprietários.»

A resposta a estas perguntas está longe de ser simples, desde logo dado o relativo desconhecimento das autoridades policiais e prisionais da época com competências para procederem à identificação dos criminosos, em Portugal (Vaz 1998, Gonçalves 2007 e 2012), e, em segundo lugar, a quase total ausência de estudos sobre as primeiras práticas fotográficas de identificação judiciária e criminal no nosso país.

Nesta sequência, começamos por, num primeiro momento – o capítulo 5 desta segunda parte –, analisar cronologicamente vários tipos de fontes da época, que nos auxiliarão a enquadrar e a identificar as instituições oficiais com funções de identificação criminal potencialmente produtoras dos dois álbuns fotográficos que constituem o *corpus* do nosso estudo.

De entre essas fontes, analisámos, em primeiro lugar, a legislação do período em questão, procurando sobretudo referências (ou significativas omissões) à fotografia judiciária nos diplomas legais que criaram e regulamentaram, nesta época, instituições de controlo social formal com funções de identificação criminal em Portugal – forças policiais, estabelecimentos prisionais e registos criminais.

Em segundo lugar, abordámos bibliografia e arquivos da época direta ou indiretamente ligados às instituições de controlo social formal suprarreferidas (potenciais produtoras de retratos judiciários) e suas tutelas ou, de um modo geral, ligados ao tema, e, portanto, passíveis de conter referências às origens deste tipo de fotografia em Portugal.

Por fim – e já munidos de um sólido contexto de enquadramento informativo –, focámos a nossa atenção pela primeira vez especificamente no nosso objeto de estudo, fazendo uma primeira observação e descrição dos dois álbuns fotográficos. Acrescente-se em primeiro lugar que esta abordagem consistiu tanto na observação das características existentes, como nalgumas «ausências marcantes», pois estas últimas são, como veremos, por vezes, tão reveladoras como as primeiras, no que toca a apontarem pistas valiosas para a compreensão dos objetos em apreço. Em segundo lugar, refira-se que, dado os objetivos deste primeiro capítulo da segunda parte e dadas as características dos retratos em causa, os mesmos serão abordados apenas de modo generalista, deixando-se a sua análise aprofundada para os capítulos 7, 8 e 9.

No final deste capítulo, tirar-se-ão as conclusões possíveis a partir de todos os aspetos focados, apontando para a instituição, entidades e elementos que consideramos terem estado na origem da elaboração dos dois álbuns em causa, respondendo, assim, às questões colocadas na presente introdução.

O quadro legal do retrato criminal/judiciário

Neste ponto iremos pesquisar os diplomas legais portugueses relativos a instituições de controlo social formal com funções de identificação criminal – forças policiais, estabelecimentos prisionais e registos criminais – com o objetivo de identificar as suas primeiras referências à utilização de fotografia com fins de identificação criminal. Um dos fatores que teremos naturalmente em conta, ao fazer esta pesquisa legislativa, consistirá em nunca perder de vista que, à partida, o que é criado *de jure* não é obrigatoriamente criado *de facto,* e que existe por vezes uma importante diferença entre a letra da lei e a realidade efetiva subsequente a essa lei, que sempre que possível terá de ser devidamente equacionada no seu contexto concreto.

Iniciando a nossa pesquisa em 1839 – data do advento da fotografia –, é no Decreto do Ministério dos Negócios da Marinha e Ultramar de 24 de agosto de 1863 – que cria o Registro criminal das províncias ultramarinas[2] – que encontramos a primeira referência legal a fotografias de indivíduos delinquentes e à necessidade de inserção dessas fotografias em «boletins de criminosos», com fins de identificação criminal. Este registo criminal das províncias ultramarinas tinha por objetivo expresso «demonstrar os antecedentes judiciários de qualquer indivíduo, quer para lhe poder ser applicada a pena justamente correspondente, quer para evitar que possam exercer direitos politicos ou civis os que d'elles estiverem privados ou suspensos, em virtude de sentanças.» [*sic*] A referência explícita ao uso da fotografia com fins judiciários surge no parágrafo único do final do artigo 7.º do 2.º capítulo – «do Registo Local e sua Organização» e refere:

> Os boletins relativos a condemnados a penas perpetuas, ou em geral a indivíduos reincidentes ou reconhecidos como perigosos, serão, sempre que entre no possível, acompanhados de uma prova photographica, nunca inferior a quinze centimetros de alto sobre sete e meio de largo, nem superior ás dimensões dos boletins.

Neste diploma legal não encontramos qualquer outra referência a fotografias, nem sequer nos modelos de boletins (de A a D) constantes do final deste decreto e criados para o efeito, onde, ao contrário do que seria expectável, não existe qualquer espaço específico e assinalado como tal para inserção da fotografia, como é normal em qualquer documento oficial que inclua fotografia. Tal ausência é, no mínimo, inesperada, inviabilizando ou, pelo menos, dificultando a concretização prática e arquivística de inserção deste novo elemento fotográfico num registo criminal.

Por outro lado, também as dimensões legalmente estabelecidas para esta fotografia, «[...] nunca inferior a quinze centimetros de alto sobre sete e meio de largo, nem superior às dimensões dos boletins» (sendo que as dimensões dos boletins, segundo o artigo 8.º do mesmo decreto, seriam «sempre vinte e quatro centimetros de altura sobre quinze de largura»), causam estranheza pela sua grandeza, comparativamente ao formato mais comum e menos dispendioso na época. Com efeito, e como referido, em 1854, Disdéri havia patenteado o formato de *carte de visite*, de cerca 9x6 cm, formato que se difundiu e popularizou a uma escala gigantesca no mundo ocidental, adquirindo um preço muito baixo e tornando outros formatos menos comuns. No presente caso, quantidades relativamente grandes de retratos feitos em série, para

[2] Este decreto de 1863, criado, conforme se lê no seu preâmbulo, «[...] por bem obvias e urgentes rasões, nas provincias ultramarinas...», só veio, curiosamente, a ser revogado quase um século depois, a 26 de julho de 1960, pelo Decreto-Lei n.º 43089. Logo no início do preâmbulo deste último diploma legal, encontramos um reparo a esta larga distância temporal e a identificação da sua principal fragilidade de funcionamento: «A sua função é, assim, a de um mero repositório de condenações judiciais, ordenadas alfabèticamente, repositório, aliás, muitas vezes inútil, visto que a individualização dos delinquentes é feita, fundamentalmente, por um elemento de identificação – o nome –, que, sobretudo nos meios de cultura não europeia, e independentemente de qualquer propósito fraudulento, não é de forma alguma um elemento imutável.»

difusão, justificariam sem dúvida alguma a escolha de um formato económico *standard*. Assim, uma das hipóteses que se poderão colocar para a escolha de um formato maior poderá consistir na pouca familiarização e conhecimento que o legislador teria sobre o assunto.

Constatamos, portanto, que em Portugal a primeira referência legal à utilização da fotografia em boletins individuais de criminosos, em 1863, é relativamente precoce, podendo essa precocidade eventualmente explicar a aparente insipiência denotada pelo decreto no que concerne ao tratamento da fotografia, como vimos. Os desajustamentos detetados, assim como o facto de não se ter encontrado qualquer fotografia deste registo criminal da época, levam-nos a concluir, com razoável grau de certeza, que a componente fotográfica deste decreto nunca se terá concretizado, nem passado de letra morta, como de resto aconteceu com outros diplomas legais posteriores, relativos à fotografia policial, que analisaremos mais adiante.

Na sequência do supracitado decreto de 1863 prevendo a inserção de fotografias nos boletins dos criminosos no registo criminal das províncias ultramarinas, e contrariamente ao que seria expectável, o Decreto de 7 de novembro de 1872 do Ministério dos Negócios Ecclesiasticos e de Justiça que cria o Registo Criminal na metrópole portuguesa – com objetivos similares aos enunciados no decreto anterior e que constitui o culminar de um longo processo secular (Costa 1985) – não faz qualquer referência à fotografia. Nove anos após o decreto de 1863, numa época em que a fotografia se tinha de certo modo vulgarizado e em que já eram usados retratos de delinquentes com fins de identificação criminal no nosso país – como o atestam as fotografias mais antigas dos nossos álbuns, datadas de 1869 –, o novíssimo Registo Criminal de 1872 limita-se, no que concerne ao aspeto físico individual dos criminosos, a indicar a obrigatoriedade de registar por escrito os tradicionais «Signaes caracteristicos»[3].

Por outro lado, no que concerne à história da Polícia portuguesa, e tendo em conta que as primeiras fotografias dos nossos álbuns datam de 1869, verificamos que é em 1867, por Carta de lei de 2 de julho[4], outorgada pelo rei D. Luís, que surge pela primeira vez em Portugal, mais propriamente em Lisboa e no Porto, uma instituição policial devidamente estruturada: a Polícia Civil.[5]

A esta carta de lei, seguem-se a Portaria de 25 de julho de 1867, aprovando o plano da divisão de Lisboa em circunscrições de esquadras e de secções para o serviço da Polícia Civil, e o Decreto de 14 de dezembro 1867, aprovando o regulamento para os corpos de Polícia Civil de Lisboa e Porto. Embora nenhum destes diplomas legais faça qualquer menção a fotografia, neles tomamos conhecimento de outros elementos informativos que nos serão úteis para a contextualização da origem dos nossos primeiros retratos criminais, que, recordamos, datam de apenas dois anos mais tarde, tendo também os primeiros guardas da Polícia Civil começado, na realidade, a circular nas ruas de Lisboa só a partir de 1868 (Gonçalves 2007: 37). Assim, verificamos que a Polícia Civil de Lisboa dependia do governador civil de Lisboa

[3] Os «signaes característicos» tradicionalmente inseridos em toda a documentação do séc. XIX com fins de controlo criminal e das identidades, antes do aparecimento da fotografia, consistiam numa lista de traços descritivos físicos e fisionómicos, cujo preenchimento com o tempo se estereotipou, sem lograr importantes resultados efetivos de identificação. Para uma análise detalhada da abundante e ineficaz legislação que criou e regulamentou, em Portugal, os documentos de identificação criminal e civil entre 1820 e 1863 (data da criação do Registo criminal das províncias ultramarinas) e 1872 (data da criação do Registo criminal para a metrópole portuguesa), ver Sá 2015.

[4] Data do dia anterior, 1 de julho de 1867, a Reforma penal e de prisões que abole a pena de morte em Portugal.

[5] Sobre os antecedentes, criação, caracterização e evolução desta força policial em Lisboa, ver: Vaz 2007 e Gonçalves 2007 e 2012.

e que dividia a capital em três secções, correspondentes a três bairros, que por sua vez se subdividiam em 12 esquadras, com 12 chefes de esquadra e um máximo de 250 guardas. No topo da hierarquia havia um comissário--geral nomeado pelo governo e subordinado ao governador civil do distrito. A lei consignava que em cada divisão existisse um comissário especial de Polícia, de nomeação régia sob proposta do governador civil, que acumulava funções de garantia de segurança pública e segurança do Estado, funções administrativas e de investigação criminal (Polícia Judiciária), estando incumbido de descobrir os crimes e delitos, coligir as provas e entregar os suspeitos aos tribunais.

Os cabos e guardas, não sendo agentes de Polícia Judiciária, deveriam, no entanto, enviar para os comissários de Polícia informações relativamente a crimes e contravenções. No que respeita ao nível de formação escolar, para poder exercer funções nesta Polícia, exigia-se que os futuros polícias soubessem ler e escrever, o que, num país com uma enorme taxa de analfabetismo, não deixava de ser um critério de certo modo seletivo.

Em 1876, é aprovado um novo regulamento para a Polícia Civil (por Decreto de 21 de dezembro de 1876, Lisboa, Imprensa Nacional, 1877), cujas alterações mais relevantes dizem respeito ao aumento dos efetivos das duas forças policiais de Lisboa e Porto. Similarmente ao diploma anterior, também não contém referência alguma a fotografia.

Em 1893, com Hintze Ribeiro, surgem três diplomas legais, datados de 28 de agosto, 3 de setembro e 24 de dezembro, que consubstanciam uma verdadeira reforma da Polícia Civil. A partir desta reforma, a Polícia fica dividida em três direções: (1) Segurança, (2) Inspeção Administrativa e (3) Preventiva e Judiciária. Tal divisão e especialização pretendia sobretudo fazer desaparecer os «desastrados efeitos até hoje produzidos pela confusão ou acumulação de todos os serviços policiais, dentro de uma dada área da cidade, no mesmo funcionário e nos mesmos agentes» (Preâmbulo do Decreto de 28 de agosto de 1893).

Assim, a partir de 1893 é à Polícia Judiciária e Preventiva, sob a dependência de um juiz de instrução criminal, que cabe a investigação criminal. O Decreto de 12 de abril de 1894, muito importante para nós, vem aprovar e também regulamentar esta reforma com o Regulamento Geral da Polícia Civil de Lisboa e o Regulamento da Polícia Judiciária e Preventiva de Lisboa. Segundo este último, compete a esta Polícia proceder à identificação dos delinquentes, sendo neste âmbito que surgem pela segunda vez duas referências a retratos de criminosos na legislação portuguesa no geral (e, pela primeira vez, em legislação sobre Polícia).

A primeira referência, relativa ao «Livro de registo dos autos de captura» também designado por «livro de registo dos sujeitos à vigilância da Polícia» refere que «em cada folha d'este livro será collado o retrato do indivíduo a que disser respeito». A listagem de dados identificativos de cada criminoso do livro em questão incluía, para além do retrato – referido à parte e por último –, os dados identificativos tradicionalmente registados para estes efeitos: «nome, idade, estado, profissão, filiação e naturalidade do condemnado, natureza do crime e todas as mais circumstancias que pareçam convenientes para esclarecimentos da policia» (Art.º 4.º, §1.º), «bem como os signaes caracteristicos dos condemnados»[6] (Art.º 4.º, §2.º).

A segunda menção a fotografia deste documento legal diz respeito a um «cadastro especial» a elaborar para «cada preso ou detido que for remetido para o juízo criminal», onde deveriam constar, para além dos dados tradicionais referentes ao «nome, idade, estado, profissão, naturalidade, filiação, última residência e o motivo da prisão ou detenção» (Art.º 7.º, §1.º), também «sempre que seja possível», «os antecedentes, vícios, doenças, costumes dos presos ou detidos e da sua família, *e n'elles serão collados os retratos d'aquelles que o juiz determinar*»[7]. (Art.º 8.º)

De notar que esta primeira referência a retratos de criminosos em diplomas legais de 1894, em Portugal, surge ligada à Polícia Judiciária e Preventiva, ou seja, a duas funções de Polícia de investigação criminal que o decreto de 1893 viera separar dos demais serviços policiais, mas que até então haviam funcionado no todo da Polícia Civil, sem destrinças legalmente formalizadas. Como veremos, no futuro, as funções de identificação criminal – e, portanto, a fotografia policial – manter-se-ão sob a alçada destas duas polícias, ambas tuteladas pelo juiz de instrução criminal a partir de 1893. Consideramos que este facto, embora não tenha certamente vindo a tempo de influenciar os nossos dois álbuns fotográficos – já que a legislação leva tempo a efetivar-se e as últimas fotografias dos álbuns datam de 1895 –, se torna mesmo assim de certo modo importante na nossa tentativa de começar a situar os serviços produtores dos mesmos álbuns fotográficos.

A legislação subsequente e outras fontes conexas que analisaremos de seguida situam-se num período posterior a 1895 – última data registada nas fotografias dos nossos dois álbuns – e poderão por esse motivo parecer, à primeira vista, não pertinentes para o seu estudo. Contudo, como veremos, nessa sequência documental até 1898 encontraremos ainda informações que lançam luz sobre os álbuns de retratos de 1869-1895, motivo pelo qual optámos por as analisar ainda neste ponto.

Assim, o documento legislativo seguinte sobre Polícia, a lei de 3 de abril de 1896, que vem terminar a reforma policial iniciada em 1893, não tem referência alguma a fotografia. Só em 1898, no Decreto de 20 de janeiro[8] – que volta a reformar a Polícia Civil –, encontramos de novo uma referência legal à fotografia policial, desta feita mencionando como seria «importante preencher esta lacuna» de criar «a instituição oficial dos trabalhos de fotografia e de antropometria a fim de se organizarem devidamente os cadastros de delinquentes», «serviço tão conhecido e apreciado noutros países pelos seus excelentes resultados» (Preâmbulo do Decreto de 20 de janeiro de 1898). No âmbito do nosso tema, o importante a reter neste diploma é, assim, que fica claro que, mesmo em 1898, os serviços fotográficos policiais ainda não estavam instalados nem em funcionamento em Portugal:

[6] Ver Sá 2015.

Em busca das origens

> Art. 18.º – A organização dos cadastros policiais continúa a cargo do juizo de instrucção criminal; e os trabalhos photographicos e anthropometricos, logo que se estabeleçam, serão dirigidos pelo juiz com o delegado do procurador regio que for competente para conhecer do facto, coajuvados pela delegação de saude, emquanto não houver medico especial para este serviço.

Será também de assinalar, neste diploma, reforçando o que já foi dito anteriormente, que os trabalhos fotográficos inerentes à organização dos cadastros permanecem a cargo da Polícia de Investigação, direcionada para crimes políticos e comuns, tutelada pelo juiz de instrução criminal.

Embora, como referido, estejamos num período que ultrapassa um pouco o segmento temporal abarcado por este estudo, vamos reproduzir de seguida algumas imagens legendadas raras de 1897[9] do edifício do Governo Civil (que hoje se mantém), então sede da Polícia Civil de Lisboa, e das personalidades que ocupavam os cargos suprarreferidos na mesma Polícia, algumas das quais, como o juiz Veiga, se tornaram célebres, na época, sobretudo pelo seu papel central na repressão política.

No que diz respeito à evolução da legislação dos estabelecimentos prisionais da época, as condições precárias destes últimos levaram à criação, em 30 de dezembro de 1857, de uma comissão para estudar a reforma das prisões, que levou à abertura da nova Cadeia Penitenciária de Lisboa quase três

Fachada principal do Governo Civil

[7] Itálico nosso
[8] Decretado pelo novo governo presidido por Luciano de Castro, este decreto de 1898 viria a revelar-se muito importante em termos de longevidade organizacional, dado que, a nível estrutural, continuaria a ser determinante para a Polícia de Lisboa muito para além da implantação da República, apesar de todas as profundas alterações a nível de substituição dos efetivos e de designação.
[9] As imagens foram publicadas num artigo intitulado «A Policia de Lisboa» (1897) na revista *Branco e Negro: semanário illustrado*, Lisboa: A. 1, vol. 2, n.º 45 (7 fev.), pp. 298-303.

Pateo interior do Governo Civil – os oito calabouços

Gabinete do Dr. Francisco Maria da Veiga – juiz de instrução criminal

décadas depois, em 1885, e a um esforço legislativo bastante ineficaz entre 1867 e 1884, culminando com o novo «Regulamento provisório da cadeia geral penitenciaria do districto da relação de Lisboa» de 20 de novembro, não se encontrando nos vários diplomas qualquer menção ao registo fotográfico da imagem dos presos[10]. Num contraponto interessante, em termos de abordagem da «imagem» dos presos nesta época, refira-se que este mesmo

[10] No início do seu «Capitulo V, Do serviço e regimen disciplinar, Da entrada dos presos», o artigo 150.º indica que: «Logo que entre algum preso será conduzido á secretaria, para se tomar nota dos seus signaes e proceder-se á inscripção no registo de entrada.» E imediatamente a seguir, no artigo 151.º, lê-se: «Feita a inscripção, e não estando doente o preso, deverá tomar um banho, vestir o uniforme da prisão e ser em seguida introduzido na cella que tem de occupar.»

Em busca das origens

Gabinete do Sr. tenente-coronel Moraes Sarmento, comandante da Polícia

[11] Inserindo-se nas novas ideias sobre a pena de prisão e de reforma dos delinquentes a que nos referimos no capítulo 1, esta regra fazia parte de um conjunto de medidas que visavam o isolamento do preso e a sua recuperação. Este tipo de isolamento cedo veio a ser contestado, porém, com a argumentação de que, ao invés da reforma dos delinquentes, esta medida provocava a sua debilitação e, em muitos casos, a tuberculose e a loucura.

[12] Em termos comparativos lembremos que, em 1896, também o «Regulamento para execução do codigo de justiça militar» omite qualquer procedimento fotográfico e se restringe, no que concerne ao aspeto físico registado nos boletins dos réus, aos já tradicionais «Signaes caracteristicos».

[13] «Regulamento das cadeias civis do continente do reino e das Ilhas adjacentes», de 21 de setembro de 1901. A ligação deste serviço com a Polícia fica bem patente no Art. 86 deste regulamento: «Aos serviços de anthrometria e photographia dos presos assistirá sempre um chefe da policia judiciaria e os policias civis que para esse fim forem reclamados pelo medico anthropologista, como director anthropometrico.» Nuno Madureira focou o surgimento e a evolução destes serviços (Madureira 2003, 2005).

[14] Num âmbito mais alargado da História do Direito, o primeiro processo judicial em Portugal assinalado como tendo feito uso de uma imagem fotográfica e ao qual está apenso um daguerreótipo data de 1903 e pode ser consultado no Arquivo do Tribunal da Relação do Porto. Trata-se do Processo n.º 34511 de 1903-1933, contra o conde de Alves Machado, Maço 177, n.º 1 a n.º 15.

regulamento interditava a visualização do rosto do preso enquanto circulasse por espaços comuns a outros presos da cadeia, instituindo o uso obrigatório do «capuz»: «Fora da cella, cada preso trará um capuz que lhe encubra o rosto e que não poderá ser levantado senão nos pateos de passeio, nos amphitheatros da capella ou em outros logares em que não esteja presente outro preso.»[11] (Art. 159 § único)

De referir que este regulamento de 1884 também não faz qualquer menção a estudos antropométricos dos presos (legalmente previstos apenas a partir da Carta de Lei de 17 de agosto de 1899), mas na realidade sabemos que já desde 1885 se começa a fazer uma abordagem antropométrica aos presos tanto na cadeia do Limoeiro como na nova Penitenciária de Lisboa – embora sem fotografia –, conforme o atestam as fichas antropométricas de presos desses estabelecimentos prisionais a partir desse ano.[12]

Na verdade, no que concerne aos estabelecimentos prisionais, só em 1901 serão criados nas cadeias postos antropométricos que incluíam explicitamente serviços fotográficos[13], postos esses que entram em funcionamento em 1902 no Porto e em Lisboa.

Terminamos, assim, a pesquisa cronológica legislativa focada nas instituições com funções de identificação criminal do período em causa[14]. Desta análise concluímos resumidamente que, apesar de as primeiras menções à inserção de retratos de criminosos em documentos de identificação criminal datarem de 1863 e 1894 – respetivamente no Registo criminal das províncias ultramarinas e no Regulamento da Polícia Judiciária e Preventiva de Lisboa, e apesar de a criação de serviços antropométricos e fotográficos ser preconizada de modo enfatizado na reforma da Polícia Civil de Lisboa de 1898, tudo indica

Infâmia e Fama

que, até 1901-1902, a legislação falha na criação *efetiva* de serviços fotográficos oficiais com fins de identificação judiciária (nomeadamente, serviços fotográficos policiais) e que não existem até essa data quaisquer documentos oficiais de identificação criminal (nomeadamente, cadastros ou boletins antropométricos das cadeias) com fotografias.

Concluímos também que os nossos dois álbuns fotográficos de criminosos datados de 1869-1895 estão, assim, aparentemente, situados num total vazio regulamentar, o qual acabará por ser, como veremos, determinante na sua elaboração e tipo de organização.

Proveniência institucional e autoria dos «álbuns FTM»

Em 1866, três anos antes dos nossos primeiros retratos judiciários estudados e antes de qualquer outro rasto bibliográfico conhecido no nosso país sobre esta matéria, o ex-militar José António Bentes publica em Lisboa o *Tratado de photographia,* que explicitamente mostra conhecer a utilização fotográfica policial, pois afirma que a fotografia «reproduz as festas nacionais, as formaturas militares, os homens eminentes da época, *auxilia a Polícia nas suas pesquisas*[15] [...]» (Sena 1998: 54). Esta primeira referência bibliográfica é, porém, muito generalista e não especifica ainda nenhuma prática fotográfica judiciária no nosso país.

Avançando cronologicamente, cedo chegamos a uma notícia extremamente relevante – e absolutamente central para a nossa pesquisa – publicada no *Diário de Notícias,* a 31 de março de 1869:

> A photografia foi para os criminosos o que era antigamente o ferrete com que os marcavam. Hoje não se estampa com ferro quente a marca ignominiosa na testa do criminoso e para ser conhecido. Tira-se-lhe o retrato. Este systema que e grande auxiliar para a policia, acaba de ser adoptado pelo digno comissário da 2ª Divisão, o sr. Rangel. Este hábil funcionário policial fez tirar a photographia de todos os ratoneiros que estavam presos, e que tinham vindo de fora para exercer em Lisboa a sua indústria criminosa. Devia adoptar-se egual medida em relação a todos os grandes criminosos, que uma vez caem nas mãos da justiça.

Como veremos, no âmbito do nosso estudo, esta notícia torna-se, por diversos motivos, seminal. De facto, acontece que, como já repetidamente apontado, os primeiros retratos datados dos nossos dois álbuns fotográficos referem precisamente o ano de 1869. O grau de probabilidade de a série de retratos iniciada em 1869 e mencionada no *Diário de Notícias* ser a mesma que constitui o nosso objeto de estudo, como veremos, é extremamente elevado, por diversas razões.

Em primeiro lugar, da notícia se poderá depreender, implicitamente, que esta ação, com laivos de sistematização e localizada em Lisboa, é apresentada como uma iniciativa inédita.

[15] Itálico nosso.

98

Acresce que, inicialmente, o comissário-geral e a suprarreferida 2.ª Divisão da Polícia Civil estavam instalados no Edifício do Governo Civil de Lisboa (Vaz 2007: 15). Assim sendo, uma das possibilidades que se prefigurariam seria a de os retratos serem captados nesse edifício. Ora, verificamos, através de outro testemunho da época, que tal não só se confirma como, com o tempo, se poderá ter transformado numa expressão – «deixar o retrato no Governo Civil» – de contornos muito negativos e ameaçadores, para os detidos, criando uma estreita associação entre o temido retrato e o Governo Civil de Lisboa. No segundo volume da *Galeria dos criminosos célebres em Portugal*, publicado em 1897, podemos ler o seguinte trecho:

> Desde muitos annos que a policia, depois de concluidas as diligencias ácerca de qualquer crime de roubo, e antes de remetter os accusados a juízo, lhes manda retirar o retrato, pois muitas vezes, trata-se de gatunos perigosos e consummados. São poucos aquelles que se prestam de boa vontade a esse serviço. Alguns ha que se torna necessario collocal-os na frente d'um espelho e quando o photographo os apanha descuidados é que applica o apparelho e lhes tira a effigie.
>
> Poucas vezes os clichés saem bons, mas assim mesmo são aproveitados. Os retratos depois são collocados em *álbuns,* para mais tarde serem consultados a fim de servirem de auxiliares á descoberta do photographado, quando volta a praticar novo crime.
>
> Como já dissemos, [a] quasi todos os gatunos lhes repugna o procedimento da policia quando os obrigam a deixar o retrato no Governo Civil. Muitos preferiam estar dois annos no Limoeiro que obrigal-os a tal medida policial[16] (*Galeria dos criminosos célebres em Portugal,* 1897: 54-55).

Ora, a visão negativa do retrato judiciário, em Portugal – causada pela estigmatização social dos fotografados –, não era apenas partilhada pelos delinquentes e, como vimos, embora de forma muito ambígua, pela imprensa. De facto, encontrámos uma Ordem de Serviço do comissário-geral de Polícia que se torna central para o nosso trabalho e que, por ser datada de 14.11.1876, concluímos ser da autoria de Christovão Pedro Moraes Sarmento, acabado de ser nomeado para este cargo no mês anterior (substituindo D. Diogo de Sousa), e que foca o assunto nos seguintes termos:

> – Considerando que as exposições nos comissariados e estações de Polícia de retratos de indivíduos sobre quem tem pesado acusações criminosas, constituem uma verdadeira pena perpétua e degradante, a qual nem mesmo o poder judicial tem a faculdade de aplicar, por contrariar a disposição do art.º 68 do código penal;
> – Considerando que à Polícia não compete a aplicação de penas de qualidade alguma;
> – e considerando finalmente que, quando mesmo a policia tivesse essa faculdade, seria contra todos os princípios da sã justiça, o perpetuar-se

[16] Também o procurador régio da Relação do Porto António Ferreira Augusto refere com alguma ênfase a má vontade com que muitos detidos se deixam fotografar, na sua obra *Os postos anthropometricos – Breve explicação do systema de Mr Bertillon e sua applicação pratica*, que adiante abordaremos (Augusto 1902: 2; 23).

Infâmia e Fama

> a pena a indivíduos que poderia muito bem acontecer, uns terem sido
> absolvidos no poder judicial das acusações feitas pela Polícia, e outras,
> tendo sido condenados terem já cumprido as respectivas sentenças
> mostrando-se posteriormente totalmente regenerados e cidadãos
> úteis à sociedade;
> – por estas e várias outras razões de fácil intuição, determino que
> de hoje para o futuro fiquem expressamente proibidas as aludidas
> degradantes exposições nos comissariados e estações de Polícia
> civil.[17]

Esta vigorosa tomada de posição e a proibição assaz enérgica são muito significativas por diversos motivos, dos quais destacamos quatro: em primeiro lugar, o facto de confirmarem de modo dificilmente ultrapassável o caráter infamante do retrato judiciário nesta época, já que é a própria chefia da autoridade que os manda fazer e os utiliza que se pronuncia; em segundo lugar, o facto de serem proferidas pelo representante máximo da Polícia Civil de Lisboa, assumindo e confirmando assim não só o conhecimento da existência destes retratos de criminosos ao mais alto nível hierárquico policial, mas a prática anterior da sua exposição pública nos comissariados e estações de Polícia[18]; em terceiro lugar, o facto – porventura algo surpreendente – de serem enunciadas numa época em que, a nível internacional, como vimos, a fotografia judiciária e a sua comunicação tendiam cada vez mais a uma prática corrente; em último lugar, o confronto com a cronologia dos retratos dos nossos dois álbuns, datados até 1895, sendo que Morais Sarmento se manteve no cargo até 1887, ano em que foi substituído por Francisco Sá Nogueira. Tal significa que, após 1876 (e em princípio pelo menos até 1887), a prática da exposição pública de retratos de criminosos nos comissariados e estações de Polícia terá sido banida como «degradante» e equivalente a uma «pena perpétua», contrária aos princípios que defendiam a possibilidade de reabilitação dos prevaricadores. Inferimos, portanto, que pelo menos durante esse período terá sido possível a Polícia continuar a mandar captar e/ou utilizar este tipo de retratos (a proibição focava apenas a sua exposição pública), mas os mesmos seriam acessíveis apenas a funcionários da própria Polícia ou do sistema de justiça criminal. A continuação das nossas pesquisas no Arquivo da Polícia Civil de Lisboa vem confirmar esta dedução. De facto, na correspondência da Polícia Civil de Lisboa deste período, encontrámos alguns ofícios que testemunham a utilização de retratos fotográficos com fins de identificação em mandados de captura e averiguações de paradeiro de indivíduos procurados pela justiça no período entre 1883 e 1885. No conjunto, são, porém, apenas nove (duas fotos de 1883, seis de 1884 e uma de 1885), o que, no cômputo geral dos mandados de captura e averiguações de paradeiro, constitui uma percentagem diminuta: no geral, este tipo de diligências policiais, bastante frequentes em Lisboa, continua a seguir descrições físicas escritas, por «sinais», de acordo com hábitos seculares.

O primeiro dos nove casos encontrados com referências a utilização fotográfica policial consiste numa circular do Comissariado Geral às Divisões da

[17] ANTT/Arquivo de Polícia Civil – NT:262; NP:78; Registo de Ordens de Serviço expedidas 1876-1890 p. 14 – ordem n.º 319.

[18] A prática de exposição pública dos presos em Portugal terá sido anterior ao fenómeno da sua fotografia. Segundo um texto datado de 1897, «desde as mais remotas eras, quando a Polícia capturava um indivíduo, nunca fazia o respetivo assentamento sem ter previamente o cuidado de expor o delinquente, real ou suposto, no pórtico ou na entrada das prisões, a fim de que todos os empregados policiais pudessem ir examinar-lhe as feições e por esta forma reterem na memória a sua fisionomia, fotografar na mente o seu visage.//Esta disposição, por muito tempo limitada à curiosidade dos agentes da ordem pública, tornou-se depois extensiva a todo o povo, que adquiriu facilmente o hábito de ir examinar a fisionomia dos presos expostos num lugar conveniente na entrada ou ao lado das estações de Polícia» (*Galeria dos criminosos célebres*, 1897:79-80).

100

Polícia Civil de Lisboa, datada de 13 de agosto de 1883: «Para satisfazer uma requisição feita pelo consulado de Hespanha ao Exmo Snr Governador Civil, afim de averiguar se está ou esteve nesta capital o súbdito inglez Malcolm M. Graham comerciante em Cordova, o qual desapareceu de Madrid onde havia chegado em 25 de Maio ultimo […] deseja-se saber o motivo que aqui o trouxe e quais as pessoas com quem tratou. A sua photographia acha-se neste Commissariado podendo ser examinada por qualquer agente da policia»[19] (NA/TT Arquivo de Polícia Civil NT: 3; NP: 328; registo de correspondência expedida «Oficios saídos»; 1883-1885 p. 506 n.º 835).

A segunda alusão fotográfica policial refere-se de novo a um indivíduo inglês, achando-se numa circular do Comissariado Geral às divisões policiais de Lisboa, datada de 23 de novembro de 1883, solicitando «as necessarias diligencias afim de que seja capturado e enviado a este Commissariado Geral, caso se encontre nesta cidade, o subdito inglez Peter Emil Wecke, de quem existe n'esta repartição a photographia» (NA/TT Arquivo de Polícia Civil NT: 3; NP: 328; registo de correspondência expedida «Oficios saídos»; 1883-1885 p. 12 – n.º 1259). Noutro ofício relacionado com este caso, datado de 30 de dezembro, declara-se que, após as devidas averiguações, se concluiu que o indivíduo inglês em questão não estivera em Lisboa. Houve, contudo, um equívoco, envolvendo outro indivíduo: «as suspeitas haviam nascido de elle se parecer algum tanto com o retrato do inglez cuja captura se requisitava» (NA/TT Arquivo de Polícia Civil NT: 3; NP: 328; registo de correspondência expedida «Oficios saídos»; 1883-1885 p. 48 – n.º 1429). Será importante notar, aqui, que cinco dos nove casos referidos com alusões policiais a fotografia se referem a cidadãos estrangeiros (dois ingleses, duas espanholas e um francês) e, portanto, pouco conhecidos no nosso país, sendo mais suscetíveis de fugir ao controlo social informal ainda muito forte, nessa época. O facto de as fotografias virem de fora poderá apontar também para que, aparentemente, este tipo de ferramenta fosse mais utilizado pela Polícia no estrangeiro. A desilusão precoce no tocante a esta «novidade estrangeira» demonstrada no mencionado ofício de 30 de dezembro poderá constituir uma das possíveis explicações para a tão parca utilização de fotografias neste tipo de diligências policiais no nosso país. Os restantes casos, de quatro indivíduos portugueses, referem-se sobretudo a reincidentes muito conhecidos da Polícia, cujos nomes não constam dos nossos dois álbuns[20]. Também o segundo volume da *Galeria de criminosos célebres em Portugal* contém uma referência à divulgação por parte das autoridades de fotografias de um espanhol procurado pela Polícia de nome «Galhardo» não registado nos nossos álbuns: «Distribuíram-se impressos com o retrato do Galhardo e o desenho da cadeia roubada.» (*Galeria de criminosos célebres em Portugal* 1897: 151). Tal não significa que os retratos destes indivíduos não se contem entre os que constituem o nosso *corpus*. A ausência de registo de nomes e restantes dados identificativos num conjunto de muitas dezenas de retratos com funções de identificação será mais indiciadora de notoriedade do que do contrário. Só rostos muito conhecidos não necessitariam de dados complementares auxiliares da memória.

[19] Um ofício de 28 agosto responde ao governador civil que, após «minuciosas investigações», se conclui que o inglês em questão não esteve em Lisboa (NA/TT Arquivo de Polícia Civil NT: 3; NP: 328; registo de correspondência expedida «Oficios saídos»; 1883-1885 p. 522 n.º 892).

[20] Ver referências sobre estes quatro portugueses, duas espanholas e um francês: NA/TT Arquivo de Polícia Civil NT: 3; NP: 328; *registo de correspondência expedida «Oficios saídos»; 1883-1885* p. 121 n.º 305, 31 março; p. 124 n.º 314, 2 abril; p. 225 n.º 764, 18 agosto; p. 252 n.º 849, 19 setembro; p. 299-300 n.º 1018, 28 novembro; p. 376 n.º 132, 13 fevereiro.

No que diz respeito ao Porto, um ofício datado de 30 de março de 1886 do procurador régio dirigido ao governador civil refere que o diretor da Cadeia da Relação solicitava à Polícia o envio de retratos «dos gatunos mais conhecidos» com o objetivo de identificar e inviabilizar a sua visita aos presos, impedindo assim os «negócios» que se faziam entre uns e outros (Santos 1999: 108-109).[21]

Já em 1902, na sua obra *Os postos anthropometricos – Breve explicação do systema de Mr Bertillon e sua applicação pratica,* o mesmo procurador régio da Relação do Porto, António Ferreira Augusto, repete esta informação no que concerne à existência concreta não só de retratos judiciários, mas também de álbuns fotográficos com esse tipo de fotografias, num período anterior, em estabelecimentos prisionais, em Portugal, mas oriundos dos comissariados de Polícia:

> Nos commissariados de policia são photographados os que por qualquer motivo impressionante dão nos mesmos entrada. A minha observação e o estudo que tenho feito, confrontando os albuns de photographados que existem nas cadeias da Relação e que pelo commissariado de policia são enviados para este estabelecimento sob minha requisição […] (Augusto 1902: 23).[22]

De facto, por este comentário verificamos que, apesar de os primeiros retratos de presos do Posto Antropométrico do Porto datarem precisamente, como vimos, de março de 1902, não é a esses retratos antropométricos que Ferreira Augusto alude, ao declarar explicitamente que procedem do comissariado da Polícia. Já não de modo explícito, mas implícito, Ferreira Augusto também se distancia temporalmente desta data, ao aludir não apenas a um momento preciso do presente, mas a um período anterior mais longo. Com efeito, em primeiro lugar, tudo indica que o estudo a que alude – já que integrou, desde os anos sessenta do séc. XIX, comissões que estudaram a temática em questão a nível nacional e internacional e elaboraram textos que serviram de base à legislação que criou em 1901 os postos antropométricos – terá abarcado um período alargado. Note-se também que o procurador régio não menciona o envio de fotografias, mas o envio de álbuns fotográficos por parte dos comissariados de Polícia para as cadeias, num processo que o tempo verbal utilizado por Ferreira Augusto indica como continuado («são enviados» e não «foram enviados»). Bastará lembrarmo-nos por momentos da morosidade dos procedimentos burocráticos e administrativos do séc. XIX e da viragem do século, em Portugal, para concluirmos que as tarefas em causa terão obrigatoriamente envolvido uma prática alargada de anos, provavelmente coincidindo com parte do período dos nossos dois álbuns[23]. Esta prática, embora aparentemente relativa apenas ao Porto, terá um enorme grau de probabilidade de ter sido semelhante em Lisboa, já que, como vimos, a Polícia Civil foi criada em 1867 nas duas cidades e os seus regulamentos e procedimentos seriam, assim, os mesmos, ou muito aproximados.

[21] Também a *Revista Jurídica* publicada no Porto se refere à intenção do «dilligente commissario da 2ª divisão», Luiz da Terra Vianna, de introduzir um «serviço anthropometrico» semelhante ao que existe em Paris (*Revista Jurídica* 1892 n.º 9: 280). O número seguinte da mesma revista, porém, referindo-se ao intento suprarreferido, faz uma descrição detalhada de uma página inteira do serviço parisiense em questão, apenas com uma única referência à fotografia, na última linha (*Revista Jurídica* 1892 n.º 10: 313).

[22] Nesta obra, Ferreira Augusto enfatiza repetidamente a pouca importância da fotografia judiciária perante o papel que considera fundamental da antropometria, e chega a afirmar: «Parece-me pois que poucos resultados ha a esperar da photographia. Reputo-a um débil auxiliar do systema anthropometrico e por isso n'um futuro próximo terá de ser abandonada» (Augusto 1902: 23).

[23] Tendo em conta o atual desconhecimento absoluto destas fotografias da Polícia Civil do Porto, poder-se-á dar o caso tanto da sua destruição e desaparecimento, como da sua eventual futura descoberta.

Relativamente à fotografia de presos nos estabelecimentos prisionais de Lisboa, nesta época, encontramos diversa correspondência da Direção-Geral dos Negócios da Justiça, nomeadamente para o diretor da Cadeia Geral Penitenciária do distrito da Relação de Lisboa, que nos dá conta de pedidos para instalar na mesma cadeia um «*atelier* fotográfico» para presos pelo menos desde 1887. A título de exemplo, citemos um ofício de 18 de agosto de 1888 de João D. Alves de Sá, diretor da 2.ª repartição da Direção-Geral dos Negócios da Justiça do Ministerio dos Negocios Ecclesiasticos e de Justiça para o diretor da Cadeia Geral Penitenciária do distrito da Relação de Lisboa:

> Ill.mo e Ex.mo Sr, Com relação aos ofícios de V. Exa de 29 de Agosto, 1 de Dezembro de 1887 e 24 de Julho do corrente ano, acerca da conveniência e vantagens para o estudo da antropologia criminal que resultariam de estabelecer nessa Penitenciária um atelier fotográfico onde pudessem ser retratadas as fisionomias dos presos, e da aquisição dos instrumentos antropométricos necessários segundo o método de Mr Bertillon, possam averiguar-se as dimensões ósseas de cada indivíduo, para a todo o tempo se poder fazer exato reconhecimento da identidade dos grandes criminosos que tenham estado presos nesse estabelecimento penal, tenho a comunicar a V. Exa que Sua Exa o Ministro para poder tomar uma deliberação a este respeito se torna necessário que por essa Direção se faça o orçamento ou despesa com a aquisição da máquina fotográfica e utensílios necessários para a montagem do atelier, e também do custo dos mencionados instrumentos antropométricos. Deus guarde V. Exa [...].[24]

Sabemos, contudo, como referido, que estes pedidos só muito mais tarde foram atendidos e implementados, não passando, nesta época, de intenções. Para além da suprarreferida legislação que cria os postos antropométricos nas cadeias de Lisboa e Porto, também herdámos duas revistas editadas por esses mesmos postos antropométricos que fazem várias referências ao retrato judiciário de Bertillon. Trata-se em primeiro lugar da *Revista de Antropologia Criminal, Boletim do Posto Anthropometrico junto das Cadeias da Relação do Porto*, editada em 1902 pelo supracitado António Ferreira Augusto, procurador régio junto da Relação do Porto e pelo «médico antropologista criminal» Luiz de Freitas Viegas. Esta *Revista de Antropologia Criminal* logrou apenas a publicação de dois números (julho e agosto). De resto, como já referido, os primeiros retratos antropométricos de criminosos, datados de 1902 e originários do mesmo Posto Antropométrico do Porto, eram, até à data, os mais antigos que se conheciam em Portugal. Também o Posto Antropométrico Central de Lisboa, criado na cadeia do Limoeiro logo a seguir ao do Porto, em 1902, publicou a sua revista mensal, intitulada *Revista Amarella: scientifica, litterária e illustrada*.[25]. Editada por Manuel Moreira e Aníbal Taborda e contando com a colaboração do diretor do Posto, logrou durar quatro meses – de outubro de 1903 a janeiro de 1904 – e publicar cinco números. Nos seus números 2 e 5 – de

[24] NA/TT, Fundo do MNEJ, Maço 393, Cx. 381.

[25] Já aqui mencionada anteriormente em nota do 1.º capítulo. Julgamos que a designação desta revista se poderá atribuir ao facto de o Posto Antropométrico de Lisboa funcionar na cadeia do Limoeiro.

novembro 1903 e janeiro de 1904, respetivamente –, encontramos referências à «fotografia policial e judiciária» e ao sistema de Bertillon (n.º 2, pp. 22 e 24 e n.º 5 p. 69) não necessariamente muito elogiosas, por considerarem, de novo, a antropometria mais importante do que a fotografia.

Constata-se, assim, que todas as referências que encontrámos aos primeiros retratos judiciários em Portugal atribuem a sua origem à Polícia e não às prisões, mais precisamente à 2.ª Divisão da Polícia Civil de Lisboa, no ano de 1869, e, em termos espaciais, situam-nos nas instalações da Polícia Civil no edifício do Governo Civil de Lisboa.

Também cronologicamente e em termos de contexto tecnológico, esta teoria tem cabimento: a Polícia Civil foi, como vimos, criada em 1867; os seus primeiros guardas começaram a circular em 1868; os primeiros retratos foram ordenados em 1869 pelo referido comissário da 2.ª Divisão; e estão datados desse mesmo ano os primeiros retratos dos nossos dois álbuns. Encontramo-nos, assim, perante uma nova e moderna instituição deste período, com funções de controlo social formal, que, com grande grau de probabilidade, procurava também utilizar as modernas metodologias e ferramentas tecnológicas disponíveis na época, tal como a fotografia, considerada de grande potencial e utilizada para fins de identificação criminal nos países ocidentais mais avançados – muito embora de modo ainda básico e incipiente.

Passemos agora à análise dos dois álbuns fotográficos de criminosos 1869-1895 com vista à determinação dos seus autores. A observação física e o exame visual dos dois «álbuns FTM» serão feitos em três fases: a primeira focará a descrição geral dos próprios álbuns e dos seus elementos constitutivos, permitindo uma visão estrutural do todo e das diversas partes; a segunda abordará os elementos textuais (manuscritos e/ou impressos), inscritos tanto nos próprios álbuns como nas suas fotografias, que nos fornecerão informações preciosas sobre os elementos envolvidos na elaboração original dos álbuns; a terceira consistirá numa análise conclusiva dos pontos anteriores, respondendo à totalidade das questões colocadas na introdução do presente capítulo.

Seguindo o plano estabelecido da nossa análise, refiramos em primeiro lugar que os dois álbuns fotográficos FTM que constituem o nosso *corpus*, embora diferentes entre si, possuem muitas semelhanças: ambos têm dimensões aproximadas e são encadernados em couro, ambos comportam quatro fotografias em cada página, em cavidades do mesmo tamanho e com igual formato retangular de cantos arredondados, com cercaduras debruadas com o mesmo pequeno friso decorativo em relevo.

Os dois «álbuns FTM» contêm, no total, 287 retratos, abrangendo o período de 1869 a 1895, sendo cronologicamente sequenciais, com um pequeno período de sobreposição de três anos: os retratos do primeiro álbum estão datados de 1869 a 1887 – designá-lo-emos por isso «álbum FTM 1» ou apenas «álbum 1» – e os retratos do segundo datam de 1885 a 1895, sendo este, consequentemente, designado por «álbum FTM 2» ou apenas «álbum 2»[26].

O «álbum 1» ostenta uma encadernação mais rica, com gravações e decorações a ouro, não tem fechos metálicos e mede 30,7x23,5x6 cm.

[26] Cada um dos álbuns ostenta, no topo esquerdo do interior da capa, respetivamente, os números «10» e «11», inscritos recentemente a lápis pela leiloeira que os alienou, correspondendo aos números de lote de venda. Estes números, porém, são inversos à sua ordem cronológica e não fazem sentido fora do contexto leiloeiro: o álbum assinalado com o n.º 10 contém retratos de 1883 a 1895 e o álbum n.º 11, retratos de 1869 a 1882. Assim, para efeitos de leitura dos números de inventário que criámos para todos estes retratos, o álbum n.º 11 é o «álbum 1», sendo o n.º 10 o «álbum 2».

Em busca das origens

«Álbum FTM 1», mais decorado, à direita; «Álbum FTM 2», mais simples, à esquerda

O «álbum 1» alberga 187 retratos judiciários (inseridos nas cavidades específicas para o efeito), dos quais 178 retratos de homens e oito de mulheres. Os retratos datados vão de 1869 a 1887, como referido, sendo que a maioria dos retratos – 79,6% – não tem data. Praticamente todos eles ostentam inscrições não sistematizadas no verso e por vezes na moldura da cavidade da página do álbum que os alberga, referentes aos criminosos retratados e, por vezes, aos seus crimes. Para além das 187 fotografias referidas, este álbum também apresenta cavidades onde as fotografias já faltam, mas que ostentam nomes e por vezes outras inscrições que nos indiciam que em tempos albergaram retratos entretanto desaparecidos (alguns de criminosos célebres, como veremos abaixo).

Dos 187 retratos existentes neste álbum, todos têm dimensões (10,5x6,3 cm) próximas do formato *carte de visite* (9x6 cm), ostentando 173 deles o retrato de busto (plano médio ou americano) do criminoso com moldura oval, sendo os restantes em formato retangular simples, sem moldura interior, e seis de corpo inteiro.

Infâmia e Fama

«Álbum 1» – frente da primeira folha designada no inventário por «1a». Em cima, à esquerda, a cavidade vazia relativa ao bandoleiro João Brandão

«Álbum 1» – verso da primeira folha designada no inventário por «1b» e frente da segunda folha designada por «2a»

Em busca das origens

A primeira cavidade de fotografia deste álbum ostenta o nome de um célebre criminoso português imediatamente anterior à época em causa – João Brandão[27] –, mas não apresenta qualquer fotografia, como se pode verificar na imagem seguinte:

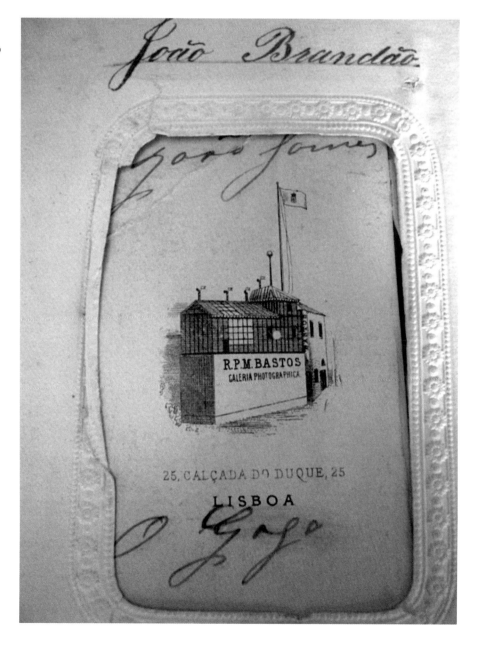

Cavidade vazia relativa ao retrato do célebre bandoleiro João Brandão, em 1a. O vazio é preenchido pelo verso do retrato que se encontra em 1b.

[27] O célebre bandoleiro João Brandão reinou nas Beiras com a sua quadrilha como uma verdadeira «autoridade» durante e depois das guerras civis de meados do século XIX, até meados da década de 60, logrando coagir os governos a acordos para as eleições. A memória dos seus «feitos» perdurou até aos nossos dias. Sobre este assunto, ver Brandão 1990.

O primeiro retrato efetivo deste primeiro álbum é o de Ignacio Francisco Cardoso ou Ignacio Cardoso, que apresenta a alcunha *o Inácio de Belém*:

11-01a-02; s.d; Ignacio Francisco Cardoso, *o Inácio de Belém*.

Em termos cronológicos, os retratos mais antigos deste álbum (e, portanto, dos dois álbuns e da totalidade dos retratos) estão datados de «30.xx.1869» e são de Augusto Luiz, de alcunha *o Saloio*, e de Candido L. Teixeira, *o Careca*:

11-09a-04 – Augusto Luiz, *o Saloio*, 30.xx. 1869

11-5a-03 – Candido L Teixeira, *o Careca* 30.xx.1869

«Álbum 2» – Retrato solto do cadáver de Maria Novaes, caso que será abordado no capítulo 9

O «álbum 2» apresenta uma encadernação mais simples, em couro gravado com menos decorações, possui fechos metálicos e as dimensões 30x23x5,5 cm. Alberga 100 retratos judiciários, dos quais 80 de homens e 19 de mulheres, datados de 1885 a 1895, sendo que 21% deles não apresentam data (uma percentagem mesmo assim substancialmente inferior à do álbum anterior). A estes se junta mais uma fotografia de formato maior, rasgada e solta, que retrata o cadáver sentado de uma mulher vítima de um assassino bastante conhecido da época:

Tal como no primeiro álbum, também no segundo praticamente todas as fotografias têm inscrições não sistematizadas sobre os retratados e, por vezes, sobre os seus crimes (no verso e, de quando em quando, na moldura da cavidade da página do álbum que os alberga). Este álbum também apresenta cavidades já sem retratos, mas que ostentam nomes e outras inscrições que nos indicam que em tempos estas aberturas guardaram retratos entretanto desaparecidos.

Infâmia e Fama

«Álbum 2» – aspeto das páginas 1b e 2a. Na p. 1b, em cima, à direita, podemos ver o retrato de Guilhermina Adelaide do Canto e Mello Araujo, *a Pianista* (n.º 10-1b-02), cujo caso será abordado no capítulo 9

«Álbum 2» – aspeto das páginas 2b e 3a. Na p. 3a, em baixo, à esquerda (10-1a-03), o retrato do agressor de Pinheiro Chagas, Manoel Joaquim Pinho, que abordaremos no capítulo 7

Em busca das origens

Das 100 fotografias existentes neste álbum (menos 87 do que no anterior), também todas têm medidas aproximadas (10,5 x 6,3 cm) do formato *carte de visite*, ostentando normalmente o retrato do busto do criminoso, em formato retangular simples, salvo dois de corpo inteiro, 37 com cercadura oval e 13 com um espelho lateral ao fotografado, num formato específico de retrato de delinquente que abordaremos mais adiante. A primeira fotografia do álbum é de um tal Miguel Archaujo dos Santos, de alcunha *o Marujo*:

11-01a-01 – Miguel Archaujo dos Santos, *o Marujo*, 1887

Em termos cronológicos, o primeiro retrato está datado 10.05.1883 e pertence a Guilhermina Adelaide do Canto e Mello Araujo, de alcunha *a pianista*. Podemos visualizar este retrato inserido no segundo álbum na página 110, e isoladamente no capítulo 9.

Significativamente, como já havia sido referido, nenhum dos álbuns apresenta qualquer inscrição impressa ou manuscrita relativa à entidade que os produziu[28]: nem nas capas, nem nas lombadas, nem nas páginas iniciais ou finais, nem nos cabeçalhos ou rodapés, nem em qualquer outra parte dos álbuns encontramos qualquer designação ou referência à identidade ou serviço onde terão sido elaborados, guardados e/ou utilizados. Não achámos, assim, neles, uma única referência à sua tutela, nem quaisquer outras inscrições formais e oficiais, costumeiras e obrigatórias em toda a documentação burocrática oficial.

[28] No mesmo local onde estão inscritos os suprarreferidos algarismos «10» e «11» parecem existir vestígios de uma pequena inscrição manuscrita anterior, mas esta encontra-se tão sumida que se torna completamente ilegível e indecifrável, mesmo à lupa.

Tampouco encontrámos quaisquer indicações na face ou no verso das fotografias relativas à entidade ou serviço produtor destes dois álbuns fotográficos. De igual modo não descobrimos em local algum dos álbuns ou das fotografias assinaturas, rubricas ou registos de nomes que indiciassem quem os compilou e anotou[29]. Acresce que, como também já anteriormente referimos, a leiloeira que os comercializou inviabilizou qualquer pesquisa sobre o seu anterior proprietário.

Aliada de certo modo a esta ausência de referências contextualizantes, verifica-se também nos dois álbuns uma total ausência de critérios de ordenamento. Com efeito, em ambos a ordem das fotografias parece ser completamente aleatória, pois não obedece a quaisquer critérios identificáveis, sejam eles de carácter alfabético, cronológico, de tipologia de crimes, de sexo, ou outro.

Em compensação, encontrámos bastante informação textual sobre os retratados propriamente ditos. Tal informação surge, como já referido, no verso e, por vezes, na frente das fotografias e nas suas molduras dos álbuns, por cima e/ou por baixo dos retratos.

A informação manuscrita no verso dos retratos (mais extensa), na moldura das cavidades (menos extensa) e à frente, por baixo dos retratos (bastante rara), diz respeito, respetivamente, a cada um dos criminosos fotografados e segue em moldes irregulares os seguintes parâmetros:

Nome, alcunha, data, idade, filiação, naturalidade, estado civil, profissão, endereço e tipo de crime. Em seis retratos do primeiro álbum verificámos também a existência da seguinte inscrição: «Não se encontra o cadastro.»[30]

Esta tipologia de dados informativos sobre cada um dos retratados serve, claramente, propósitos de identificação criminal: encontramo-los em quase todos os documentos que foram sendo criados ao longo de todo o século XIX com esses mesmos objetivos (Sá 2015) e, também, no mencionado decreto que cria o Regulamento da Polícia Judiciária e Preventiva de Lisboa, de 12 de abril de 1894. Atente-se, nessa lista de dados identificativos, à inclusão de dois parâmetros não presentes nos documentos de identificação civil e específicos da identificação criminal: a «alcunha» e o «tipo de crime». Por fim, refiramos um pequeno detalhe determinante que, se ainda restassem dúvidas relativamente às funções e origem institucional dos nossos dois álbuns, nos elucidaria por completo: a mencionada inscrição referindo «não se encontra o cadastro». Com efeito, o conjunto de dados identificativos e de inscrições dos álbuns que enumerámos só se justifica e só poderá fazer sentido estando nós perante instrumentos coadjuvantes da identificação de delinquentes por parte de autoridades com funções de controlo social formal (policiais ou prisionais).

Aproximando-nos mais da nossa abordagem aos dados específicos suprarreferidos sobre os vários criminosos, será importante referir o seguinte: os parâmetros em causa, além de preenchidos de modo muito incompleto (muitos não têm sequer qualquer informação, como vimos), não são homogéneos nem estão minimamente sistematizados, quer no conjunto, quer nos retratos individuais.

[29] Idem.

[30] Todos estes dados textuais manuscritos – assim como os impressos que focaremos de seguida –, patentes nos retratos e nos álbuns, foram, como já referido, por nós introduzidos e sistematizados em quadros em Excel, tornando-se, assim, passíveis de focagens e tratamentos específicos dos quais nos ocuparemos mais tarde e que nos permitirão, noutra fase deste trabalho, analisar detalhadamente os retratos e os retratados, sob diferentes perspetivas e em diversos enquadramentos. Por ora, limitar-nos-emos a analisar os elementos dos retratos passíveis de nos fornecer pistas que nos ajudem a descortinar a sua origem institucional.

Ou seja, cada uma das inscrições manuscritas nos suportes fotográficos (ou na sua envolvente) segue uma ordem e um critério diferentes das demais, sendo que até as datas não se referem sempre ao mesmo contexto e situação (nomeadamente a data em que as fotografias foram tiradas, como seria expectável), mas às seguintes circunstâncias diferenciadas e explicitamente registadas: «foi preso a...», «evadiu-se em...», «remetido em...», «capturado em...», «idade em...», «veio de... em...» ou data do crime. Ainda relativamente às datas inscritas, não encontrámos qualquer paralelismo entre o número de retratos de cada ano registado[31] e o número de detenções anuais segundo as estatísticas da época, comparação que efetuámos usando o quadro estatístico de detenções na cidade de Lisboa de 1871 a 1913 (Vaz 2014: 136).

Em aditamento a esta nítida ausência de quaisquer critérios ou cuidados identificáveis de sistematização dos dois álbuns haverá que referir que, para além da elevada percentagem de retratos não datados já referidos, 79,77% dos retratos do primeiro álbum e 56% dos do segundo não possuem indicação dos crimes cometidos.

Já no que diz respeito a inscrições impressas nos retratos dos álbuns, e contrastando com as inscrições manuscritas irregulares, deparamo-nos com informações e características constantes e estandardizadas: praticamente a totalidade dos retratos ostenta carimbos impressos de fotógrafos comerciais de Lisboa. Sabemo-lo porque muitos deles incluem endereços postais completos, tendo as restantes designações que identificámos como fotógrafos comerciais de Lisboa sido encontradas na listagem efetuada por Luís Pavão, intitulada *The photographers of Lisbon: Portugal from 1886 to 1914* (Pavão 1990).

Assim se conclui o facto concreto e importante de os retratos em causa terem sido captados por fotógrafos comerciais de Lisboa. Analisaremos de seguida a sua localização mais pormenorizada dentro da capital, que nos poderá ajudar a identificar os percursos entre a entidade oficial mandatária e compiladora das fotografias em questão e a(s) prisão(ões), tendo em conta as duas supramencionadas informações sobre fotografia de presos que nos remetem para locais policiais específicos: a peça do *Diário de Notícias* de 1869 sobre a iniciativa fotográfica do comissário da 2.ª Divisão da Polícia Civil de Lisboa (situada no edifício do Governo Civil) e a referência no Vol. II da *Galeria dos criminosos célebres* (1897) ao temor por parte dos delinquentes de «deixar o retrato no Governo Civil».

Nos quadros que exporemos de seguida, apresentamos as designações dos ateliês fotográficos impressas em 87% dos retratos do primeiro álbum e em 91% dos retratos do segundo, seguidas dos respetivos endereços, dados que passaremos a analisar:

---

[31] O número de retratos por anos, nos dois álbuns, é o seguinte: Álbum 1: 1869-2; 1870-4; 1876-1; 1882-2; 1883-2; 1884-16; 1886-2; 1887-5. Álbum 2: 1883-1; 1885-2; 1886-2; 1887-4; 1888-21; 1889-12; 1890-1; 1891-1; 1892-10; 1893-13; 1894-1; 1895-4.

Infâmia e Fama

ÁLBUM 1

Nome	Endereço
Photographia Bastos [2]	25, Calçada do Duque 25. Lisboa
R. P. M. Bastos Galeria Photographica	25, Calçada do Duque 25. Lisboa
Photographia Bastos [1]	19, Calçada do Duque, 25. Lisboa
Bastos Successores Julio & Novaes	19, Calçada do Duque, 25. Lisboa
J. C. da Rocha Photographo de SS.MM.II. do Brazil	111, Praça d'Alegria, 111. Lisboa
Photographia de A. S. Córado	Rua da Penha de França, 10 (ao Colégio dos Nobres). Lisboa
Photographia Lisbonense	37, Rua dos Poyas de S. Bento, 37. Lisboa.
Photographia Loureiro Successora Maria E. B. Campos	18, Calçada do Duque, 18. Lisboa
Photographia Lusitania	Rua do Thezouro Velho, 27. Lisboa
Photographia Oriental Manoel da Silva Campos	30, Rua Nova d'Alegria, 30. 10, Rua do Limoeiro, 10. Lisboa
Photographia Popular [1]	19, Rua de S. Thiago, 19 (aos Loyos). Lisboa
Photographia Popular [2]	9, Rua de S. Thiago, 9. Lisboa
Lima & Madeira Photographia	Sem endereço

ÁLBUM 2

Nome	Endereço
Atelier Bastos Successor Eduardo Novaes	19, Calçada do Duque 25. Lisboa
Bastos Successor Eduardo Novaes	19, Calçada do Duque 25. Lisboa
Bastos Successores Julio & Novaes	19, Calçada do Duque 25. Lisboa
Photographia Bastos Successor Eduardo Novaes	19, Calçada do Duque 25. Lisboa
Photographia Bastos Successores Julio & Novaes	19, Calçada do Duque 25. Lisboa
Pereira Photographo	27, Rua da Mouraria. Lisboa
Photographia Oriental	10, Rua do Limoeiro. Lisboa
Photographia Oriental Manuel da Silva Campos	10, Rua do Limoeiro, 10. Lisboa
Photographia Popular	9, Rua de S. Thiago, 9. Lisboa
Photographia União Xavier & Correia	10, Rua do Limoeiro, 10. Lisboa

Verificamos que os quatro primeiros ateliês do primeiro quadro e os cinco primeiros do segundo constituem variantes de um mesmo ateliê, que ostenta sempre a designação «Bastos», acrescida de nomes e abreviaturas que vão mudando consoante as épocas, mas cujo endereço é sempre o mesmo: 19, Calçada do Duque 25, Lisboa (tendo começado apenas pelo n.º 25 e acabando por incluir também o 19, numa aparente ampliação do negócio). Considerando assim que se trata do mesmo ateliê (embora tenha nitidamente passado ao longo do tempo por mais do que um sucessor e/ou fotógrafo, como as designações indicam), constatamos que aí foi retratada a grande maioria dos delinquentes – perfazendo 216 retratos, ou seja, um pouco mais de 75% da totalidade das fotografias dos dois álbuns[32]. De resto, como nos informa António Sena na sua *História da imagem fotográfica em Portugal*, o ateliê fotográfico «Bastos e Eduardo Novaes (1857-1951) era um dos retratistas profissionais mais conhecidos da época, e havia habituado o público a uma determinada monotonia e rotina de trabalho» (Sena 1998: 132).

Os restantes quase 25% das fotografias encontram-se muito dispersos pelos demais fotógrafos, apresentando quantidades apenas residuais, abaixo dos dois dígitos.

Concluímos, assim, que existiu um ateliê fotográfico preferido pela Polícia ao longo de 26 anos, que fotografou uma larga maioria dos presos, localizado na Calçada do Duque. Ora, esta tem a particularidade de estar próxima do edifício do Governo Civil de Lisboa, e mais próxima ainda do então Comando da Guarda Real da Polícia de Lisboa (Largo do Carmo), formando um triângulo que em termos espaciais e geográficos poderá fazer sentido.

Por curiosidade, acrescentemos que o ateliê Photographia Oriental (também com mais três variantes de designação, no conjunto dos dois quadros), que conta apenas com sete retratos no total dos dois álbuns, ficava na Rua do Limoeiro 10, ou seja, próximo da cadeia com o mesmo nome.

No entanto, há que reconhecer que existiam muitos ateliês de fotografia mais próximos do Governo Civil: de facto, a maior concentração de ateliês fotográficos ocorria precisamente junto do Teatro de S. Carlos (contíguo ao edifício do Governo Civil), que parecia ser «o centro geográfico do comércio de fotografia» (Pinheiro 2006: 25). Tal concentração nesta parte da cidade de Lisboa, mais conhecida por Chiado, terá surgido pelo menos por duas ordens de razões: por um lado, tratava-se de um dos locais mais elegantes e emblemáticos da cidade, onde se situava o comércio das classes mais abastadas; por outro, e tal como a Calçada do Duque, precisamente, onde existia outro ponto de concentração de fotógrafos, tinha uma exposição ao sol particularmente boa, permitindo que os ateliês funcionassem durante mais horas (Pinheiro 2006: 25-27). Assim, o ateliê Bastos, que capturou a maior parte dos retratos aqui estudados, poderá ter surgido como uma boa alternativa por funcionar durante mais horas, com preços certamente mais acessíveis do que os praticados pelos fotógrafos do Chiado.

Finalizando esta etapa da nossa análise, podemos concluir que estamos perante um conjunto de quase três centenas de retratos de criminosos, agrupados

[32] Na *Galeria dos criminosos célebres* encontramos uma referência explícita a um retrato de uma detida efetuado no ateliê Bastos (*Galeria dos criminosos célebres* 1897: 35).

em álbuns, acompanhados de nomes, alcunhas, datas, crimes e outras indicações que permitem a identificação dos delinquentes retratados, num período que abarca cerca de vinte e seis anos, de 1869 a 1895. Dado estes conteúdos e características, torna-se praticamente evidente, a nível comparativo e à luz do conhecimento que temos deste tipo de fotografias e álbuns fotográficos semelhantes na época em causa no contexto europeu (cf. capítulo 1), que os dois álbuns fotográficos em questão terão constituído instrumentos coadjuvantes da identificação de delinquentes por parte de autoridades com funções de controlo social formal, no caso em apreço e como vimos, a Polícia Civil de Lisboa, entre 1869 e 1895.

Sumarizando todos os aspetos focados com vista ao apuramento da origem dos álbuns e à resposta às questões inicialmente enunciadas neste capítulo, podemos concluir o seguinte:

Em primeiro lugar, um vazio legislativo e regulamentar total que rodeia os retratos dos nossos dos dois álbuns fotográficos de criminosos. Em segundo lugar, a total ausência de referências nos mesmos álbuns à(s) sua(s) tutela(s) oficial(ais), compensada em parte por um manancial de inscrições manuscritas com dados identificativos e criminais sobre os retratados, que, deste modo, não podemos deixar de identificar como delinquentes, conferindo aos álbuns um caráter de verdadeiros «catálogos de criminosos». Em terceiro lugar, vários testemunhos da época que informam sobre a existência de «álbuns fotográficos de criminosos» em Portugal, na Polícia e nas prisões, nomeadamente uma notícia da imprensa da época, inédita, acerca da primeira iniciativa parcialmente sistemática de fotografar presos, por parte da Polícia Civil de Lisboa, com datas que coincidem com as dos primeiros retratos dos nossos dois álbuns, e um local – o Governo Civil de Lisboa – extremamente próximo dos ateliês fotográficos cujos carimbos podemos observar na totalidade dos mesmos retratos.

Podemos assim afirmar, com um razoável grau de certeza, que os nossos dois álbuns fotográficos correspondem exatamente ao produto da iniciativa referida na supracitada peça do *Diário de Notícias* de 31 de março de 1869 e que serão o resultado de ordens do comissário da 2.ª Divisão da Polícia Civil de Lisboa, no sentido de começar a fotografar presos a partir de 1869 com fins de identificação criminal.

Porém, como também verificámos ao examinar os dois álbuns, tudo indica que estamos perante não tanto um instrumento de trabalho sistematizado, formal e regulamentado, próprio de um sistema burocrático oficial, mas antes de uma ferramenta de trabalho, que, embora seguramente de utilidade funcional na identificação de delinquentes por parte da Polícia, denota uma elaboração não sistemática e aleatória, indiciando ausência de contextualização de procedimentos regulamentares e também de conhecimentos estruturantes e metodologias sistematizadoras elementares (alfabéticas, cronológicas ou outras) por parte de quem as elaborou.

Assim, perante todos os dados enumerados, não temos dúvida de, em termos europeus, estarmos perante mais um caso típico dos primórdios do retrato judiciário que configura fotografias de presos captadas no âmbito de funções institucionais e de objetivos de identificação criminal, porém, por ordem oficiosa da parte de um funcionário oficial superior, com estatuto hierárquico e competência para tal. Trata-se de um caso similar a outros exemplos primevos de fotografia judiciária já citados na primeira parte (Jay 1991), que representariam uma espécie de «instrumentos híbridos» com funções institucionais, mas práticas oficiosas.

Nesta sequência, uma vez clarificadas as questões da entidade oficial mandatária e, nesse sentido, produtora dos retratos dos nossos dois álbuns – a Polícia Civil de Lisboa, tutelada pelo Governo Civil de Lisboa – e do seu mandatário, o comissário da 2.ª Divisão daquela Polícia, senhor Rangel, surge a incógnita imediatamente seguinte:

Que funcionários terão posto em prática essa ordem? Quem elaborou, de facto, os álbuns?

Na demanda da resposta a esta questão, útil e forçoso se torna repetir que os álbuns não ostentam quaisquer referências às suas tutelas oficiais, nem estão devidamente sistematizados por ordem alfabética ou tipologias de crimes (ou quaisquer outros critérios) que facilitem a sua consulta ou pesquisa a vários utilizadores diferenciados e distanciados dos casos, e verificar que tais ausências nos trazem indícios importantes. Com efeito, para se poder utilizar de modo minimamente eficaz estes «catálogos» de delinquentes portugueses, ou seja, para se encontrar, em tempo útil, um determinado criminoso nesta compilação aleatória de centenas de retratos e anotações, será sem dúvida necessário um conhecimento prévio dos álbuns em causa e, portanto, o uso da memória[33]. Tal significa que só se poderiam orientar de modo minimamente eficiente neste mar de informação não sistematizada utilizadores que o tivessem elaborado desde o início ou, no mínimo, tomado parte na sua elaboração, retendo na memória pelo menos alguns dos rostos retratados, respetivos elementos informativos e/ou, possivelmente, lugares ocupados nas páginas em questão.

Esta constatação adquire suma importância quando se trata de deduzir quem, ao certo, elaborou estes «instrumentos híbridos», pois o resultado final é marcadamente informal, denotando características individuais ou funcionais de quem os elaborou.[34] Ou seja, embora utilizando retratos judiciários mandatados por um alto funcionário da Polícia, estes dois álbuns foram certamente compilados e elaborados de um modo que poderemos caracterizar de básico e até incipiente, por um ou mais funcionários intermédios, porventura bem-intencionados e zelosos das suas funções, mas sem preparação específica ou formação académica.

Assim, poderemos afirmar que a organização irregular dos nossos dois álbuns, por parte destes funcionários policiais, ter-se-á concretizado no sentido de colmatar o que vimos como uma ausência e um hiato legislativo e regulamentar, nesta época, relativamente à utilização em Portugal da fotografia (já então bastante vulgarizada) para fins de identificação criminal, ao serviço das autoridades policiais e judiciárias. Será, portanto, precisamente a falta de enquadramento legal e regulamentar que registámos no início da nossa análise que

[33] A importância da memorização dos fácies dos criminosos por parte dos polícias, de resto, tinha já longa tradição em Portugal antes do aparecimento da fotografia, conforme vimos atrás (*Galeria dos criminosos célebres,* 1897: 79-80). Também no Reino Unido existia a prática de *sitting for one's portrait* (referida em 1837 por Charles Dickens nos seus *Pickwick Papers*), que consistia num processo de memorização propositada das feições dos criminosos por parte de agentes policiais, para facilitar eventual necessidade de reconhecimento e identificação futura (Jay 1991: 101).

[34] Não será, de resto, caso único na história da Polícia de Investigação Criminal portuguesa. Com efeito, no Museu de Polícia Judiciária existe um álbum fotográfico bastante mais recente, dos anos 30 e 40 do séc. xx, que constitui o álbum fotográfico de criminosos mais antigo daquele museu e que regista na contracapa a seguinte inscrição: «Este álbum pertence ao agente Abraão da Cunha que pede a todos os que dele façam uso que não tirem nem troquem qualquer fotografia.»

acaba por explicar a informalidade e a aleatoriedade dos álbuns em questão, não pondo em causa os seus fins específicos de identificação criminal.

Desenvolvamos esta ideia, que se torna relevante para a identificação do(s) hipotético(s) autor(es) dos nossos dois álbuns: a partir das imperfeições formais e da «hibridez» (função institucional, meio oficiosa e informal) que mencionámos, apontamos a hipótese de os mesmos álbuns terem sido elaborados por chefe(s) de esquadra da Polícia Civil de Lisboa, por ordem do comissário da 2.ª Divisão. Tal hipótese consubstancia-se no facto de, dentro da hierarquia desta Polícia, à época, o chefe de esquadra ter funções e formação escolar que se adequam ao perfil organizativo dos álbuns. Com efeito, os funcionários acima dos chefes de esquadra, os comissários, que, como vimos, lideravam cada uma das três divisões da Polícia Civil de Lisboa, eram altos funcionários na hierarquia policial, com competências complexas e de grande responsabilidade, ou seja, provinham de estratos sociais elevados[35] e tinham um elevado nível escolar que lhes permitiria certamente uma melhor organização dos álbuns, seguindo pelo menos critérios sistematizados simples de ordem alfabética, cronológica ou tipologia de crimes. A título de exemplo, registe-se que, em 1872, D. Diogo de Sousa e Christóvão Pedro de Morais Sarmento – que viriam a ser comissários-gerais de Polícia, o primeiro até 1876 e o segundo dessa data até 1887 – ocupavam respetivamente os postos de escrivão[36] e comissário da 3.ª Divisão da Polícia Civil de Lisboa[37].

Por outro lado, os cabos e guardas, funcionários hierarquicamente abaixo dos chefes de esquadra, tinham, como também vimos, funções específicas, sobretudo a nível da segurança que nunca poderiam abarcar qualquer sistematização de identificação criminal e/ou detenção e gestão de informação importante centralizada; além disso, como habilitações escolares apenas necessitavam de saber ler e escrever, o que, à época, significava, na maior parte dos casos, conhecimentos deveras rudimentares[38] que duvidamos que fossem suficientes para que lhes fosse incumbida tal tarefa e responsabilidade ou para redigir alguma da informação constante dos retratos dos nossos álbuns, que analisaremos mais adiante.

O chefe de esquadra – nomeado entre os guardas mais capazes e com mais habilitações – surge, assim, como o funcionário intermédio cujas funções são legal e funcionalmente compatíveis com uma organização simples da identificação criminal a nível da esquadra e com uma formação que, não sendo alta ou académica, lhe permite coligir dados, redigir frases simples (embora por vezes com erros ortográficos) e articular dados informativos, se bem que de modo aleatório e empírico, características exatamente coincidentes com os registos manuscritos dos nossos dois álbuns.

Seguindo esta linha de pensamento, e a partir de pesquisas que nos fizeram chegar até aos registos de todos os elementos da Polícia Civil de Lisboa em 1872, três anos apenas após as nossas primeiras fotografias judiciárias, poderemos aventar um conjunto de nomes de chefes de esquadra entre os quais poderá ou poderão estar aquele(s) que, com um razoável grau de probabilidade, concretizou ou concretizaram, com as suas próprias mãos, a elaboração dos nossos dois

[35] Acima dos comissários (um por cada uma das três Divisões), existia o comissário-geral da Polícia Civil de Lisboa, cargo de relevo inicialmente ocupado (julho de 1869) por António Maria Can da Costa, mas cedo substituído (dezembro 1869) por D. Diogo de Sousa, que se manteve no cargo até 1876 (com uma curta interrupção de cerca de três meses por Luiz Waddington). Em 1876, foi nomeado para o cargo Cristóvão Morais Sarmento, sendo substituído em 1887 por Francisco Sá Nogueira.

[36] O cargo de escrivão fica também assim, e pelas mesmas razões, excluído do nosso quadro de hipóteses de autoria dos álbuns fotográficos em questão.

[37] *Caderno de alterações da 1.ª, 2.ª e 3.ª Divisões 1872-1874*, NA/TT, Arquivo da Polícia Civil, NT: 540; NP: 395.

[38] «Para os fins do século, o rapaz da aldeia vindo para Lisboa e fardado de polícia cívico que dizia "chão ordes" em vez de "são ordens" fazia parte dos "tipos cómicos" de "proverbial boçalidade analfabeta e sotaque cerrado" com que "o público dos teatros se divertiu durante décadas"» (Ramos 1994: 90). Um exemplo já de 1907 será a revista *Ó da Guarda*, que só em Lisboa terá tido mais de trezentas representações. No entanto, a sátira da época à Polícia, em Portugal, e nomeadamente em Lisboa, não se detém na escala hierárquica mais baixa. Neste âmbito teremos de referir a comédia de Gervásio Lobato de 1890 *O comissário de Polícia* que constituiu um enorme sucesso ao longo de vários anos no teatro do Ginásio (Magalhães 2014: 328; 321).

álbuns. Assim, segundo o livro que contém os registos de todos os elementos da Polícia Civil de Lisboa (PCL) de 1872 a 1874[39], em 1872, na 2.ª Divisão, os chefes de esquadra eram os seguintes: Domingos Martins, Henrique da Costa Torres, Eduardo Xavier Palmeiro e António Júlio de Carvalho Alvão. Porém, tendo em conta que nesta data o comissário da 2.ª Divisão da PCL já não é António Paulo Rangel (que iniciou o processo de fotografar os delinquentes de Lisboa em 1869, como vimos), e que este chefia agora a 1.ª Divisão (podendo ter levado alguns chefes consigo), apontaremos também como hipótese plausível os chefes de esquadra da 1.ª Divisão: Rodrigo Salazar Moscozo, Manuel de Magalhães, José Pinto Teixeira e Fernando Gustavo Froes Maurity.

Ainda na esteira da procura dos autores dos dois álbuns, abordemos agora a última questão, ou seja, o nível da elaboração técnica dos próprios retratos. Como vimos, os carimbos de fotógrafos e estúdios fotográficos comerciais de Lisboa que os retratos de criminosos dos nossos dois álbuns ostentam não nos deixam margem para dúvidas: a maioria dos detidos cujos retratos constam nos nossos álbuns foi mandada retratar por um ateliê fotográfico comercial de Lisboa específico e próximo do Governo Civil, por ordem do comissário de Polícia.

É também esse, de resto, o faseamento inicial do percurso que encontramos em muitos outros países europeus, como vimos na primeira parte: muito antes de existirem serviços fotográficos oficiais nas Polícias e/ou nas prisões, os criminosos eram mandados retratar a fotógrafos comerciais pelas Polícias e/ou pelos estabelecimentos prisionais, com fins específicos de identificação criminal, elaborando depois estas instituições os seus próprios álbuns fotográficos, como importante ferramenta auxiliar do seu trabalho quotidiano de combate ao crime. Na Alemanha e países nórdicos, como a Dinamarca e a Noruega, estão mesmo detetadas duas etapas nesta fase de fotografia comercial ao serviço da Polícia: um primeiro período em que os detidos são levados pela Polícia aos fotógrafos para serem retratados (tendo os cenários, por vezes, em parte, os elementos decorativos típicos dos retratos burgueses habituais da época) e um segundo período, imediatamente posterior, em que já são os fotógrafos que se deslocam às prisões ou esquadras de Polícia, desaparecendo os elementos cenográficos e surgindo nalguns casos a parede externa de tijolos nus dos muros das prisões ou entidades policiais (Regener 1999).

No caso dos nossos dois álbuns, tudo indica que a atuação por parte de fotógrafos profissionais, não tendo forçosamente o processo evolutivo sistemático dos países nórdicos suprarreferido, terá passado por ambas as situações: a de se levar o preso ao fotógrafo e a de o fotógrafo se deslocar às instalações policiais. Com efeito, para além da referência já enunciada de que os delinquentes deixavam o retrato no Governo Civil, existe também na *Galeria dos criminosos célebres em Portugal* uma menção a uma presa que em 1896 é levada ao ateliê Bastos para ser aí fotografada, acompanhada por um agente da Judiciária (*Galeria dos criminosos célebres em Portugal* 1897 vol. II: 35), assim como existem casos de retratos que analisaremos adiante, cujos cenários de igual modo atestam esta modalidade.

[39] *Caderno de alterações da 1.ª, 2.ª e 3.ª Divisões 1872-1874*, NA/TT, Arquivo da Polícia Civil, NT: 540; NP: 395. Nos arquivos da Polícia Civil de Lisboa depositados na NA/TT não se encontram livros de registo equivalentes datados de anos anteriores.

Terminando a observação e a análise que levámos a cabo neste capítulo, poderemos afirmar que consideramos os nossos dois álbuns fotográficos verdadeiros catálogos de criminosos portugueses da época, muito semelhantes a outros álbuns policiais ou prisionais já estudados na Europa, também eles compilando, num primeiro momento bastante coincidente com este período, retratos efetuados por fotógrafos comerciais.

CAPÍTULO 6
O CONTEXTO FOTOGRÁFICO E CONCEPTUAL DO CRIMINOSO PORTUGUÊS EM FINAIS DE OITOCENTOS

A receção da invenção fotográfica e a fotografia de «tipos» humanos

Como vimos na primeira parte desta tese, quando abordámos o contexto internacional dos retratos judiciários, logo a seguir ao aparecimento da fotografia, em 1839, emergiu na Europa um interesse prático e explícito pela ligação desta nova tecnologia e sistema de representação à identificação judiciária e criminal. Vimos também que as primeiras experiências de retrato judiciário estavam imbuídas de uma lógica «biopolítica» de poder e controlo social, não surgindo isoladas, mas num contexto científico que englobava diversas áreas do saber, tais como a medicina (sobretudo psiquiatria), os estudos etnográficos, a antropologia e a criminologia, com práticas fotográficas muito próximas e similares, que se focavam no retrato de «tipos» humanos diferenciados da norma, com propósitos positivistas de registar «objetivamente» imagens de tipologias de indivíduos diferentes do conceito de normalidade da época (e, portanto, potencialmente ameaçadoras), segundo conceitos de raça, hereditariedade, degenerescências, atavismos e (alegadas) doenças ou tendências criminais.

Com este pano de fundo, iremos agora em demanda de um hipotético cenário correspondente português, no período em apreço. Assim, examinaremos pontualmente os primórdios da fotografia em Portugal, a diversos níveis, por vezes cronologicamente sobrepostos: em primeiro lugar, no que concerne aos primeiros ecos e evoluções gerais; em segundo lugar, no que diz respeito, de um modo genérico, à fotografia científica; e, por fim, num terceiro momento – mais próximo dos nossos primeiros retratos de criminosos portugueses – no que toca à fotografia do «Outro» e/ou dos suprarreferidos «tipos» humanos que se diferenciam dos padrões de normalidade da época.

Assim, constatamos que as primeiras notícias em Portugal sobre o surgimento da fotografia são precoces. Com efeito, tendo em conta que o invento de Daguerre foi anunciado em França em janeiro de 1839, a primeira notícia (parcialmente transcrita do jornal *Le Siècle)* surge em Lisboa logo a 16 de fevereiro, no periódico *O Panorama,* e a segunda em março, no Porto, na *Revista Litteraria.* Esta última é uma tradução do relatório de Talbot lido na Royal Society a 31 de janeiro de 1839 e publicado na revista *The Athenaeum,* em Londres, a 9 de fevereiro. Os primeiros ecos sobre a invenção fotográfica em Portugal são, portanto, de uma invulgar atualidade se comparados com a receção de outras descobertas ou novidades técnicas e científicas vindas de fora, na época. Em contraponto, a brochura *Historie et description des procédés du daguérreotype et du diorama* (adaptação do Relatório de Daguerre de 1839), que o governo francês enviara para as diversas instituições artísticas e científicas estrangeiras, foi acolhida em 1840 com bastante desinteresse pela Academia das Ciências e pela Academia de Bellas Artes de Lisboa (Sena 1998: 21).

Curiosamente, porém – atendendo ao tema do nosso estudo –, um dos primeiros exemplares da prática fotográfica de que há notícia em Portugal, datado de 1842, é precisamente o daguerreótipo do crânio do assassino Francisco de Mattos Lôbos[1], efetuado no âmbito de estudos de frenologia (então muito apreciados, como vimos anteriormente) na Escola Médico-cirúrgica de Lisboa pelos jovens médicos Francisco Martins Pulido e João José de Simas (Pimentel 1996: 15, a partir de *O Periodico dos Pobres do Porto* 1842: 462 e 502).

Na década de 40 e seguintes, são muitos os fotógrafos estrangeiros que passam por Portugal e que se instalam no nosso país. Um deles foi E. Thiesson, daguerreotipista francês já aqui citado, que, segundo António Sena, terá sido instigado por Arago e A. Serres a fazer, logo em 1844, daguerreótipos dos «Botocudes», tribo de índios do Brasil, sendo responsável pelos primórdios da que poderia assim ser considerada a primeira coleção fotográfica de etnografia ou antropologia comparada (cf. Marien 2002: 38-39). De qualquer dos modos, E. Thiesson terá realizado nesse período o retrato daguerreotipado de vários africanos residentes em Lisboa (Sena 1998: 30).

A Exposição Industrial Portuguesa de 1849[2] é considerada a primeira exposição nacional onde se exibiram fotografias ou, mais concretamente, daguerreótipos, espalhando-se na década de 50 por Portugal vários daguerreotipistas-retratistas estrangeiros. Apesar de os altos preços praticados por estes profissionais terem diminuído para metade nos anos 60, mesmo assim, nesse período, os retratos fotográficos eram bastante dispendiosos, acessíveis apenas a famílias nobres, a burgueses prósperos ou, por vezes, a práticas científicas. De resto, em Portugal, o daguerreótipo persistiu largamente depois da invenção do colódio húmido (por Archer, em 1850) e mesmo após o surgimento do colódio seco (pela mão de Taupenot, em 1855) (Sena 1998: 44).

A primeira publicação portuguesa conhecida sobre fotografia data de 1852, da autoria de P. K. Corentin, e tem o título *Resumo histórico da photographia desde a sua origem até hoje,* tendo sido publicada em Lisboa pela Typographia da Revista Popular. Em 1856, é publicado na *Gazeta Médica de Lisboa* um artigo sobre um caso de teratologia ilustrado por uma litografia obtida a partir de dois daguerreótipos.

O primeiro Club Photográfico é criado em Lisboa em 1861 (Sena 1998: 41) e, a 24 de agosto de 1863, como vimos anteriormente, sai o primeiro decreto que, embora de modo incipiente, refere a aplicação da fotografia à identificação criminal em Portugal. Nesse mesmo ano, é publicado o primeiro artigo de

[1] Francisco de Mattos Lôbos, célebre assassino de Adelaide Kierot, seus dois filhos e empregada, um dos últimos criminosos a ser executado em Portugal, em 1842. O seu crânio ainda hoje faz parte do espólio do Museu da Faculdade de Medicina da Universidade de Lisboa; o daguerreótipo em questão, fotografado em 1952 por J. Cortez Pimentel, extraviou-se em 1955, aquando da transferência de instalações do Campo Santana para o Hospital Universitário de Santa Maria (Pimentel 1996: 18).

[2] No que concerne a exposições, há que registar também a presença da fotografia na Exposição Internacional do Porto em 1865 e na Exposição Universal de Paris em 1867, embora muito reduzida nesta última, em comparação com outros países (Sena 1998: 52-56). Em 1875 realiza-se a primeira Exposição Nacional de Photographia, organizada pela Direcção-Geral dos Trabalhos Geográphicos Portugueses (Sena 1998: 76), sendo necessário esperar até 1886 para assistir à ambiciosa Exposição Internacional de Photographia, no Palácio de Cristal, Porto, primeira e única exposição deste tipo efetuada em Portugal (Sena 1998: 113).

O contexto fotográfico e conceptual do criminoso português em finais de oitocentos

divulgação popular da fotografia, em vários números de *A Voz da Mocidade*, da autoria do fotógrafo e industrial Henrique Silva Magalhães (Sena 1998: 49-50).

Em 1863 e 1864, o médico Carlos May Figueira, professor da Escola Médico-Cirúrgica de Lisboa, grande apaixonado pela fotografia e por muitos tido como o verdadeiro iniciador da fotografia médica em Portugal (pois foi o primeiro a fotografar sistematicamente os casos que considerava de maior interesse clínico), fotografa diversos casos patológicos raros, como um «melano-albinismo generalizado», uma «elefantíase dos grandes lábios» e uma peça de necropsia dos órgãos genitais de Bernardina Sena, hermafrodita masculino que estudou em profundidade (Pimentel 1996: 25; 32) e sobre o qual publica em 1864 *Observação de um caso de hermafroditismo masculino colhido no Hospital de S. José,* após ter estudado e fotografado a fisionomia do hermafrodita em vida, bem como conservado e preparado a sua cabeça e órgãos sexuais, oferecendo-os ao Museu de Anatomia Patológica da Escola Médico-Cirúrgica de Lisboa (Sena 1998: 50).

Na década de 60, começam a proliferar os estúdios de retratistas profissionais (Sena 1998: 52). Em 1866, três anos antes dos nossos primeiros retratos judiciários estudados, o ex-militar José António Bentes dá já mostras de conhecer a utilização fotográfica policial, como referido, ao publicar em Lisboa o *Tratado de photographia,* no qual afirma que a fotografia «reproduz as festas nacionais, as formaturas militares, os homens eminentes da época, *auxilia a Polícia nas suas pesquisas*[3] […]» (Sena 1998: 54).

No ano seguinte, em 1867, existem, segundo o Esboço de Estatística Geral da Indústria do Reino, 41 fotógrafos profissionais no nosso país, dos quais 31 em Lisboa, movimentando um fotógrafo anualmente oito vezes mais dinheiro do que um ourives no mesmo período (Sena 1998: 57).

Precisamente em 1869, data dos primeiros retratos a que dedicamos este estudo, surgem duas publicações em fascículos sobre fotografia: a *Publicação fotográfica* (até 1877) e o *Panorama photographico de Portugal* (até 1874)[4] (Sena 1998: 57-58). Também em 1869 é consignada a fotografia na Direcção-Geral dos Trabalhos Geológicos e Hidrográficos, embora só se efetive em 1872[5] (Sena 1998: 58; Nunes 2005: 176-179).

Já em 1870, João Capêlo, cientista meteorologista do Observatório Meteorológico D. Luiz (Escola Politécnica) obtém imagens das manchas solares durante o eclipse do Sol (Sena 1998: 58). Em 1884, o biólogo Francisco de Arruda Furtado publica o livro *Materiaes para o estudo anthropológico dos povos açorianos,* que António Sena considera a primeira aplicação da fotografia à ilustração antropológica em Portugal (Sena 1998: 100).

Neste âmbito da fotografia antropológica e etnográfica será fundamental assinalar que, em Portugal (à semelhança do que ocorre noutros países europeus, como vimos), é precisamente neste período histórico que surge e se abre todo um filão temático relativo à exploração dos territórios coloniais. Assim, o tema dos territórios inexplorados, longínquos e exóticos passa a estar na ordem do dia e interpela fortemente cientistas e exploradores, muitos deles fotógrafos amadores ou que tinham fotógrafos profissionais ao seu serviço. Com efeito, a

---

[3] Itálico nosso.

[4] O primeiro periódico de fotografia em Portugal, *A arte photographica,* teve uma vida efémera, de 1884 a 1885 (Sena 1998: 105-107).

[5] Com resultados de impacto nacional e internacional, como atestado pelo surgimento, em 1876, de um estudo editado pela Academia Real das Ciências e intitulado *A secção photographica ou artística da Direção Geral dos Trabalhos Geodesicos no 1 de dezembro de 1876. Breve notícia acompanhada de doze specimens,* e, em 1879, em Paris, da edição de *Procedés photographiques et méthodes diverses d'impressions aux encres grasses employés à la section photographique et artistique de la diréction générale des travaux géographiques du Portugal,* ambos da autoria do lente de Química da Escola Politécnica de Lisboa, José Júlio Bettencourt Rodrigues (Nunes 2005: 176).

partir dos anos 70, Portugal vê-se pressionado a avançar para uma política de ocupação efetiva dos territórios africanos, apresentando-se o registo fotográfico como um novo e excelente método de «ocupação» e conhecimento comprovativo dos mesmos, ou seja, como uma ferramenta inovadora de «captura» e de «aprisionamento» das imagens e dos alvos da sua objetiva.

Assim, tal como no Reino Unido, na França, ou na Alemanha, também em Portugal são organizadas, com o apoio dos governos e das sociedades científicas, expedições africanas aos territórios que o país reclamava como seus, promovendo o levantamento da geografia, etnologia e infraestruturas coloniais locais, nomeadamente a nível fotográfico.

O naturalista José Anchieta, que já em 1866 assinara e cumprira um contrato com o governo português para explorar zoologicamente as possessões portuguesas de África Ocidental[6], terá fotografado nos anos 70, porventura sistematicamente, vastas regiões de Angola, muito embora não se conheça nenhuma destas fotografias, sendo possível que se tenham perdido definitivamente (Araújo 2014: 171-181).

Em contrapartida, é hoje bem conhecida a vasta obra fotográfica sobre África do fotógrafo José Augusto da Cunha Moraes (1857-1932?), que herdou um dos ofícios do pai (antigo degredado) e abriu o seu próprio estabelecimento fotográfico em Luanda por volta de 1877. Das diversas obras publicadas na época ilustradas com as suas imagens fotográficas[7], destacamos os quatro álbuns fotográficos datados de 1885 a 1888, com dezenas de fototipias elaboradas a partir de fotografias dos anos 70-80, intitulados *África Occidental – Álbum photográphico e descriptivo* (com introdução de Luciano Cordeiro e editados por David Corazzi), pelo facto de logo no início nos mostrarem retratos étnicos de uma importância seminal para o contexto que procuramos analisar. Com efeito, somos confrontados com os retratos de duas mulheres fotografadas de frente e de dois elementos do sexo masculino (um homem e um rapaz) fotografados de frente e perfil, num fundo vazio e sem qualquer *décor*, todos mostrando apenas o busto, em poses e cenário muito semelhantes aos da maioria dos retratos judiciários, denotando o conhecimento da evolução do modelo de retrato antropométrico da época. Seguindo também as ideias então vigentes sobre «tipologias humanas» já aqui tratadas quando abordámos o contexto internacional, estes retratos, publicados em 1885, são apresentados como de «tipos» étnicos de regiões angolanas específicas. De facto, as curtas legendas que ostentam referem apenas, no caso do rapaz, «typos do Cacongo»[8] e, nos outros três indivíduos retratados, «Typos do Congo» (retratos de duas mulheres e retrato de homem de frente e perfil).

Também no *Álbum da expedição ao Muantiânvua*, do major Manuel Sertório de Almeida Aguiar, datado de 1887[9], temos oportunidade de nos confrontar com fotos similares explicitamente referidas como sendo de «typos africanos» que se revestem para nós de particular importância (Castro 2014: 29). Sobre a ligação destes retratos aos modelos antropométricos, registemos as palavras de Teresa de Castro, relevantes sobretudo como ponte para a análise que faremos dos retratos dos nossos dois álbuns no capítulo seguinte:

[6] Anchieta, que desenvolveu um extraordinário esforço de exploração e identificação de espécies zoológicas e botânicas em Angola, foi sempre enviando exemplares para o Museu da Escola Politécnica de Lisboa, onde ocupavam duas salas (Araújo 2014: 173).

[7] A primeira obra data de 1881 e intitula-se *De Benguella às Terras de Iácca,* versando sobre as explorações de Serpa Pinto, Roberto Ivens e Hermenegildo Capêlo (Sena 1998: 88).

[8] Apesar de se tratar do retrato de frente e perfil do mesmo indivíduo, na legenda a palavra «typo» (com grafia antiga) apresenta-se no plural.

[9] Este álbum foi realizado no âmbito da missão dirigida pelo major Henrique Augusto Dias de Carvalho ao território do mesmo nome (atual Lunda), em Angola, entre 1884 e 1888.

José Augusto da Cunha Moraes, *África Occidental – Álbum photográphico e descriptivo*, 1885

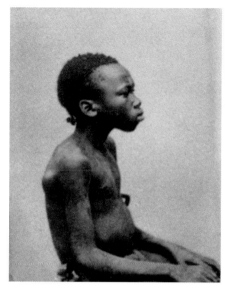
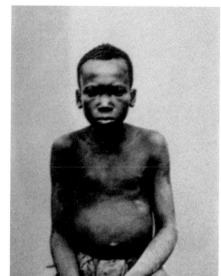

«Typos do Cacongo»

«Typos do Congo»

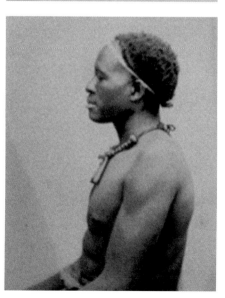

«Typos do Congo»

No que diz respeito aos retratos de pessoas, a nitidez, a frontalidade e a platitude das imagens são diferentes elementos que contribuem para a construção do seu estatuto científico, subordinado aos ideais de exatidão e de clareza. As fotografias vêem-se investidas de uma autoridade que, não sendo incompatível com uma dimensão estética, lhes impõe critérios distintos. Ainda que não se subordinem inteiramente aos princípios característicos do paradigma antropométrico, as imagens de Almeida Aguiar procuram claramente reproduzir o serialismo e a codificação dos modos de representação característicos da antropometria. Henrique de Carvalho lamenta na sua *Descripção da Viagem* a ausência de «bazares especiais» em Portugal e «estabelecimentos» onde adquirir, entre outros, «instrumentos de [...] anthropometria», confirmando assim conhecer a corrente que se impõe no domínio da antropologia durante a segunda metade do séc. XIX (Castro 2014: 298).

Posteriormente, mas ainda no séc. XIX[10], registamos também em linhas gerais a expedição de reconhecimento de Moçambique de 1890 polemicamente liderada pelo político e ex-ministro Mariano de Carvalho, na qual é contratado o fotógrafo Manoel Romão Pereira, sendo produzidas 116 fotografias (hoje coleção «Missão de Mariano de Carvalho a Moçambique, em 1890»), das quais 20 de registo etnográfico (Fernandes 2014: 195-210). Estávamos à beira do ultimato e, entre esse mesmo ano e 1891, surge o álbum da «Commissão de Delimitação da Fronteira de Louremço Marques», resultado da missão dirigida por Alfredo Augusto Freire d'Andrade, expedição da maior importância dado o contexto político internacional subsequente à conferência de Berlim (1884-1885), que provocara uma aceleração da feroz competição europeia pelos territórios de África. Portugal necessitava absolutamente de transformar os seus «direitos históricos» a vastos territórios – que tão acerrimamente alegava e em que tão repetidamente insistia – numa ocupação efetiva, onde a presença portuguesa fosse visivelmente demonstrada.

Comprova-se, assim, em Portugal, numa época contemporânea à dos nossos dois álbuns fotográficos de criminosos, a existência de retratos etnográficos que já identificámos como uma espécie de «parentes próximos» dos retratos judiciários, em muitos casos apresentando mesmo laivos antropométricos.

Continuando a seguir as tendências internacionais anteriormente referidas, no que concerne à medicina[11], e sobretudo à psiquiatria com ligações à

inserem-se numa tipologia de fotografia do exótico, dos "tipos e costumes" comuns num período em que o viajante queria levar consigo uma recordação de paisagens e monumentos, mas também de homens e mulheres, sobretudo daqueles "nativos" tipificados com trajes, adornos e funções específicas. Na Índia contemporânea, este género de fotografias podia ser produzido com intenções assumidamente comerciais, ou feito no interior de projetos antropológicos, e de levantamento etnográfico, sendo o *The People of India*, o mais conhecido. Mas em contextos onde a ciência e a cultura visual e popular cruzavam fronteiras entre si, os resultados fotográficos eram, muitas vezes, indistinguíveis» (Vicente 2014: 328). A propósito desta aproximação entre o tipo de fotografia científica e popular, registemos o que Leonor Pires Martins nos diz sobre a importante revista portuguesa *Occidente*: «Nas páginas da *Occidente* [1878-1915] encontramos, por exemplo, tanto imagens de uma "África pitoresca", quanto de um "Portugal pitoresco". Esse gesto exaustivo [...], essa preocupação em constituir uma enciclopédia visual da nação, existiu tanto em relação aos territórios coloniais, como em relação às diferentes regiões metropolitanas, sendo que foi o resultado dessa nova possibilidade que a câmara fotográfica veio introduzir na segunda metade do século» (Martins 2014: 288).

[11] Sobre os primórdios da fotografia na medicina em Portugal, ver sobretudo Clode 2010 e Peres 2014. Pelo cruzamento com o tema criminal e pela dimensão de agitação nacional na época, mencionemos apenas pontualmente o caso de um dos pioneiros da fotografia médica portuguesa, Urbino de Freitas, cujos retratos fotográficos de um doente com lepra antes e depois do tratamento, num artigo de sua autoria na revista *Coimbra médica*, de março 1886, são razoavelmente bem conhecidos. Médico muito conceituado, em 1890 é inesperadamente acusado e condenado por envenenamento de um sobrinho menor, sendo preso e depois deportado. O caso constituiu um dos mais polémicos da criminologia portuguesa, permanecendo ainda hoje a dúvida sobre a sua culpabilidade.

---

[10] No que concerne à fotografia colonial de cariz comercial da mesma época, registe-se o caso dos irmãos Lazarus (Joseph e Moses), que fotografaram extensivamente a África Oriental Portuguesa entre 1899 e 1908 (Santana 2014: 211-222) e o dos fotógrafos Souza e Paul em Goa, em 1889, quando publicam um catálogo com descrições das 200 imagens que têm para venda, abrangendo um vasto levantamento arquitetónico hindu e colonial português, mas também imagens compostas em estúdio de homens e mulheres hindus que se aproximam das imagens das «tipologias humanas» nossas conhecidas. Sobre estas, diz-nos Vicente: «Quase sempre anónimas e encenadas,

criminologia, também em Portugal encontramos, na passagem do séc. XIX para o séc. XX, retratos de doentes com características semelhantes às dos primeiros retratos de criminosos, nomeadamente pela mão dos eminentes médicos alienistas Miguel Bombarda e Júlio de Matos, cujos conceitos sobre a criminalidade e os criminosos teremos ocasião de analisar em maior detalhe no capítulo seguinte.

Com efeito, encontramos reproduções de fotografias de doentes mentais em três obras de Miguel Bombarda, datadas respetivamente de 1894, 1896 e 1916 (esta última com carácter póstumo). A primeira – *Contribuição para o estudo dos microcéfalos* – exibe quatro gravuras apresentadas como «cópias de photographias» ou «cópias de photographias do Sr. António Francisco d'Azevedo» com os retratos de quatro indivíduos microcéfalos. A segunda obra – *Licções sobre a epilepsia e as pseudo-epilepsias* – apresenta cinco fototipias de retratos de doentes mentais, que, na maioria dos casos, ostentam legendas com descrições anatómicas de cariz «lombrosiano», chegando uma delas a ponto de constituir uma aparente identificação total com as teorias de Lombroso (que, contudo, como veremos adiante, M. Bombarda em parte refutava). A transcrição dessa legenda abaixo reproduzida, com o respetivo retrato, é a seguinte: «Typo approximado do delinquente-nato de Lombroso. (Colecção do autor)»:

Typo approximado do delinquente-nato de Lombroso. (Colecção do autor)

Constatamos, assim, uma prova de conhecimento e aproximação não só às teorias de Lombroso (de resto, bastante recorrente nas obras de Miguel Bombarda), mas também, o que para nós é mais interessante, à sua utilização de retratos fotográficos na ilustração de teorias e ideias. Além disso, tal como nos retratos etnográficos já analisados, encontramos de novo a referência ao «typo» – categoria taxonómica recorrentemente utilizada, como vimos, à época, nas diversas disciplinas científicas que se debruçavam sobre o estudo do homem, da medicina à antropologia, passando pela psiquiatria, psicologia, etnografia e criminologia, muitas vezes recorrendo à fotografia como instrumento do seu trabalho analítico. Por fim, eis um dado também relevante que vem corroborar, no caso português, o que acabámos de focar: o facto de todas as imagens deste livro explícita e assumidamente referirem, na legenda, pertencer à «colecção do autor», implicando tal que Miguel Bombarda detinha diversos retratos deste tipo, que, como veremos na sua obra póstuma, terão sido em número apreciável e denotam uma clara sistematização. Ignoramos que destino Bombarda pretenderia dar a esta coleção, não fosse a sua morte prematura e inesperada, pois a teorização que nos deixou sobre o assunto é nula, mas a sua utilização parcial na obra *Licções de psychiatria: livro póstumo, ornado de interessantes fotografias* (1916) demonstra que os editores procuraram continuar, de modo mais alargado, o trabalho de mostragem destes retratos seriados e taxonómicos que Miguel Bombarda iniciara, o que poderá ter correspondido a uma intenção do próprio. De facto, nesta obra, surgem reproduções mecânicas de 29 fotografias, correspondendo 18 delas individualmente a retratos de indivíduos com tipologias específicas de distúrbios mentais identificados – três dos quais criminosos e, como tal, devidamente assinalados nas respetivas legendas (ver página seguinte). Além destes retratos (e de imagens de pormenores corporais, como, por exemplo, de pés e mãos deformados, também demonstrativos de «estigmas físicos»), surge na página 22 das *Licções de psychiatria* uma fotografia bastante relevante para o nosso contexto, na qual o próprio Miguel Bombarda se deixa fotografar a examinar um doente (primeira foto à direita), assumindo, assim, explicitamente, o seu papel de interveniente ativo num procedimento formal e sistematizado de retratar doentes mentais em ambiente hospitalar (Rilhafoles), cujos resultados, como vimos, assumidamente colecionou e chegou a publicar em parte, com o objetivo de fornecer uma referência imagética às descrições taxonómicas textuais.

Miguel Bombarda, obra póstuma *Licções de psychiatria*, 1916: 22

O contexto fotográfico e conceptual do criminoso português em finais de oitocentos

Paranoico penitenciario – Otero (1895), Miguel Bombarda, obra póstuma Licções de Psychiatria, 1916: 69

O regicida Anarchista – Luiz Bernardo de Mattos, 1896, Miguel Bombarda, obra póstuma Licções de Psychiatria, 1916: 69 e 107

Epileptico Incendiario – Martins (1895), Miguel Bombarda, obra póstuma Licções de Psychiatria, 1916: 109

Paranoia primitiva (ideias de grandeza – Conceição (1895), Miguel Bombarda, obra póstuma Licções de Psychiatria, 1916: 43 e 55

Exaltação maníaca (1894) Miguel Bombarda, obra póstuma Licções de Psychiatria, 1916: 43 e 55

Paralysia agitante – General Krusse Gomes (18?2), Miguel Bombarda, obra póstuma Licções de Psychiatria, 1916: 50

Observando as fotografias em questão, verificamos que não existe nelas uma preocupação de uniformidade. Os alienados são fotografados de modos diversos, a distâncias focais e com poses muito diferentes (busto, meio corpo, corpo inteiro) e em cenários diferenciados, por vezes, nitidamente utilizados como elementos auxiliares da construção imagética que se procura transmitir.[12]

Também Júlio de Matos, ainda antes, em 1889, num capítulo dedicado aos «Alienados criminosos» da sua obra *A loucura*, apresenta doze retratos fotográficos individuais que ilustram metade dos 24 casos de alienados criminosos por si descritos (Matos 1889: 247-287), divididos em alienados «homicidas», «incursos no crime de homicídio frustrado», «ofensas corporaes», «contra propriedade» (que inclui casos de cleptomania e piromania) e «ofensas contra o pudor». Estes retratos fotográficos tornam-se interessantes sobretudo no contexto das análises narrativas dos casos observados, que incluem uma descrição de «estygmas physicos degenerativos» (p. ex. «acentuada asymetria do crâneo e da face» (Matos 1889: 268), «estrabico, plagiochepalo e portador de mandíbula extremamente volumosa» (Matos 1889: 272), «craneo pequeno e acuminado» (Matos 1889: 275) ou referência à manifesta ausência dos mesmos estigmas (Matos 1889: 265), facto que indicia a importância atribuída por Júlio de Matos à imagem visual dos criminosos e do registo da sua referência imagética, através do retrato fotográfico (corroborada por várias referências a Lombroso, como veremos no capítulo seguinte). Todos os doze retratos de alienados criminosos apresentados nesta obra por Júlio de Matos são, de resto, e ao contrário de alguns de Miguel Bombarda, resultado de um visível esforço de objetividade, apresentando uma total ausência de elementos cenográficos (fundo vazio de cor neutra) e um grande rigor e uniformidade gerais, incluindo a distância focal. Trata-se, pois, de retratos que (como veremos nas duas páginas seguintes), se vistos num outro contexto, poderiam ser considerados, à primeira vista, judiciários, a meio caminho entre os retratos de criminosos dos nossos dois álbuns – que suplantam em rigor objetivo – e o retrato judiciário de frente e perfil completamente regulamentado e institucionalizado por Bertillon:

[12] Exemplos particularmente nítidos destas construções imagéticas de alienações específicas, elaboradas com auxílio de elementos cenográficos, são, por um lado, as imagens das páginas 43 e 55, onde o grande porte das colunas, as ogivas, o porte e o vestuário dos alienados contribuem para uma determinada imagem de «Paranoia primitiva» (Ideias de grandeza) e da «Exaltação maníaca»; por outro, a imagem da p. 50, onde um cenário marcadamente burguês (cadeira ornada, farda militar, bengala/cadeira e mesa com «kepi» de general pousado, assim como pose denotando uma certa dignidade) aponta para um contexto de classe social elevada.

Júlio de Matos, *A loucura* 1889: 285

Júlio de Matos, *A loucura* 1889: 287

A. M. — Obs. XII

O. C. — Obs. XIV

M. R. M. — Obs. XVIII

J. A. — Obs. XVI

A. — Obs. XX

J. — Obs. XXIII

Encontramos outra obra de Júlio de Matos ainda mais profusamente ilustrada com retratos fotográficos seguindo também taxonomias de alienação e/ou estigmas físicos, intitulada *Elementos de psychiatria*, mas já num período um pouco posterior ao aqui analisado, visto que foi publicada em 1911. Trata-se de um conjunto de 35 retratos fotográficos individuais (incluindo sete criminosos – Matos 1911: 463, 531, 532, 533, 598, 599) e dois retratos coletivos (um de dois e outro de três indivíduos), que voltam a não apresentar uniformidade, como os que descrevemos de Miguel Bombarda, exibindo distâncias focais e poses diferentes (corpo inteiro, meio corpo, busto, frente e perfil), assim como, por vezes, elementos cenográficos que, à semelhança dos casos aflorados de Bombarda, «ajudam» a compor uma determinada imagem:[13]

[13] É o caso da fotografia em baixo à direita (Matos 1911: 588), onde um véu e uma grinalda de flores estrategicamente colocados «auxiliam» a formação da imagem de «delírio religioso» que a legenda transmite..

Epilepsia (mandíbula exagerada; criminalidade), Júlio de Matos, *Elementos de psychiatria*, 1911: 463, em cima, à esquerda; Epilepsia (olhar vitreo: criminalidade), Júlio de Matos, *Elementos de psychiatria*, 1911: 463, em baixo, à esquerda; Delirio religioso, Júlio de Matos, *Elementos de psychiatria*, 1911: 588, à direita

Também nos arquivos do Instituto Nacional de Medicina Legal de Lisboa (INML) se encontram retratos fotográficos de «tipos» humanos próximos desta época – «tipos» patológicos, sobretudo de índole psiquiátrica, algumas vezes oriundos do já designado Hospital Miguel Bombarda, antigo «Rilhafoles», continuando a sublinhar uma certa proximidade na abordagem aos loucos e a certos criminosos[14]. Tais retratos são, porém, já do princípio do séc. xx, uma vez que a morgue, como vimos, foi criada em 1899. De um modo geral, encontram-se no arquivo do INML, para além do registo de cadáveres, também retratos fotográficos de indivíduos que, de alguma maneira, fugiam ao padrão de «normalidade» então aceite e que, por esse motivo, eram alvo de perícias legais ou de curiosidade e pesquisa científica. Nesta linha, encontram-se no arquivo do INML retratos de indivíduos de corpos deformados, ou tatuados, casos de loucura, travestis e outras situações invulgares. Apesar de se tratar de um espólio fotográfico que não está suficientemente estudado, pois na verdade não se encontra tratado a nível arquivístico, podemos, no entanto, detetar, pelas características suprarreferidas, a sua ligação ao contexto internacional focado no início deste estudo e aflorado no início deste capítulo: a existência de um fio condutor entre estes diversos retratos, capturados com fins científicos e direcionados para os diversos «tipos» humanos considerados «diferentes», «degenerados» ou até «inferiores», seguindo conceções e tendências de investigação da época que tinham a ver com hereditariedade, degeneração, (pretensas) doenças e alegadas tendências criminais. Curiosamente, não assumindo este contexto, um estudo já de 2014 refere, sobre estes mesmos retratos do INML: «[…] existem neste espólio fotografias que Santos (1995) classifica como *corpos insólitos*, e que retratam deformações, casos de loucura ou mesmo de travestis, que, apesar de se compreender a curiosidade que despertavam no início do século, não estão de acordo com o propósito científico que devia nortear a instituição» (Peres 2014: 134). Embora não se trate efetivamente de cadáveres, mas de corpos vivos, não podemos deixar de sublinhar que esta afirmação parece denotar uma certa insensibilidade no que respeita à transversalidade dos interesses científicos e das práticas fotográficas internacionais ao serviço da medicina (legal), nesta época.

De resto, a prática e o entendimento (da fotografia ao serviço) da antropologia e da medicina, abarcando por vezes a criminologia, continuaram a desenvolver-se em Portugal por largos anos, avançando por toda a primeira metade do século xx, pela mão de personalidades com vasta obra, como Mendes Corrêa ou Asdrúbal de Aguiar[15]. Neste âmbito, mencionemos, embora apenas sumariamente, *Os criminosos portugueses. Estudos de anthropologia criminal*, de Mendes Corrêa, publicado em 1914, e, como tal, já ultrapassando o limite do segmento temporal aqui analisado, mas ainda assim de referir, neste contexto, não só por se apresentar como particularmente exemplificativo do desenvolvimento supracitado, mas sobretudo por expor 54 retratos de criminosos, que são já claramente retratos judiciários – uniformes na distância e focagem, na posição do criminoso, no fundo neutro, alguns deles ostentando números de casos e muito provavelmente oriundos dos postos antropométricos em funcionamento

[14] A atestar esta ligação entre medicina e justiça na abordagem de marginais, em Portugal, surgira já em 1896, no então Hospital de Rilhafoles, um novo corpo de edifícios da autoria do arquiteto José Maria Nepomuceno, nomeadamente o Pavilhão Panótico de Segurança para doentes vindos da Penitenciária, um dos seis edifícios deste género em termos internacionais, seguindo o sistema inventado por Jeremy Bentham. Só em 1911 o hospital para doentes mentais de Rilhafoles toma a designação de Miguel Bombarda, assassinado por um doente psiquiátrico na véspera da implantação da República.
[15] Ainda em 1966 Luís de Pina apresentava uma visão bastante positiva da antropologia criminal (Pina 1966).

desde 1902 –, representando, assim, um importante ponto de encontro e uma aglutinação de duas correntes anteriores de retratos de criminosos que aqui expusemos: retratos «científicos» e retratos judiciários.

Neste levantamento de dados relativos à fotografia que contribuem para caracterizar o contexto português dos nossos retratos de criminosos de finais do séc. XIX, refiramos por último um álbum fotográfico datado de 1896, que encontrámos no arquivo não tratado do Arquivo Municipal Fotográfico da Câmara Municipal de Lisboa, com mais de 5000 retratos fotográficos, e que ostenta a seguinte inscrição na primeira folha:

> Há-de servir este album para archivar as photographias dos cocheiros de trens de praça inscriptos na Repartição de Policia da Camara Municipal de Lisbôa, em virtude do art.º 2.º da Postura de 11 de Junho de 1896. Este álbum deverá comportar 5.400 photographias./Lisbôa e Repartição de Policia Municipal,/1 de Agosto de 1896/ O chefe/ (assinatura ilegível).

Interessante será referir aqui que os cocheiros constituíam então uma das profissões com mais altos índices de criminalidade nas estatísticas criminais, embora por certo por motivos que tinham a ver com questões de trânsito e de circulação rodoviária, numa cidade em franca expansão demográfica como era então Lisboa (Vaz 2014: 205-206).

Assim, e concluindo este ponto, embora não tenhamos encontrado características sistematizadas e de rigor, nem qualquer menção científica referente aos retratos de criminosos dos nossos dois álbuns datados 1869-1895, compreendemos, por tudo quanto foi dito até aqui, que os mesmos surgem numa época e num contexto em que a fotografia significa em Portugal, num primeiro momento, modernidade e uma grande inovação técnica, denotando, portanto, uma forte vontade de implementar as tecnologias mais recentes por parte de uma força policial e de uma instituição também ela nova e moderna, que, embora legalmente criada em 1867, só começa a circular verdadeiramente nas ruas de Lisboa em 1868, como vimos, um ano apenas antes das primeiras fotografias dos nossos dois álbuns. Tal implica que estes primeiros retratos surgem forçosamente imbuídos de um grande espírito inovador, interessado em utilizar os meios técnicos e científicos mais modernos e recentes ao seu alcance, com resultados que têm de ser equacionados à luz da época (comparativamente ao clima de insegurança e guerra civil da primeira metade do século) e que podem ser vistos como relativamente positivos e significativos.[16] É que, embora não possamos caracterizar a rudimentar constituição dos nossos álbuns como científica, teremos de os reconhecer, pelo menos, como uma inovação tecnológica: em primeiro lugar, implicam conhecimento das práticas fotográficas internacionais inovadoras, na época, ligadas à identificação criminal; em segundo lugar, são determinantes na prática empírica e na mudança de paradigma na história da identificação judiciária portuguesa, com contornos que nos são desconhecidos e que, portanto, não sabemos até onde vão. Ou seja, desconhecemos, por enquanto, até que ponto algumas das pessoas envolvidas nesta primeira

[16] Sobre as consequências da criação desta Polícia, leia-se este curioso trecho datado de 1897: «Antes da existência desta polícia, que carrega com tantos ódios injustos e com o peso de tantas ingratidões, ninguém estava seguro na via pública ou no domicílio. As vidas e os haveres dos cidadãos pacíficos estavam sempre em iminente perigo sob a ameaça feroz do trabuco e do punhal do assassino e do ladrão. // Os criminosos riam-se da justiça e viviam confiados na impunidade. // Hoje, graças à tão censurada polícia, podemos atravessar os bairros mais labirínticos e excêntricos da capital a toda a hora da noite, com uma bolsa de ouro em cada mão, que ninguém nos toca» (*Galeria de criminosos célebres* 1897: 84). Sobre a evolução do crime em Lisboa de 1850 a 1910, ver Vaz 2014.

tentativa de fotografar criminosos em Portugal – nomeadamente, a nível dos mandatários ou responsáveis pelos serviços policiais em questão – tinham, ou não, conhecimentos e motivações para iniciar este processo, que, à luz da época, podemos considerar científico, ou até que ponto tinham conhecimento ou estavam conscientes do amplo movimento transdisciplinar que operava a nível europeu e também em Portugal, registando, como vimos, com fins científicos, as imagens fotográficas «objetivas» de muitos daqueles considerados marginais e/ou «diferentes» e, como tal, tidos como potenciais ameaças à ordem, à segurança e à saúde pública da sociedade burguesa ocidental, à luz de conceitos como práticas criminais, degenerescências, (alegadas) patologias ou «tendências» criminais, hereditariedade e raça.

Em todo o caso, fica provado que os nossos retratos de criminosos portugueses não surgem isolados, no panorama da abordagem fotográfica dos criminosos, marginais e/ou «diferentes», em Portugal, e que havia, pelo contrário, também no nosso país, à época, todo um contexto variado e rico que englobava práticas retratistas e fotográficas bastante similares entre si e transversais a diversas disciplinas e áreas temáticas, preocupadas em ilustrar e criar referentes imagéticos capazes de funcionar como eficazes instrumentos biopolíticos e de acompanhar e apoiar as medidas de controlo social, assim como a obsessão taxonómica deste período no Ocidente.

O conceito de «criminoso» e a intelectualidade portuguesa de oitocentos

Longe da objetividade que a maior parte dos positivistas atribuía à fotografia e de que as autoridades judiciárias pretendiam beneficiar, o retrato criminal, apesar do seu despojamento, constitui, como veremos mais aprofundadamente nos capítulos seguintes, uma construção. Ao analisarmos este constructo, nos seus diversos níveis, iremos, num primeiro momento, questionar-nos sobre que «objeto» constitui o alvo destes retratos, ou seja, quem foi considerado «criminoso» e fotografado como tal, na cidade de Lisboa, à luz dos conceitos de crime da época. Trata-se de focar um momento imediatamente anterior ao retrato criminal, mas por demais decisivo para o mesmo, não só para a determinação do objeto fotografado – aqueles indivíduos específicos tidos como criminosos que vemos nos nossos dois álbuns e não outros –, mas também para o modo como foram fotografados e apresentados estes delinquentes, que tanto difere do retrato comum burguês da época, como veremos.

Assim, partimos para esta fase da nossa análise reconhecendo que o «crime» é, ele próprio, como já vimos anteriormente, uma construção social, historicamente determinada, específica de cada época e realidade social, e definida pela lei penal[17], que «é igualmente uma construção social, refletindo os princípios, os valores, e também os interesses dominantes numa dada organização social, sendo condicionada pela conjuntura política, económica e cultural» e

[17] Existem na criminologia outros conceitos e definições de crime que não se submetem obrigatoriamente ao estabelecido pelo ordenamento jurídico-penal e que seguem uma referência de tónica sociológica mais do que jurídica. Durkheim, p. ex., recusou a noção técnico-jurídica de crime, afirmando que a única característica comum a todos os crimes residiria no facto de «constituírem atos universalmente reprovados pelos membros de cada sociedade» (Durkheim 1977: 91). Tais conceitos, porém, não se tornam interessantes para o nosso trabalho, já que as fotografias de detidos que constituem o nosso objeto de estudo foram elaboradas por ordem de uma força policial inserida no sistema jurídico-penal português.

procurando «punir de forma mais incisiva as ações que contrariam mais frontalmente os valores e os interesses socialmente dominantes» (Vaz 2014: 23).

Na primeira parte deste trabalho – direcionada para o nível internacional –, levámos a cabo uma primeira aproximação aos conceitos de criminoso que vigoravam e circulavam nesta época, no mundo ocidental, num determinado contexto jurídico e social e numa determinada lógica de poder, de modo marcante, insistente e transversal, e que motivaram e moldaram o surgimento do retrato judiciário, assim como do retrato etnográfico ou do retrato ao serviço da medicina e da antropologia criminal.

Reconhecendo que o tema da criminalidade suscitou também em Portugal um enorme interesse e uma abundante e significativa produção intelectual, nesta época, no presente ponto iremos focar sucintamente – tendo um determinado enquadramento jurídico como pano de fundo – os principais autores portugueses que abordaram os conceitos de criminoso.

Já tínhamos aflorado na primeira parte como Portugal sofrera, nesta época, à semelhança da maior parte dos países ocidentais, uma reforma e uma reorganização do seu sistema penal, decisivamente influenciadas pelos ideais iluministas da escola clássica e, mais tarde, pelo determinismo da escola positivista. Assim, o primeiro Código Penal português surge em 1852[18], seguido de Reformas Penais em 1867[19] e 1884 e de novo Código Penal em 1886.

A influência positivista no direito penal português fez-se sentir sobretudo mais tarde, muito impulsionada pelas teorias da criminologia de então. Neste sentido, o aspeto do direito penal mais insistentemente posto em causa por muitos autores portugueses positivistas deste período foi colocado de modo particularmente claro numa das principais questões apresentadas no *Congresso Jurídico de Lisboa* de 1889, que teve cariz internacional e recensões muito positivas no estrangeiro[20]:

> Em que sentido é urgente reformar os códigos penais na parte relativa às condições da responsabilidade criminal do agente do facto incriminado e aos efeitos das circunstâncias derimentes, para que a doutrina da lei fique de acordo com as afirmações da psicologia contemporânea, da antropologia criminal e da patologia alienista, e satisfaça às necessidades da possível segurança contra o crime? (Maldonado s.d.: 38).

De facto, como se vê pela leitura dos autores portugueses do positivismo criminal que iremos sucintamente focar, todos (com exceção parcial de Ferreira Deusdado) repudiavam em absoluto o conceito do livre-arbítrio do indivíduo criminoso, apostando, ao contrário, num determinismo biológico, sociológico e/ou psicológico, consoante as várias tendências defendidas[21]. Estas ideias acabaram por implicar reformas legais plasmadas por exemplo nas leis de 4 de julho de 1889 (autorizando a construção de um hospital com enfermarias especiais para alienados criminosos em Lisboa e de pavilhões anexos às penitenciárias para condenados alienados), de 3 de abril de 1896 (regulando entradas e saídas de alienados criminosos e condenados loucos) e de 17 de agosto de 1899

[18] Este código foi precedido de várias tentativas e projetos de código que não chegaram a concretizar-se, e que nos indicam como as novas ideias iluministas cedo influenciaram o pensamento jurídico português. Tal pode ser constatado especificamente em 1789, no *Ensaio de código criminal*, de Pascoal José de Melo Freire (Freire 1966), em que este louva as ideias de Beccaria e dos filósofos das luzes, ou na obra *Classes dos crimes por ordem sistemática com as penas correspondentes segundo a legislação atual*, publicada em 1803 por Joaquim José Caetano Pereira de Sousa (Sousa 1803), em que este expressa ideias muito avançadas para a época, apontando razões sociais como causas dos crimes.

[19] Esta reforma de 1867 aboliu, de direito, a pena de morte em Portugal.

[20] Cf. afirmações de Havelock Ellis na sua já citada obra *The criminal* de 1890: «In Spain and Portugal criminal anthropology is being prosecuted with much zeal. Among its chief representatives may be named especially [...] at Lisbon Bernardo Lucas. D'Azevedo Castello Branco, subdirector of Lisbon prison, should also be mentioned. In 1889, at a congress held in Lisbon, the relation of criminal anthropology to penalty, legal reform and allied problems was fully discussed» (Ellis 1890: 44-45). Segundo Maldonado, este congresso terá merecido o seguinte comentário de Lombroso, na sua obra de 1900, *L'anthropologie criminelle et ses recents progrès*: «O primeiro congresso jurídico que verdadeiramente discutiu os problemas propostos pela nova escola jurídica [a escola de antropologia criminal] foi o congresso de Lisboa» (Maldonado s.d.: 38).

[21] Sobre este posicionamento contra o livre-arbítrio e, por vezes, expressamente contra um direito penal baseado em «princípios metafísicos» e defensor de um positivismo determinista sustentado no estudo do criminoso, veja-se: Frias 1880: 85; Freire 1889: 19-29; Matos 1889: 209-233 e 289-342; Bombarda 403-417; Castelo Branco 1888: 107-114; 120-121; 172.

(subordinando o procedimento dos magistrados à opinião dos médicos na avaliação do estado mental dos delinquentes).

Esta evolução penal, em muito coincidente com o período dos retratos que analisamos, e, na sua parte final, muito ligada a questões de medicina, dá-nos desde logo uma ideia geral do desenvolvimento dos conceitos de crime e de criminoso que a influenciaram, em Portugal, à época.

Assim, ao iniciarmos a nossa sucinta abordagem dos principais pensadores portugueses deste período que trataram a temática da criminologia, gostaríamos de chamar a atenção para o facto de grande parte ser formada em Medicina (quase todos oriundos da Escola Médico-cirúrgica do Porto), revelando-se, assim, uma focagem de raiz muito particular neste tema e uma acentuada «valência social» médica (Vaz 2014: 37), com grande impacto na opinião pública portuguesa de então. Nestas circunstâncias encontram-se Roberto Frias, Basílio Freire, Francisco Ferraz de Macedo, Júlio de Matos, Miguel Bombarda e Mendes Corrêa, que abordaremos de seguida, com exceção do último[22], por ultrapassar bastante o período abrangido pelos nossos retratos.

Além destes, iremos também aflorar as ideias dos juristas António de Azevedo Castelo Branco e Bernardo Lucas[23], assim como as de Ferreira Deusdado e de Afonso Costa[24].

Tendo em conta o nosso tema, nesta análise salientaremos sempre quaisquer parcas referências a fotografia que encontremos. Também pela importância determinante que deu aos fatores biológicos, fisionómicos e à imagem visual dos criminosos, nomeadamente através da fotografia (além do seu protagonismo central na criminologia do séc. xix), elegemos a montante Cesare Lombroso como eixo axiomático em relação ao qual os pensadores portugueses da época sempre se posicionaram, assim como, a jusante, o seu posicionamento relativamente às causas sociológicas criminais, defendidas sobretudo pela escola criminal francesa, sua principal opositora.

Em Portugal, o pioneiro da criminologia foi o médico Roberto Belarmino do Rosário Frias, que em 1880 (quatro anos apenas após *L'uomo deliquente*, de Lombroso) publica *O crime. Apontamentos para a sistematização da criminalidade,* sua tese final de curso da Escola Médico-cirúrgica do Porto. Frias define o crime como uma «violação de um dever em prejuízo da sociedade ou dos indivíduos» (Frias 1880: 7), e atribui a «cada criminoso [...] a responsabilidade social do seu crime» (Frias 1880: 11). A componente sociológica de Frias fica totalmente patente quando se refere explicitamente à «ação degradante do meio sobre os seres», às estatísticas que dão conta de um alarmante aumento da criminalidade em muitos países europeus (Frias 1880: 27; 73) e à relação que considera existir entre o crime e determinadas profissões:

> Na especialização de cada uma das profissões nota-se que o total dos crimes não se distribui por igual entre todas elas, desigualdade que está subordinada [...] ao poder da dependência, dos hábitos, do contacto, etc. Pondo de parte a exposição fatigante mas persuasiva dos números podemos avançar que as profissões, que se exercem na cidade, as que

[22] Mendes Corrêa foi de resto já abordado no capítulo anterior, no que concerne à utilização de retratos judiciários na sua obra.

[23] Cujos nomes Havelock Ellis menciona como uma referência da antropologia criminal em Portugal, na sua obra *The criminal,* de 1890, como referido na nota 152.

[24] Trata-se apenas dos principais autores de um conjunto mais vasto que tratou neste período a temática criminal em Portugal. Para uma abordagem quantitativamente mais abrangente ver: Maldonado s. d. e Pina 1966.

> expõem mais ao alcoolismo (cocheiros, cordoeiros, estalajadeiros), as que
> põem em contacto os pobres com os ricos (camareiros, servidores), as que
> facilitam os meios do crime (pedreiros, ferreiros), dão uma forte contribuição
> para a criminalidade e ainda mais para a reincidência. As profissões que
> habituam à vista do sangue ou ao manejo de instrumentos homicidas
> (carniceiros, militares), ou as que obrigam à vida do isolamento social
> ou sexual (pastores, padres), provocam nos criminosos, que as exercem,
> desmedida ferocidade aliada muitas vezes a monstruosa luxúria; também
> nos crimes dos médicos, químicos e farmacêuticos se faz sentir a influência
> profissional pela maior frequência de envenenamentos (Frias 1880: 57).

No entanto, embora Frias, ao expressar estas ideias, se aproxime mais da escola francesa do que de Lombroso, a cuja obra não dá tanta importância como outros autores portugueses que lhe sucederam, o que é facto é que o subscreve noutros aspetos, nomeadamente quando se refere à «notável inferioridade de tipo na organização dos criminosos de profissão e o seu parentesco com as raças pré-históricas ou selvagens atuais» (Frias 1880: 17) ou no que diz respeito à caracterização fisionómica dos diversos tipos de criminosos, cuja célebre descrição transcrevo na íntegra:

> Os homicidas habituais têm olhar vítreo, frio, imóvel, por vezes
> sanguinolento e injectado, o nariz, muitas vezes, aquilino recurvado,
> sempre volumoso, maxilas robustas, orelhas largas, zigomas largos, cabelo
> crespo, abundante e escuro, barba quase sempre rara, dentes caninos
> muito desenvolvido[s], lábios delgados, mistagmo frequente, face agitada
> por contracções unilaterais, que põem os caninos a descoberto. Os ladrões
> têm uma notável mobilidade da face e das mãos, os olhos pequenos,
> errantes, móveis, oblíquos, sobrancelhas espessas, nariz rombo e de
> esguelha, fronte pequena e deprimida, barba escura, cabelo menos
> abundante, orelhas inseridas em ansa. Muitos fabricantes de dinheiro falso
> têm o olhar baixo, o nariz comprido e torto, a cabeça calva e, não raro,
> cãs precoces e face feminina, caracteres, que também se encontram nos
> envenenadores. Os estupradores têm quase sempre o olhar cintilante,
> a fisionomia delicada, os lábios e as pálpebras túmidas, quase sempre
> franzinas e muitos deles corcundas (Frias 1880: 20).

Pouco tempo depois, em 1886, Basílio Freire publica a sua tese de doutoramento da Faculdade de Medicina de Coimbra intitulada *Os degenerados*, em que, influenciado pelos estudos de psicopatologia do seu tempo, enquadra grande parte dos criminosos no grupo das psicopatias degenerativas. Em 1889, publica *Os criminosos*, dedicado ao referido subgrupo da primeira obra. Neste último estudo, Basílio Freire assume expressamente a influência sobretudo de Lombroso, a par de outros criminologistas do tempo. Após enaltecer «as exigências da ciência experimental contemporânea», mas confrontando-se com «um Gabinete de antropologia, que é puramente uma ilusão», Basílio Freire assume: «À falta de observações próprias socorro-me das obras dos mais notáveis pensadores da Europa e da América, mormente dos trabalhos colossais de Lombroso [...]» (Freire 1889: 16-17). Para Freire, o criminoso é, pois, um degenerado, sendo que o louco e o criminoso constituem duas formas de degenerescência muito próximas e que por vezes se sobrepõem. Além disso, segundo Freire (e continuando na esteira de Lombroso), o criminoso aproxima-se muito do selvagem e do homem pré-histórico, constituindo todos estes grupos «raças inferiores»: «Vejamos agora, d'um modo summario, os caracteres craneometricos e anthropometricos geraes das raças inferiores, e teremos ocasião de estabelecer o parallelo comparativo do selvagem, do criminoso e do homem prehistorico» (Freire 1889: 169). Adotando os conceitos e designações do *criminoso nato* e do *criminoso ocasional*, Basílio Freire ousa discordar de Lombroso apenas no que concerne ao *tipo criminal*, cuja existência não considera provada. Embora Basílio Freire não apresente na sua obra quaisquer fotografias, é, curiosamente, na sequência da observação e da análise de um conjunto de fotografias exibidas por Lombroso que emite esta discordância:

> N'um grande numero de photographias de criminosos divididas em tres lotes – assassinos, ladrões e violadores – apresentada á *Societe* d'Anthropologie de Paris, o auctor surprehende-se com a extranha affinidade physionomica dos indivíduos de cada grupo. Em todos destaca a fealdade e a hediondez do aspecto.
>
> Os assassinos, sobretudo, revelam-se pelo achatamento e pela estreiteza da fronte, pela proeminencia das arcadas supraciliares, pela energia da face, symetrica mas grosseiramente esculpturada, pela frieza do olhar, duro e violento, pela espessura dos labios, pela largura da bocca, energicamente fendida, pela altura do lábio superior, pelo prognathismo, pela implantação viciosa das orelhas, largas, rudes, afastadas do craneo.
>
> Dous eram belgas, vagabundos e recidivistas; foram photographados de perfil, e possuiam, em alto gráu, os caracteres do proto-homem de Neanderthal e de la Naulette, que viveu e evolutiu nas cercanias da sua patria.
>
> Mas a percentagem dos estygmatisados com as anomalias morphologicas será sufficiente para auctorisar a creação d'um *typo anthropologico real* da criminalidade? (Freire 1889: 189-190).

Após questionar o próprio conceito de «tipo» e de «raça» e de os considerar «ideais e fantasistas» (Freire 1889: 191), pois «não existe actualmente no globo uma só população anthropologicamente pura e homogénea» (Freire 1889:190), Basílio Freire afirma:

> Posto isto, collocando-me no campo da anthropologia pura e considerando com toda a imparcialidade os malfeitores, não posso esconder as grandes duvidas que me sugere a creação do *typo anthropologico-criminal*: e estas duvidas são tanto mais amargas quanto é certo que

O contexto fotográfico e conceptual do criminoso português em finais de oitocentos

tenho uma veneração profunda pela obra immortal do illustre professor Lombroso e da moderna eschola anthropologico-criminalista, de que elle é o mais legitimo e o mais genuino fundador (Freire 1889: 191-192).

Também em 1889 surge uma outra obra muito relevante para nós, da autoria de Júlio de Matos, intitulada *A loucura*, e já referida quando abordámos a fotografia médico-científica deste período. No cômputo geral, Júlio de Matos dá nela uma enorme preponderância ao estudo de alienados criminosos e dedica a quase totalidade de quatro (em sete) capítulos à discussão de aspetos jurídicos e legais no que concerne à responsabilidade criminal dos criminosos alienados, opondo-se ferozmente à doutrina do livre-arbítrio da escola clássica de direito penal, em confronto direto com a perspetiva da escola positiva criminalista da medicina, que subscreve. Nesta sequência, afirma explicitamente pretender aplicar ao problema criminal uma abordagem médica: «A escola positiva retoma em bases inteiramente novas o problema de reprimir e evitar o delito, procedendo para a sua solução de um modo semelhante àquele por que procede a medicina estudando os meios de prevenir e curar as doenças» (Matos 1889: 307).

Ao contrário de Basílio Freire, fundamenta a sua pesquisa na observação e na análise de casos concretos, que divide em alienados criminosos (factos acidentais) e criminosos alienados (perversão contínua) (Matos 1889: 239-246). A esta observação experimental e científica típica da escola positivista não é, naturalmente, alheia a sua utilização da fotografia, como vimos no ponto anterior, assim como o facto de a obra de Lombroso ser para ele uma referência. Efetivamente, embora demostrando (re)conhecimento por numerosos pensadores da época no que diz respeito a perspetivas criminológicas de cariz preponderantemente sociológico, psicológico ou evolucionista[25], Júlio de Matos evidencia uma admiração muito especial por Lombroso, cujos «trabalhos geniais» (Matos 1889: 305) amiúde enaltece e cujas teorias mais radicais relativas à fisionomia humana dos criminosos subscreve, incluindo as ressalvas ligeiras e ambíguas da obra lombrosiana mais tardia:

> De craneo quasi sempre asymetrico, preponderante na região posterior e pequeno em relação ao desenvolvimento da face, de fronte estreita e fugidia com saliencia das arcadas supraciliares, de orelhas volumosas, destacadas do craneo, desiguaes na fôrma e muitas vezes inseridas a alturas differentes, de cabello ordinariamente abundante, mas de barba rala e por vezes nulla, o criminoso nato é, em regra, de uma cor uniformemente pallida ou livida e, com bem raras excepções, de uma fealdade chocante. O exagero das saliencias zygomaticas, a grandeza desmesurada das orbitas, o prognatismo, o volume excessivo da mandíbula, o olhar frio e vítreo ou o duplo olhar, alternativamente suave e ameaçador, a bocca larga, de labio superior extenso, arregaçado nas comissuras por um *rictus* de ferocidade e mostrando uns caninos fortes e volumosos dão aos assassinos uma fisionomia que faz lembrar os carniceiros. Nos ladrões o

[25] Entre muitos outros, Júlio de Matos faz referências recorrentes explícitas e/ou implícitas a Herbert Spencer, Auguste Comte, Maudsley, ou Darwin (Matos 1889: 224-226; 301; 307).

Infâmia e Fama

craneo é, em regra, menos volumoso que nos homicidas e o olhar tem alguma coisa de inquieto e perscrutador. Mais do que em quaesquer outros é frequente nos violadores a physionomia cretinosa.

Não quer isto dizer que todo o criminoso nato deva necessariamcnte offerecer os signaes morphogicos e physionomicos apontados, mas que nelle taes anomalias são, quer isoladas, quer em conjunto, muito mais vulgares que no homem reputado normal ou ainda no que apenas fortuitamente e occasionalmente delinque (Matos 1889: 315-316).

Já em 1896 o alienista Miguel Bombarda, diretor do Hospital de Rilhafoles, publica uma obra também determinante para os conceitos de crime e de criminoso nesta época em Portugal, intitulada *Licções Sobre a Epilepsia e as Pseudo-epilepsias* e já aqui referida no capítulo anterior. À semelhança das obras anteriores de outros autores analisados no presente capítulo, também aqui o crime acaba por adquirir protagonismo, sendo considerado um fruto da degenerescência e seguindo sobretudo as teorias de Lombroso. Com efeito, embora reconheça explicitamente que estas foram postas em causa sobretudo pela chamada «escola francesa» e que, consequentemente, os fatores do meio sociológico (e também, de um modo secundário, do meio físico) têm um papel na «produção da criminalidade» (Bombarda 1896 b: 89-94), Bombarda insiste em dar a primazia aos fatores biológicos como causas criminógenas:

As influencias biológicas – o factor individual – são da primeira evidencia: a ellas devem ceder o passo todas as outras condições fautoras do crime.

A observação de criminosos que se tem feito aos milhares não conduz a outra conclusão. A estigmatisação do criminoso é nítida. N'elle vamos encontrar as anomalias anatómicas e as taras hereditarias que constituiram o nosso grupo dos estigmas, n'elles se descobrem as anormalidades funccionaes que demonstram funda perturbação na composição do systema nervoso, n 'elles se manifesta uma psychologia que os torna differentes dos outros homens (Bombarda 1896 b: 94-95).

E Bombarda vai ainda mais longe: «No estudo do rosto, descobrem-se múltiplos estigmas degenerativos, uns apreciáveis a um relance de olhos, outros exigindo mais funda observação e mesmo o recurso a instrumentos especiais» (Bombarda 1896 b: 179). Não especificando a que instrumentos se refere, não será de descartar a hipótese de a máquina fotográfica ser um deles, já que, como vimos, a ela recorreu com um caráter de certo modo sistemático, não fotografando ele diretamente, mas tendo ao seu serviço um ou mais fotógrafos em Rilhafoles, a quem incumbiu de fotografar os alienados, colecionando depois os retratos (o que implica um investimento na organização dos mesmos) e utilizando-os para ilustrar as diversas tipologias de patologias mentais que ia analisando. Além disso, como referido, Miguel Bombarda assumiu publicamente esta sua intervenção ativa no domínio da fotografia ao deixar-se fotografar a examinar um paciente e acrescentando em todas as legendas das fotos reproduzidas as palavras («colleção do autor» em itálico). Esta sua atenção à fotografia como instrumento de trabalho fica também bem patente quando traça um paralelo entre o seu próprio trabalho e as «fotografias compósitas ou galtonianas, que dão em resultado um retrato médio; com todos eles se parece e a nenhum é absolutamente igual. O meu esboço também é uma média» (Bombarda 1896b: 228). Não só, portanto, da sua utilização fotográfica, como também da sua escrita, fica bem patente a primazia que deu aos fatores anatómicos, fisionómicos e, portanto, à imagem visual do criminoso alienado.

Nos autores que tratámos até agora notou-se um predomínio quase completo da defesa das teorias de Lombroso. Contudo, houve também em Portugal, neste período, vozes que começaram a levantar-se em diversos graus de discordância. Os numerosos trabalhos antropológicos e antropométricos de Francisco Ferraz de Macedo levaram-no a contradizer frontalmente algumas das ideias de Lombroso, desmentindo, por exemplo, o grande volume da mandíbula dos criminosos ou a sua diminuta capacidade craniana, já que as suas medições em grande número de crânios portugueses o contradiziam. Macedo apresenta estas conclusões nos Congressos Internacionais de Antropologia Criminal de Paris, em 1889, e de Bruxelas, em 1892 (Macedo 1901: 57-81). A dimensão internacional de Ferraz de Macedo não se fica por aqui, pois, em 1892, publica uma obra em francês: *Crime et criminel. Essai synthétique d'observations anatomiques, physiologiques, pathologiques et psychiques sur les délinquants vivants et morts selon la méthode et les procédés anthropologiques les plus rigoreux*. No conceito de crime desta obra é patente o reconhecimento da existência de fatores sociológicos, a par dos «naturais» ou orgânicos, assim como a sua preocupação com a «base social» do crime.

Tal não significa, porém, que Macedo discordasse das ideias de fundo de Lombroso que atribuem características criminosas a determinados estigmas físicos. No seu estudo *Os criminosos evadidos da Cadeia Central do Limoeiro*, de 1901, Macedo chega ao extremo de identificar percentagens significativas de «desarmonias pigmentares entre olhos e cabelo» (cabelo escuro com olhos azuis ou verdes e cabelo louro com olhos escuros) nos evadidos em questão, considerando-as «um indício de um estigma comprometedor do acusado, [que] será um grande elemento de desconfiança delituosa para o juiz que tiver de julgar o réu».

A partir de observações efetuadas aos presos da Penitenciária de Lisboa, Ferraz de Macedo conclui que é das camadas sociais inferiores que provém a maior parte dos criminosos. Nos *Bosquejos de anthropologia criminal*, de 1900, após reconhecer a dificuldade em definir o «tipo normal humano» «do seu contraposto tipo anormal», expõe um método provisório que conflui na constituição de dois grupos ou frações cuja definição é a seguinte:

> N'estas duas fracções, cuja somma representa a *humanidade activa*, estão na *primeira parcella* os normaes e bons, os regulares, os correctos, os perfeitos, unificados em grupo distincto pela regularidade quasi semelhante no somatismo e dynamismo, compativeis na individualidade

Infâmia e Fama

e progressivos na sociabilidade da especie; na *segunda parcella* estão agglomerados todos os anormaes e maus, os irregulares, os incorrectos, os imperfeitos, discriminados dos primeiros, e entre si em series, por congenitura regressiva, por anomalias, por pathologia essencial ou hereditaria ou adventicia adquirida, por atavismo, por degenerescência provinda de vicios deprimentes voluntarios, finalmente, por inclinação innata só appreciavel pelos factos com aberrações e insociabilidade até ao crime (Macedo 1900: 174).

Com uma obra prolífera, eclética e com um discurso por vezes contraditório, Ferraz de Macedo chegou a colaborar estreitamente na publicação de divulgação *Galeria dos criminosos célebres. História da Criminologia Contemporânea* (da qual foi «diretor científico» do segundo ao quarto volume), obra que, como já referimos e analisaremos mais detalhadamente, apresenta retratos dos criminosos, alguns dos quais provenientes dos nossos dois álbuns. Ainda no que concerne à fotografia judiciária, refira-se que no final da vida Ferraz de Macedo foi nomeado diretor dos Serviços Antropométricos e Fotográficos do Juízo de Instrução Criminal.

Recuando um pouco até 1888, abordemos de seguida o jurista, subdiretor da Penitenciária de Lisboa e pontualmente ministro António Azevedo Castelo Branco, nos seus *Estudos penitenciários e criminais*. Demonstrando um conhecimento profundo da «escola penal positiva», Castelo Branco deu uma importância equivalente à sociologia e à antropologia, nas ciências criminais, que considerava estarem-lhe subjacentes. Preocupado sobretudo com a reincidência e os «delinquentes de profissão» (em oposição aos «delinquentes de ocasião») (Castelo Branco 1888: 129), mostra amiúde uma posição ambígua no que concerne à miséria social como causa criminológica em Portugal, ora negando-a, ora reconhecendo-a. Este posicionamento dúbio é particularmente visível na seguinte passagem:

> Ainda que a pobresa não seja um dos factores predominantes na producção da criminalidade, é todavia certo que, se as condições sociaes melhorarem, por modo que o proletariado decresça, a cifra do[s] indivíduos mais propenso[s], ou mais expostos a delinquirem, tenderá a baixar, porque da diffusão da riqueza necessariarnente hade provir mais perfeita e solida organisação da familia e uma progenie mais apta physicamente para as lides da existencia, e que poderá receber uma mais accurada educação moral e intellectual (Castelo Branco 1888:139-140).

Considerando que os «grandes centros de população urbana» e as «alfurjas das cidades, onde não penetram os raios solares da civilização» são os campos mais próprios «para o desenvolvimento da criminalidade, onde *"a ralé"* é recrutada e a corrente contínua e cada vez mais grossa da emigração rural para os centros industriais facilita o aumento destas verdadeiras *tribus de selvagens*»[26] (Castelo Branco 1888: 126), Castelo Branco dá-nos na seguinte passagem uma

[26] Itálicos nossos.

imagem particularmente ilustrativa do que pensa da criminalidade sua contemporânea, que inclui conceitos darwinianos:

> A miséria, o ocio, o alcool e a passagem pelas cadeias são os factores principaes que concorrem para a existencia dos criminosos habituaes, cuja emenda é raríssima, e que por isso formam *hordas de delinquentes* incorrigíveis, contra as quaes a nossa sociedade, por enquanto, não está armada com a devida segurança, e só tem um benéfico perservativo na lei da selecção natural, que victima os que chafurdam no *atascadeiro dos vícios* (Castelo Branco 1888: 135).

Nesta obra, Castelo Branco também refere extensivamente o papel da fotografia na identificação dos criminosos, mas sempre associada, como elemento complementar, à antropometria e ao sistema de Bertillon, cuja eficácia louva e cuja génese e antecedentes mostra conhecer (Castelo Branco 1888: 148-149). Nesse sentido, refere que já propôs a instalação de um gabinete de antropologia criminal na Penitenciária Central de Lisboa (Castelo Branco 1888: 213). Quanto às características físicas do «tipo criminal» de Lombroso, toma também uma posição ambígua, referindo que mesmo Gabriel Tarde, que Branco reconhece como um dos «mais graves e argutos críticos» do criminologista italiano, defende que «as feições denunciadoras» do criminoso deveriam ser consideradas «apenas como indícios», mas «indícios graves» (Castelo Branco 1888: 203-204).

Mais adiante, refere mesmo os benefícios que a antropologia criminal poderá trazer às práticas policiais: «O funccionario policial, guiando-se pelas observações anthropologicas, poderá adquirir por um processo experimental e scientifico aquella penetração e certeza de olhar, que alguns teem alcançado empiricamente» (Castelo Branco 1888: 210). Acrescenta:

> Para se appreciar bem a vantagem da anthropologia criminal no serviço da policia, basta citar, por exemplo, o que Lombroso diz da physionomia dos homicidas habituaes, a que atribue o olhar vítreo, frio e immovel, algumas vezes sanguíneo, maxillas volumosas, orelhas grandes, zigomas salientes, cabello abundante, pouca barba, labios delgados, etc.
>
> A anthropologia criminal ainda não auctorisa que *à priori* se repute criminoso qualquer individuo que se distinga pelos signaes anatomicos; mas quando a frequencia d'aquelles signaes nos delinquentcs attinge a percentagcm de 46 a 50%, ao passo que entre as pessoas não criminosas a percentagem é insignificante, não há razões plausiveis para negar um certo valor áquelle facto, que não é certamente uma coincidencia fortuita (Castelo Branco 1888: 210-211).

Também o advogado Bernardo Lucas (que Havelock Ellis nomeia como uma referência da criminologia em Portugal, como vimos), com menos obra teórica publicada, mas que, no Porto, dirigia a importante *Revista Jurídica*[27], defende acerrimamente a antropologia criminal e o positivismo na abordagem

[27] A *Revista Jurídica* é uma publicação quinzenal de cerca de 30 páginas, incidindo sobre um largo espectro de temáticas legais e criminais e que incluía sempre bibliografia, recensões de obras e muitas vezes artigos de criminalistas oriundos do estrangeiro. O seu n.º 11 transcreve um comentário elogioso do próprio Lombroso a esta revista. (*Revista Jurídica n.º 11: 341.*)

da legislação penal, através de uma linha editorial muito vincada e também de alguns artigos que publica. No n.º 5 da sua revista, publicada a 1 de maio de 1892, podemos ler os seguintes excertos de sua autoria, que consideramos particularmente elucidativos:

> A escola anthropologica criminal, apontando este defeito capital das legislações actuais, proclama o estudo do criminoso como base indispensável de toda a legislação repressiva. Não é o crime que se tem a combater; é o criminoso – eis a formula primordial em que a nova escola resume os seus intuitos.
>
> A boa orientação dos criminalistas d'esta escola reconhece-se a uma leve observação dos delinquentes. Entrados n'uma prisão algumas dezenas de réus da mesma espécie de crime, o indivíduo que com eles lide reconhece em pouco tempo e facilmente que uns teem mais perversidade que outros, que os há submissos e incorrigiveis... [...]
>
> Urge, pois, na confecção das leis penaes, atender à variedade de criminosos, especificada pelos criminalistas positivos. Attenda-se, pelo menos, ao essencial. Mais uma menos uma categoria de criminosos, indicada por este ou aquelle auctor, não é motivo de se deixar de operar na lei penal uma reforma de todo racional e justa (*Revista Jurídica* 1892 n.º 5: 197-198).

O corte com as teorias da antropologia criminal em Portugal dar-se-á, finalmente, nesta última década do séc. XIX, sobretudo com as figuras de Ferreira Deusdado e de Afonso Costa.

Deusdado, professor de Psicologia Aplicada à Educação no curso superior de Letras de Lisboa, critica a ênfase colocada nos fatores biológicos e patológicos da escola antropológica criminal, contrapondo fatores psicológicos e sociais como as principais causas criminógenas do nosso país. Criticando fortemente Lombroso (Deusdado 1894: 189-199), Ferreira Deusdado defende que o combate ao crime passa fundamentalmente pela melhoria das condições de vida dos trabalhadores (designadamente, através de instituições de previdência), pela difusão do ensino[28] (ponto em que muito insiste), pelo fortalecimento da família e pelo desenvolvimento do amor ao trabalho. De entre os problemas sociais que afligem as camadas populares, contribuindo para o crime, a miséria e a loucura, sublinha o papel do alcoolismo[29] como causa principal. Reconhece também que «um certo número de criminosos deriva da patologia e apresenta numerosos sinais de degenerescência» e que «certos degenerados são perigosos, e a sociedade tem de usar com eles medidas de segurança, tanto mais rigorosas, quanto a penalidade os acha incorrigíveis» (Deusdado 1894: 199).

Opondo-se ainda mais radicalmente às teorias da antropologia criminal encontra-se Afonso Costa, que desde 1891 atribui a fenómenos sociais a totalidade das causas criminais. Reivindicando-se da «escola criminal socialista», procura imputar e explicar o crime a partir da deficiente e injusta organização da sociedade capitalista, e da ambição e cobiça, características próprias

[28] Dos autores aqui abordados, Júlio de Matos e Miguel Bombarda, sobretudo, discordam frontalmente desta posição, sublinhando o que consideram como efeitos negativos da educação da população em geral. A este respeito, ver: Matos 1889: 225; Bombarda 1896: 30-31 e 93-94.

[29] O álcool é, como já vimos, indicado por vários outros autores como causa importante da criminalidade. A partir da década de 80 do século XIX, o seu consumo é criminalizado, quando considerado excessivo. Contudo, o facto de um indivíduo estar sob o efeito do álcool continua a ser considerado uma atenuante na determinação da pena de diversos crimes (Vaz 2014: 45).

do capitalismo (Costa 1895: 122-277). Não que negue fatores antropológicos e físicos como característicos da delinquência, mas considera-os resultantes do fator social: é a miséria económica que causa a miséria fisiológica e a degenerescência, não o inverso: o alcoolismo, por exemplo, não é a causa da miséria (fator antropológico favorável ao delito), mas é a miséria que causa o alcoolismo (fator social criador de estado antropológico). Assim, para Afonso Costa, o crime teria um caráter social e transitório, e seria eliminado uma vez instaurado o «socialismo integral», com o seu vasto conjunto de reformas políticas, sociais, económicas, jurídicas e intelectuais, entre outras. Ao passar-se do «regime individualista» para o «regime socialista», a supressão da criminalidade ocorreria fatalmente, com o tempo, e até o aparelho judiciário seria dispensado (Costa 1895: 147-148; 277).

A súmula de conceções aqui exposta, necessariamente mutilante de todas as ideias defendidas por estes autores em numerosas obras publicadas, apresenta-se sobretudo como reveladora de um determinado *Zeitgeist* existente numa certa intelectualidade portuguesa, que tão visível e insistentemente se preocupou em analisar e resolver o problema da criminalidade nesta época, facto cuja importância nunca será de mais enfatizar no âmbito do presente estudo. Apesar da sua diversidade, podemos considerar que esta soma de ideias apresenta denominadores comuns. Esses pontos em comum consistem sobretudo numa visão de tónica patológica (literal ou de certo modo metafórica) da delinquência, que importa controlar de modo biopolítico, embora seja apresentada sob diversas perspetivas. Estas encaram os criminosos como seres predominantemente degenerados – por motivos de cariz biológico, social e/ou psicológico –, como seres humanos inferiores[30] e desviantes do padrão da normalidade, como criaturas imorais e viciosas, oriundas das camadas sociais mais pobres e quase sempre apresentando características ou estigmas físicos negativos: *Monstrum in fronte, monstrum in animo*, como repetido por muitos. Enquanto ponto comum sobressai também uma extrema subjetividade e ambiguidade tendenciosas, na época passíveis de integrar um discurso «científico» e compatíveis com reivindicações explícitas de objetividade, levando em muitos casos a conclusões de uma radicalidade extrema. As ideias assim expressas cedo extravasaram o meio intelectual, alastrando para as publicações de divulgação «científica», para a imprensa e para o discurso público, influindo não só no modo como os criminosos eram percecionados e abordados pela autoridade, mas também em toda a opinião pública letrada e dominante. No entanto, esta influência não se constituiu como linear e unidirecional, já que os criminólogos portugueses foram, eles também, influenciados pela imprensa e pelo discurso público, num complexo processo de contaminação mútua que criou o que poderemos considerar uma imagem e uma representação alargada da delinquência na opinião pública dominante na época.

Sobre essa imagem generalizada e preponderante nas classes dominantes, fruto das ideias supra-apresentadas e, sobretudo, da imprensa e do discurso público, falaremos no capítulo seguinte, pois, como veremos, revelar-se-á determinante para a construção dos nossos retratos judiciários *ab initio*.

---

[30] Contrariamente ao que se poderia pensar, conceções muito próximas perduraram largamente na primeira metade do séc. XX, como atestam casos de uso de criminosos detidos em prisões como cobaias humanas – nomeadamente nos EUA – e sobretudo de condenados à morte em experiências médicas que em muitos casos levaram ao perecimento dos prisioneiros (Agamben 1998: 89-91).

CAPÍTULO 7
A «TURBA MEDONHA» E A TEXTUALIZAÇÃO DOS ÁLBUNS

No dia 8 de dezembro de 1884 o jornal diário lisboeta *Correio da manhã* publica uma notícia cujo teor aqui transcrevemos parcialmente, por o considerarmos particularmente típico da perspetiva burguesa da época e ilustrativo da passagem dos conceitos criminológicos referidos no capítulo anterior para o discurso da imprensa, num estilo onde abundam a simplificação, a hipérbole e a estereotipagem:

> Homicídio – Nem todos sabem o que é o beco do Cascalho, certamente; *um beco immundo e estreito como todas as viellas d'aquelle bairro, tristemente celebre,* chamado a Mouraria. E todavia é extremamente curioso fazer por ali uma digressão, *estudar aquelle meio por onde passeia, insolentemente, o crime e o vício, em toda a sua pelintrice asquerosa.* A cada passo encontra-se o café barato, de lépis, onde se banqueteiam as *mulheres de physionomias repugnantes,* arrastando o seu chinello de trancinha e as suas saias engommadas. Dão o braço a uns heroes de navalha [...]. Os cafés, os copos de aguardente, as pintadas, alimentam *aquella turba medonha.*[1]

O redator *flaneur* decide seguir a sua curiosidade e «estudar» o meio do crime lisboeta, que descreve com comentários radicalmente depreciativos, e que acaba por designar por *turba medonha.* O jornalista está longe de se encontrar isolado neste seu posicionamento: sabemo-lo pela leitura comparativa da imprensa da época, que dedica considerável espaço ao tema da criminalidade[2] e cujo tom e teor o autor citado se limita a reproduzir. Convém acrescentar, na sequência do que temos vindo a expor, que esta *turba medonha* constitui apenas mais um epíteto equivalente à *ralé,* às *hordas de delinquentes incorrigíveis* ou ao *atascadeiro dos vícios* com que o mundo da delinquência urbana tinha sido qualificado no capítulo anterior pela intelectualidade portuguesa[3], utilizando exatamente a mesma perspetiva: *monstrum in fronte, monstrum in animo.*

Para os nossos propósitos, é importante retomar e reter esta imagem de uma classe proletária parcialmente coincidente com uma «classe criminosa» (Vaz 2014: 233) – do contexto internacional anteriormente tratado (Emsley

[1] *Itálicos nossos.*

[2] Relembramos os períodos e jornais pesquisados neste estudo no que concerne a notícias sobre criminalidade, com alguns dados quantitativos: 1) Janeiro-abril de 1869, *Diário de Notícias,* com 113 notícias sobre criminalidade publicadas. No cômputo geral constata-se que, neste jornal: a) são muito raros os dias sem notícias sobre crimes; b) são comuns os dias com mais de uma notícia criminal e há vários dias que apresentam até cinco notícias sobre crimes. 2) Julho de 1872 a março de 1873, *Diário Ilustrado,* com 123 notícias criminais publicadas. 3) Dezembro de 1884 a outubro de 1885, *Correio da manhã,* com 57 notícias criminais publicadas. Embora estes dois diários apresentem uma média menor de notícias criminais diárias que o *Diário de Notícias,* ainda assim existem nos mesmos jornais dias com até cinco notícias criminais publicadas. Ver também pesquisa sobre notícias criminais no ano de 1892, no *Diário de Notícias,* em Vaz 2014: 153-154 e 157-158. Importa também referir, para melhor compreender a proporção deste espaço dedicado à criminalidade na imprensa desta época, que, de 1870 a 1890, o modelo de jornal se manteve o mesmo: "quatro páginas, duas de texto e duas de anúncios" (Ramos 1994: 50).

[3] «In other words, there is a discourse of crime that reveals the obsessions of a society» (Wiener 1990: 7).

1996: 56-84; 168-177) –, pois corresponde à perspetiva do poder instituído e das classes dominantes, em Portugal. Tal torna-se particularmente relevante porquanto foi a perspetiva dominante que presidiu à elaboração dos retratos FTM e será por isso sobretudo essa a que analisaremos na sua ação modeladora fotográfica. Do outro lado da câmara, os alvos dos nossos retratos fotográficos coercivos não têm, aparentemente, vontade nem voz. O seu olhar, desvanecido pelo tempo, não esclarece nem comunica qualquer perspetiva.[4] Ao abordarmos, pois, os primeiros retratos judiciários FTM, no que concerne ao procedimento de seleção dos alvos criminosos a fotografar, os dados que obtivermos informar-nos-ão sobre a perspetiva da autoridade que os perseguiu e deteve, e não sobre a perspetiva dos detidos.

De facto, num primeiro momento, ao analisarmos os dados registados nas fotografias dos dois «álbuns FTM», nomeadamente no que concerne às profissões dos criminosos retratados, rapidamente ficamos elucidados quanto à classe social sobre que incidem: perante os nossos olhos desfila um cortejo de «vadios» «sem profissão» e de ofícios da mais baixa condição. No primeiro álbum, que abrange o período entre 1869 e 1887, mais de 64% dos registos de profissão (43 num total de 67) são dados como «vadios» ou «sem profissão»; os restantes são, por ordem decrescente, «trabalhadores» (seis), «criados de servir» (três), «cocheiros» (dois), seguidos de um pequeno exército de indivíduos isolados com ocupações de sapateiro, pedreiro, canteiro, moço de cocheira, e muitas outras profissões proletárias. No segundo álbum, que cobre o período de 1885 a 1895, dos 61 registos de profissão existentes, 13 são dados como «sem profissão», nove são «trabalhadores», sete «criados de servir» (masculinos e femininos), três «carpinteiros», três «caixeiros», dois «cauteleiros», dois «mineiros», dois «pedreiros», dois «sapateiros», dois «serralheiros», dois «embarcadiços» ou «marítimos», e dois vendedores ambulantes, seguindo-se um rol de indivíduos isolados com profissões de classe social equivalente.

Como se verifica, este pequeno exército de proletários delinquentes fotografados corresponde bem à imagem e representação que a classe dominante de então formara sobre o criminoso, assim como às práticas repressivas e policiais da época, estreitamente ligadas às primeiras. É por demais notório que a justiça não perseguia todas as classes sociais e todos os crimes da mesma forma. Como refere sobre esta época Maria João Vaz em *O crime em Lisboa 1850-1910*:

> Na verdade, o crime respeita quase em absoluto aos grupos populares e trabalhadores e é essencialmente para reprimir e punir as suas ilegalidades, os seus modos de vida e os seus comportamentos pouco adequados que se direciona o sistema de prevenção e repressão do crime (Vaz 2014: 220).

Voltando às fotografias judiciárias dos dois «álbuns FTM» e à informação neles registada, na nossa pesquisa sobre os retratados então considerados criminosos, iremos desta feita focar-nos nos tipos de crimes por eles cometidos. Verificamos, no primeiro álbum, 18 registos por furto ou roubo, num total de 21 registos. No segundo álbum, embora os furtos e roubos continuem a

[4] É mais difícil conhecer a perspetiva que as classes mais pobres, iletradas e arredadas do poder – de cujas fileiras saía efetivamente a maior parte destes delinquentes – tinham nesta época acerca do nosso tema, pois a cultura popular está afastada da maior parte dos registos bibliográficos e arquivísticos clássicos. Apontemos apenas alguns testemunhos indiretos que nos informam da proximidade, familiaridade e algumas demonstrações que poderão ser consideradas de cariz quase afetivo por parte das camadas populares em relação por exemplo a degredados ou presos do Limoeiro (Vaz 2014: 228), em contraste com a frequente animosidade com que é recebida a atuação policial, p. ex. com o costumado estribilho «morra a Polícia» (Ramos 1994: 184).

predominar largamente – 20[5] em 35 registos – temos também três homicídios/ /assassinatos, dois crimes de fogo posto, dois de falsificação, um de arrombamento e agressão a um polícia, uma agressão a um guarda, três «entradas» em casa ou estabelecimentos e até um que «faz de polícia secreto com as criadas de servir». Torna-se assim muito visível que os crimes de furto e roubo prevalecem largamente: constituem quase 86% da totalidade dos crimes registados no primeiro álbum e um pouco mais de 57% no segundo. Neste quadro, e atendendo ao facto de os furtos registados poderem referir-se explicitamente p. ex. a galinhas ou, como lemos em grande número de notícias da imprensa, de peças de roupa ou pequenos objetos de valor, todos os indicadores apontam para que a grande maioria dos nossos retratados seja autora de pequenos delitos.

Poderíamos assim concluir, a partir dos dados disponíveis registados nos nossos dois álbuns – mas também da leitura da imprensa deste período –, que a grande maioria dos delinquentes da época, em Lisboa, é de origem proletária e cometeu pequenos delitos. Estas deduções coincidem e são confirmadas pela profunda análise de Maria João Vaz ao fenómeno do crime em Lisboa neste período (Vaz 2014: 71-271). Uma questão importante reside, no entanto, na tipologia desses pequenos delitos. Segundo as estatísticas criminais (existentes, à época, só nalguns anos), no ano de 1874 a larga maioria destes pequenos delitos consiste em «desordens», e em 1880 e no período entre 1886 e 1892, sobretudo em ofensas corporais, sendo que neste último segmento temporal a embriaguez também tem significativa expressão (Ramos 1994: 82; Vaz 2014: 146-155).

Em nenhuma das estatísticas criminais deste período o furto ou o roubo ocupam lugar de destaque na criminalidade de Lisboa, muito embora noutros países seja considerado «o paradigma criminal das sociedades industrializadas e burguesas» (Vaz 2014: 157). No entanto, a imprensa lisboeta dá uma enorme ênfase aos furtos, nomeadamente o *Diário de Notícias*, que assume «um papel de pedagogia popular» de defesa do valor da propriedade (Vaz 2014: 153-154), distorcendo a perceção geral sobre este tipo de crimes, no que é seguida pelo próprio discurso policial (Vaz 2014: 157-158), como confirmámos também pela ênfase e percentagens de tipos de crimes registados dos nossos retratos judiciários e como veremos mais adiante.

Estes dados sobre a preponderância de uma delinquência proletária autora de pequenos delitos, se comparados com outros dados, vêm confirmar e reforçar a ideia de que a justiça tinha então muito claramente dois pesos e duas medidas para as diferentes classes e tipos de crimes, e que os nossos retratos judiciários seguiam manifestamente a mesma lógica e linha de atuação. Assim, p. ex., os duelos, conflitos típicos da classe alta, apesar de serem punidos pelo artigo 381.º do Código Penal de 1852 e de 1886, eram tolerados e passavam impunes. Ramalho Ortigão chega a insurgir-se contra o facto de a justiça não intervir num duelo entre dois parlamentares, em 1870, apesar de o mesmo ser do conhecimento público (Ortigão 1891:125-128). A «cegueira» da justiça perante este tipo de crime, perpetrado por elementos das classes sociais mais elevadas, torna-se particularmente notória e contrastante quando comparada

[5] Alguns acompanhados de outro tipo de crime, como agressão ou assalto.

com o caso de um dos nossos retratados judiciários. Trata-se do retrato de Manoel Joaquim Pinho, que apresentamos de seguida, constante do segundo dos nossos dois álbuns com a data de 1888, onde está registado como tendo cometido «Agressão ao Conselheiro Manuel Pinheiro Chagas»:

10-03a-03 – Manoel Joaquim Pinho, 07.01.1888

O caso, que causou grande escândalo na época, poder-se-á resumir da seguinte forma: Manoel Joaquim Pinho, professor primário de uma escola do bairro popular de Alcântara e também jornalista do jornal *Revolução social* (ligado a movimentos comunistas, socialistas e anarquistas), «respondeu» muito criticamente a um artigo de opinião de Pinheiro Chagas sobre uma líder da Comuna de Paris, invocando a baixeza dos seus argumentos, já que Chagas, muito contundente para com os *communards* e esta figura feminina em particular, escrevera que em Portugal bastaria levantar as saias e pregar uns açoites para pôr qualquer mulher na ordem. Pinheiro Chagas, ofendido com o artigo, escreveu uma carta a Manoel Joaquim Pinho «pedindo explicações». Reagindo a esta solicitação, o nosso retratado dirigiu-se ao parlamento e aí forneceu as explicações pretendidas sob a forma de bengaladas no deputado Pinheiro Chagas. Ao contrário do que acontecia habitualmente nos duelos, nomeadamente no dos dois parlamentares referidos por Ramalho Ortigão, porém, Manoel Joaquim Pinho, que não era parlamentar, não fazia parte da alta burguesia, nem seguia os seus preceitos, foi julgado e condenado a dezoito meses de prisão e ao pagamento de uma multa. *Last but not least* foi também, como vimos, mandado fotografar pela Polícia. Este procedimento não deverá ser considerado de forma

A «turba medonha» e a textualização dos álbuns

neutra nem o facto, em si, inócuo. No quadro maioritariamente proletário do conjunto de retratos dos nossos dois álbuns, concluímos que a fotografia faz notoriamente parte da pena que lhe é infligida e mostra claramente que ele não provém da classe dominante[6].

Este foco da atenção da autoridade judiciária e policial numa criminalidade de índole sobretudo popular torna-se muito visível no exemplo seminal que se segue. Trata-se do testemunho do próprio comissário-geral da Polícia Civil de Lisboa, à altura Morais Sarmento, num ofício inédito que endereça à sua tutela, o governador civil de Lisboa, a 21 de maio de 1885. A missiva analisa a criminalidade endémica de Lisboa de uma perspetiva que se confirma muito similar à da imprensa – que de resto cita como fonte – e ilustra bem o discurso público da autoridade da época, pelo que citaremos alguns extensos excertos:

> É bem notório que de anno para anno vae crescendo n'esta capital a perpetração dos crimes de vadiagem e de ataque á propriedade, não obstante os continuos trabalhos e vigilância da policia para a prevenção e repressão desses crimes, pois que inúmeras são as prisões dos vadios e gatunos que ella realiza, ou em flagrante ora depois da culpa formada e em virtude de mandados judiciais. […] Principalmente em Londres e Paris centros da maior civilização é onde amiudadamente se estão praticando crimes horrendos cujos auttores frequentes vezes ficam impunes pela ineficácia da acção policial. A leitura diária dos jornais d'aquellas duas grandes cidades comprova o que acabo de dizer. Lisboa, guardadas as devidas proporções não podia deixar de ressentir-se do mesmo mal. […] os crimes vão augmentando, bem como a habilidade criminosa para iludir a vigilância policial. […] Os artigos 256, 257, 258, e 259 do Cod. Penal favorecem demasiadamente a vadiagem e os vadios. O vadio é preso pela policia dentro de 24 horas entregue ao poder judicial que imediatamente o põe em liberdade, visto ser o maximo da pena correspondente a prisão até seis mezes, caso em que os criminosos se livram, soltos sem prestação de fiança (Dec. 10 Dez. 1852- art.º 2.º) Ora como o vadio não tem residência, indica uma supposta quando é interrogado pelo meretissimo juiz, e quando chega o dia marcado para o julgamento, o reo não pode ser intimado porque o oficial do juízo certifica e com verdade, que o reo não é encontrado na residência indicada. Resulta portanto, a impunidade. Os ladrões e gatunos foram também altamente favorecidos pela Nov. Ref. Pen. De 14 de Junho de 1884. […] Por mais numerosa e bem organisada que seja qualquer policia, parece-me que será bem difícil ou totalmente impossível proteger a sociedade contra classe tão nociva […]. Algumas providencias severas deveriam também ser tomadas contra os chamados fadistas portadores de navalhas. O art.º253 §3 impõe-lhes a ligeira pena de multa de oito dias a um mez. Não me parece que seja pena muito para intimidar aquella classe de gente, infelizmente peculiar da peninsula ibérica (NA/TT APC- NT: 3; NP: 328; registo de correspondência expedida «Oficios saídos» 1883-1885 p. 475-478 – n.º 543 – 21 maio).

[6] Já no início do séc. XX, após a introdução do sistema de Bertillon em Portugal, sistema que, como referido, incluía a antropometria, um artigo do último número da *Revista Amarella* refere explicitamente o caráter «infamante» desses procedimentos, os quais só deverão ser aplicados fazendo distinção de classes. Depois de mencionar que o exame antropométrico é «revoltante por altamente infamante», continua: «E na verdade, há de convir se em que tal diligencia seria devéras deprimente da dignidade do individuo em certas condições sociaes [...] o que pedem e exigem esses outros, [...] é que se distingam, em vez da cathegoria dos processos, as cathegorias das classes dos indivíduos, ou seja das pessoas» (*Revista Amarella* n.º 5, janeiro 1904, p. 69).

Vemos assim que, apesar de as estatísticas criminais apontarem noutras direções, como verificámos anteriormente, e de as desordens de raiz política perturbarem constantemente a tranquilidade e a ordem públicas neste período, como constataremos já de seguida, o comissário-geral da Polícia Civil de Lisboa não tem dúvidas em nomear os «vadios e gatunos» como principal problema criminal de Lisboa. No entanto, na nossa pesquisa arquivística encontrámos dados muito concretos e específicos onde a própria Polícia, a nível interno, atribui explicitamente motivos políticos à maioria das perturbações da ordem pública. Trata-se de uma circular do mesmo comissário-geral da Polícia Civil às três divisões policiais de Lisboa inquirindo sobre as motivações da maioria dos distúrbios sociais, datada de 21 de setembro de 1882, e de um ofício do mesmo comissário para o governador civil de Lisboa que o tutela, resumindo as respostas das três divisões policiais, datado de novembro do mesmo ano (ou seja, ambos os documentos datados de menos de três anos antes do ofício que citámos anteriormente do mesmo Morais Sarmento). Nesta circular para as divisões policiais datada de 21.09.1882 lê-se:

> Para que se possa satisfazer ao que superiormente foi ordenado digne-se V. Exa informar: 1.º Se na divisão a seu cargo [...] durante o corrente anno foi alguma vez perturbada a ordem publica em forma de resistência ás autoridades, assuadas, sedições, violências a liberdade individual, ataques as instituições vigentes, etc, onde [...] número [...] de pessoas, 2.º Quaes as causas [...] e se originadas em interesses políticos ou de outra ordem. 3.º Quaes os intuitos manifestados pelos desordeiros e ate que ponto chegaram a manifestações de factos ou de palavras. (Não devo occultar a V.Exa que chegaram ao governo noticias vagas de que a propriedade particular esteve por vezes em perigo de não ser respeitada). 4.º Finalmente qual o procedimento da autoridade policial durante e após as occorrencias e bem assim qual o resultado, se já foi conhecido dos respectivos processos judiciaes (NA/TT, Arquivo Polícia Civil, NT: 2; NP:327; registo de correspondência expedida «Oficios saídos»; 1882-1883 p. 164-165- n.º 1341).

O ofício para o governador civil de Lisboa que transmite as respostas das três divisões policiais de Lisboa à espécie de inquérito suprarreferido comunica que todas são unânimes em atribuir motivos políticos aos distúrbios de maior envergadura, a maior parte deles comícios republicanos e contra as instituições vigentes: a 1.ª Divisão aponta o 28 de maio promovido por estudantes no palácio de Conde de S. Miguel com cerca de 2000 pessoas, e 30 (?) de junho, com uma assuada na cadeia do Limoeiro pelos presos à Polícia, aquando da saída de alguns presos políticos; a 2.ª Divisão aponta sobretudo os festejos do centenário do Marquês de Pombal na noite de 9 para 10 de maio – com cerca de mil indivíduos e 32 presos; a 3.ª Divisão destaca como ocorrência de maior vulto uma assuada e desobediência dos estudantes da Escola Politécnica, com cerca de 200 pessoas e outras ocorrências menores com injúrias ao rei. Refere também duas greves: a primeira, de 140 operários de uma fábrica de tabacos, e a segunda, dos carroceiros. Tais greves, porém, são consideradas neste ofício como tendo motivações diferentes dos restantes distúrbios, motivações com «interesses pecuniários e apenas com intuito de compellir os empresários industriais a aumentarem-lhes os salários». Por último, menciona comícios com mais de mil pessoas, não presididos pelas autoridades, com ataques às instituições vigentes, alguns gritos, etc. A abordagem destes comícios é ambígua: por um lado, refere «sem haver alteração do socego»; por outro, alude à ocorrência de prisões. Sobre a atuação da Polícia lê-se: «O procedimento policial durante e após as ocorrências descriptas foi em geral primeiro a persuasão em termos urbanos, depois a repressão enérgica, e finalmente o levantamento dos autos que acompanharam os presos ao poder judicial» (NA/TT, Arquivo Polícia Civil, NT: 2; NP:327; registo de correspondência expedida «Oficios saídos»; 1882-1883, 227-231 – n.º 1592).[7]

Apesar de reconhecer estes factos, porém, como vimos anteriormente, o comissário-geral da Polícia Civil, ao pretender analisar a ordem e segurança públicas da capital neste período, opta por sublinhar o problema dos «vadios e gatunos». Tal visão insistente e coincidente do discurso oficial e da imprensa – esta última cada vez mais poderosa na formação da opinião pública dominante – já tinha sido sublinhada por Vaz na sua análise da criminalidade lisboeta deste período (Vaz 2014: 157), sendo que os dados dos retratos FTM, como verificámos, a corroboram. Na verdade, esta visão revela-nos a perigosidade atribuída ao pequeno delito por parte da sociedade burguesa lisboeta, que frequentemente o não distingue do grande crime – a não ser por razões circunstanciais – e que por isso considera o conjunto dos seus potenciais autores uma verdadeira ameaça social (Vaz 2014: 234-236). Esta ideia de uma classe nociva, de baixa condição, dependente apenas da oportunidade para cometer o crime (Vaz 2014: 209) e, portanto, altamente ameaçadora (como vimos anteriormente, quando focámos a abordagem de Foucault) é repetida vezes sem conta pela imprensa e pelo discurso oficial, contaminando e refletindo a opinião pública dominante[8]. Como diz o comissário-geral da Polícia, «é bem notório que de anno para anno vae crescendo n'esta capital a perpetração dos crimes de vadiagem e de ataque á propriedade [...]. A leitura diária dos jornais [...] comprova o que acabo de dizer». Acrescenta, ainda, que, a não ser que a legislação seja alterada, «por mais numerosa e bem organisada que seja qualquer policia, parece-me que será bem difícil ou totalmente impossível proteger a sociedade contra classe tão nociva». Esta «classe tão nociva», onde abundam, além dos «vadios e gatunos», «os chamados fadistas[9] portadores de navalhas», corresponde, não temos dúvidas, à «turba medonha» anteriormente mencionada, que a burguesia observa de preferência de longe e que se apresenta como um todo ameaçador indiferenciado. Na imprensa, com exceção dos «criminosos célebres» que abordaremos no capítulo 9, grande parte das notícias não nomeia os criminosos, para já não referir que lhes não dá um rosto, pois nesta época, como sabemos, as ilustrações são raras nos

[7] Sobre a enorme instabilidade política e agitação social nos últimos anos da monarquia na capital, mais especificamente sobre os constantes distúrbios, desordens e tumultos intervencionados pela Polícia e frequentemente terminados com cargas de cavalaria da Guarda Municipal e inúmeras prisões, ver Ramos 1994: 183-184.

[8] Segundo o sexto volume da *História de Portugal* dirigida por Mattoso, esta visão agravou-se ainda mais na viragem do século. «Tudo isto foi piorando ao longo dos anos. A pobreza tendeu cada vez mais a ser identificada com a delinquência. No princípio do século, as classes médias passaram a ver nos bairros pobres de Lisboa sinistros bairros de "rufias", donde os jornais extraíam as mais esquálidas histórias de brigas e homicídios» (Ramos 1994: 90).

[9] De um modo geral na época, o termo «fadista» é empregue como sinónimo de rufia ou meliante. Como referido no sexto volume da *História de Portugal* dirigida por Mattoso: «Em Lisboa, no princípio do século, bairros "populares" como Alfama, a Mouraria ou o Bairro Alto, tinham-se convertido em zonas de "rufias". Os "rufias" ou também "fadistas" era o nome dado aos operários que por lá ficavam à noite, pelas tabernas, a beber vinho e a jogar à navalha em amena intimidade, quase sempre terminada na morgue ou nalguma esquadra» (Ramos 1994: 242). Sobre a mesma e figura do «fadista» ver Pais, 1983.

jornais.[10] Nos processos, os dados identificativos sobre os indivíduos são muito escassos, contrastando com a abundância de detalhes da descrição do delito em si, indiciando que os criminosos são encarados mais como elementos de um bloco problemático do que como indivíduos:

> Da forma como é abordada a identidade dos implicados em delitos e crimes na vasta maioria dos processos-crime, face à descrição geralmente muito pormenorizada do acto ilegal praticado, fica a perceção de que os detidos são considerados essencialmente como uma massa anónima, em que na generalidade, os percursos de vida e a caracterização social em pouco importam para julgar o caso. Esta situação, além de não causar surpresa, é desde logo justificada pela arreigada convicção social de que o perigo de insegurança e desordem, o crime, provinha de um determinado sector da cidade – os elementos dos estratos mais baixos, as camadas trabalhadoras e populares de Lisboa (Vaz 2014:171).

Esta é a perceção generalizada que pontifica na opinião pública dominante sobre os delinquentes em Lisboa, que julgamos ficar assim comprovada e que, no final deste ponto tal como no seu início, escolhemos aglutinar na expressão «turba medonha». Também os nossos dois álbuns, com as suas centenas de retratos, muitos sem dados, maioritariamente de gente de cabelo e roupa desalinhados, nos devolvem esta mesma imagem de uma massa anónima, popular e pouco glamorosa, como veremos com maior detalhe adiante.

De facto, com o advento e o desenvolvimento da fotografia, os retratos judiciários são naturalmente vistos como uma ferramenta moderna e útil para responder à necessidade de controlo destas massas potencialmente criminosas e dos seus «rostos escondidos na multidão» (Belting 2014b: 236):

> As autoridades … quiseram proteger-se da ameaça criminal sem rosto sobre a qual não tinham domínio nas grandes cidades e desenvolveram afanosamente métodos de controlo de rostos. [...] À fotografia cabia a tarefa de assegurar, de modo confiável, a inventariação ótica dos rostos. Uma tal vigilância (*surveillance*) tinha como fim o registo de todos aqueles rostos anónimos que tão facilmente mergulhavam na massa da multidão. Pretendia também impedir os criminosos de se subtrair ao olhar da Polícia através de alterações de aparência. Este arquivo de imagens fornecia – assim se esperava – um acesso seguro aos transgressores legais e à sua identidade criminosa: não foi criado para adquirir novos conhecimentos sobre a individualidade. Pelo contrário, este procedimento estatístico direcionava-se unicamente para aquelas características que tornavam os corpos disponíveis para fins públicos administrativos e burocráticos[11] (Belting 2014b: 234).

Não se tratava, assim, mais uma vez, de interesse pelo indivíduo criminoso em si, mas de interesse pela massa proletária de onde provinha. Segundo Belting,

[10] Nesta época os jornais portugueses contêm no geral pouquíssimas ilustrações, normalmente gravuras. Os processos mecânicos fotográficos eram neste período em Portugal ainda muito dispendiosos e raros. Apesar de a revista *O Ocidente* utilizar diretamente imagens fotográficas desde 1883, no geral a fotografia na imprensa só surge em força no nosso país no início do séc. XX (Pinheiro 2006: 13; 81). A nível mundial, a imagem reticulada designada por 'meio tom', que foi o primeiro processo mecânico fotográfico direto, verdadeiramente económico e passível de reprodução ilimitada, surgiu pela primeira vez em 1880 no *New York Daily Graphic*, sendo usado já com regularidade pelo *New York Tribune* em 1897 (Tagg 1988: 56). Sobre o desenvolvimento exponencial de produção de imagens nos *media* a partir dessa época ver Marien 2002: 40 e Tagg 1988: 55-56.

[11] Tradução nossa, tal como em todas as outras citações de Belting 2014b. Eis o texto original: «Die Behörden … wollten sich schützen vor der gesichtslosen Bedrohung durch Kriminelle, über welche sie in der Grosstadt die Herschaft verloren, und entwickelten deshalb fieberhaft geeignete Methoden der Gesichtskontrolle. [...] Der Fotografie fiel die Aufgabe zu, die Inventarisierung der Gesichter optisch zuverlässig zu sichern. Eine solche Überwachung (*surveillance*) zielte auf die Registrierung all der anonymen Gesichter, die so leicht in der Masse untertauchen. Sie sollte auch die Kriminellen daran hindern, sich durch Veränderung ihres Aussehens dem Blick der Polizei zu entziehen. Das Bildarchiv bot, so hoffte man, einen sicheren Zugriff auf Straftäter und ihre kriminelle Identität. Es wurde nicht dazu geschaffen, neue Kentnisse über Individualität zu erwerben. Im Gegenteil war das statistische Verfahren allein auf solche Merkmale gerichtet, welche einen Körper fur behördliche Zwecke verfügbar machten.»

A «turba medonha» e a textualização dos álbuns

esta «massa» ou «multidão» surgiu pela primeira vez pela mão de Louis-Sébastien Mércier[12], cronista dos anos da Revolução Francesa, que curiosamente emitira uma expressão semelhante à que temos vindo a focar quando expressou o desejo de estar junto do fisionomista Lavater para poder perscrutar os corações que os rostos daquela «turba medonha» («*ungeheuren Masse – foule*») escondiam. Acabaria, porém, por resignar-se a que «a fisionomia [...] se revelava não no indivíduo, mas na classe a que esse indivíduo pertencia» (Belting 2014: 234).

Desta «turba medonha» acabarão por emergir, porém, alguns casos excecionais, que por via da divulgação das suas ações criminosas nos *media* acabarão por alcançar a celebridade. Esses casos ganharão não só uma individualidade, uma identidade e uma narrativa próprias – como também um rosto, através da difusão dos seus retratos fotográficos judiciários. Dessas celebridades criminosas trataremos no final do nosso trabalho.

[12] Louis Sébastien Mercier (1788), *Tableau de Paris*, Vol. IV: 102.

CAPÍTULO 8

A (DES)CONSTRUÇÃO DOS PRIMEIROS RETRATOS FOTOGRÁFICOS JUDICIÁRIOS PORTUGUESES OU A(S) IMAGEM(NS) DA «CLASSE CRIMINOSA»

Antes de mais, teremos de especificar porque falamos da «(des)construção» da fotografia, e o que entendemos como tal.

Existem diversas teorias da relação da fotografia com a realidade, que nos apresentam posicionamentos extremos e radicalmente opostos: desde a posição que defende que aquela reproduz fielmente a realidade e possui traços comuns com o objeto fotografado (que nasce da teoria cartesiana dualista da perceção utilizando a analogia do olho como câmara escura), aos autores dos anos 60 do séc. xx, que tomam a posição diametralmente oposta, defendendo que a fotografia constitui uma convenção linguística e arbitrária não comum a todos os povos (Wright 1994: 18-31). Posições intermédias são tomadas por vários autores importantes como Barthes, Sontag, Belting e Rancière. Assim, hoje, «as novas teorias da perceção» – com as quais nos identificamos – «apontam para a fotografia como um sistema especial de representação que emprega tanto convenções como "correspondências" com o evento registado» (Wright 1994: 29):

> For Western Culture in general, theories of visual perception have guided our assumptions of how we might understand the world, but they have also had a strong influence on how it should be represented and consequently have predicted how we should view those representations. For anthropology in particular, these theories are reflected in our appropriation and subsequent viewing of the images of 'others' (Wright 1994: 31).

Seguindo esta linha, nos capítulos anteriores tomámos conhecimento de quem era o «Outro social» fotografado nos nossos primeiros retratos de criminosos portugueses de finais de séc. xix, à luz do contexto científico (em que a antropologia criminal tem um papel fundamental), social e ideológico da época. Ficámos a conhecer, sobretudo, a conceção e a «imagem interna» (Belting 2014a: 21-22) que deles tinha a classe dominante, a autoridade e, consequentemente, a entidade policial que mandatou a sua fotografia.

Neste capítulo vamos abordar a «imagem externa» destes mesmos criminosos que o «meio» fotográfico nos facultou, confrontando-a com a «imagem interna» burguesa que já conhecemos[1]. Num primeiro momento, focaremos, com intuitos comparativos, a história da «convenção» ou do modelo fotográfico do retrato burguês que se impôs como largamente predominante na época[2]; num segundo momento, iremos examinar os primeiros retratos de criminosos portugueses em si e abordar a relação/tensão, nestas «imagens exteriores», entre as «correspondências» com o «real» e as «convenções» que os formataram – ou seja, entre outras, o próprio retrato burguês e a suprarreferida «imagem interna» das classes dominantes sobre «a classe criminosa».

Assim, num primeiro momento, ao abordar a construção dos primeiros retratos fotográficos de criminosos – imbuídos, como vimos, de uma lógica biopolítica de poder e controlo social que se focava no retrato de «tipos» humanos desviantes da norma –, o primeiro aspeto a ter em conta será que estes constituíam uma pequena minoria num universo fotográfico onde predominava largamente o retrato[3] de modelo burguês, herdeiro do designado «retrato de aparato» (Barrocas 2014: 258-259), que, como já referimos e analisaremos mais detalhadamente adiante, apresenta, por norma, os retratados em poses e cenários dignificantes, e com o qual será útil e necessário estabelecer uma análise comparativa[4].

Com efeito, nos primeiros anos da fotografia, aparte as experiências fotográficas científicas e policiais referidas que constituíam praticamente uma exceção, «tirar o retrato» surgia como uma experiência dispendiosa apenas acessível às classes mais abastadas. Para estas, embora o retrato fotográfico fosse menos oneroso do que o pintado, tinha o *cachet* adicional de ser um sinal de modernidade: não só conferia *status*, como enfatizava esse *status* inserido numa ordem radicalmente nova, de um mundo moderno, urbano e capitalista (Hamilton e Hargreaves 2001: 32). Apesar desta modernidade, os primeiros estúdios fotográficos recriaram, como já referido, cenários aparatosos que ecoavam a tradição retratista da pintura de eras passadas, com elementos decorativos de grande requinte e poses dos retratados que transmitiam uma ideia de dignidade, importância social e prosperidade. Era frequente esses retratos ostentarem no seu cenário ricos jardins ou reposteiros, colunas, balaustradas, elegantes poltronas e secretárias, assim como livros[5] ou outros objetos que aludiam, em princípio, à erudição do retratado. Os trajes eram sempre aprimorados e as poses procuravam invariavelmente transmitir uma ideia de grande respeitabilidade; aliás, no início do daguerreótipo, o queixo e olhar habitualmente erguidos eram consequência não só, de modo literal, dos suportes metálicos que mantinham as cabeças elevadas e imóveis durante o

[1] Sobre estas questões citemos Belting: «O duplo sentido de imagens internas e externas não se há de separar pois do conceito de imagem [...]. Uma "imagem" é mais do que um produto da perceção. Surge como o resultado de uma simbolização pessoal ou coletiva. Tudo o que comparece ao olhar ou perante o olho interior pode deste modo aclarar-se através da imagem ou transformar-se numa imagem. [...] Vivemos com imagens, compreendemos o mundo através de imagens. Esta referência viva à imagem prolonga-se e persiste, por assim dizer, na produção imaginal física, que organizamos no espaço social; semelhante produção relaciona-se com as imagens mentais, à maneira de pergunta e resposta, para utilizarmos uma fórmula habitual» (Belting 2014a: 21-22). «As imagens interiores e exteriores continuam a ser incluídas no conceito de "imagem"» (Belting 2014a: 40-41). Também Rancière nos chama a atenção para o facto de que a imagem não é um privilégio do visível (Rancière 2003: 15).

[2] «Cada meio tem uma expressão temporal muito própria que deixa bem gravada a sua marca. A questão dos meios é, portanto, desde o início, uma questão da história dos meios» (Belting 2014a :40).

[3] Estima-se que, desde o advento do daguerreótipo, em 1839, até ao seu progressivo desaparecimento, no final dos anos 50 do séc. XIX, 90% da sua produção consistiu em retratos (Tagg 1988 :43; Hamilton e Hargreaves 2001: 29). Em Portugal também o retrato constituía a atividade dominante de todos os ateliês fotográficos (Pinheiro 2006: 115).

[4] Sobre retratos do «Outro» nesta época – não apenas fotográficos, mas no geral – Shearer West comenta: «This perception of otherness is also significant in understanding why portraits of criminals, insane people, and individuals from other nations could be less constrained by conventions than those of leaders, intellectuals, or stars. [...] Because such individuals were considered outsiders, conventions of portraying their faces could also be readily abandoned. But what could produce a startling and fascinating work of art could also be a manifestation of

the prejudices or perceived superiority of higher ranks of society. [...] The traces of status in the poses, gestures, and accoutrements of portraiture enabled viewers to respond in a way that tested their own perceived superiority over, inferiority to, or affinity with the subjects of the portraits» (West 2004: 102-103.).

[5] No Reino Unido as fotografias com livros ou bibliotecas eram bastante comuns, ao contrário de Portugal, onde a presença do livro é mais frequente no retrato feminino, mas sob a forma de Bíblia ou missal, remetendo para a importância atribuída à religiosidade como virtude da mulher portuguesa (Pinheiro 2006: 51).

longo tempo de exposição, mas também das convicções morais e políticas de uma afirmação de classe e de poder.

Com o tempo e a evolução da tecnologia (sobretudo o surgimento do colódio seco na década de 80 do séc. XIX e do formato *carte de visite,* patenteado por Disdéri, em 1854, como vimos), os retratos fotográficos tornaram-se acessíveis também à pequena burguesia – com a particularidade de os modelos fotográficos se manterem praticamente os mesmos, de um modo geral, com as suas poses e decorações pomposas, denotativas de um elevado estatuto social.

Nesta época, a ida ao fotógrafo, em Portugal – com ateliês fotográficos que iam desde os que ostentavam decorações verdadeiramente luxuosas aos populares, em que os acessórios eram imitações baratas em *papier mâché* (Pinheiro 2006: 19; 53) –, constituía uma ocasião especial, para a qual os membros da alta, média e pequena burguesia se ajanotavam de modo particular, questão que chegou a ser objeto da pena caricatural de Rafael Bordalo Pinheiro em 1886.[6]

De facto, a moda e a mencionada acessibilidade da *carte de visite* cresceu na Europa e nos EUA sobretudo a partir de 1859, atingindo o seu apogeu no início dos anos 60 do séc. XIX. Como referido, o baixo preço da *carte* permitia à pequena burguesia obter os seus retratos em pequeno formato da mesma forma que imperadores ou rainhas[7], criando-se um «primado do "parecer" social pela imagem» (Tavares 2010: 72).

Em Portugal, contudo, esta evolução parece ter ocorrido cerca de dez anos mais tarde. Com efeito, entre outras fontes, recolhemos indicadores de duas figuras ilustres da época que apontam para que, até à década de 60 do século XIX, os preços dos retratos fotográficos fossem ainda bastante altos. Segundo António Sena, Passos Manuel queixa-se em carta à sua mulher por ter pago 28 000 réis por um retrato daguerreotipado em 1855 (Sena 1998: 37). Por outro lado, Hans Christian Anderson, que visitou Portugal já em 1866 (tendo publicado as suas *Viagens em Portugal* nesse ano e no seguinte na imprensa dinamarquesa), comenta que achou os fotógrafos portugueses muito caros, tendo pedido retratos seus para casa quando os quis oferecer e optado por desenhar para um familiar o que mais o tinha encantado na visita (Serén 2010: 83). De facto, segundo Sena, nos anos 60 do século XIX, os retratos eram ainda bastante dispendiosos em Portugal, «restringindo-se [...] a famílias nobres ou comerciantes prósperos ou, por vezes, a experiências científicas» (Sena 1998: 37), tornando-se mais acessíveis apenas nos anos 70[8] (Sena 1998: 61-63; Pinheiro 2006: 19; 161), o que coincidiu, portanto, praticamente com o início dos nossos retratos judiciários.

Em qualquer dos casos, porém, verificamos que, como já referido, apesar de a fotografia, de um modo geral, se ter democratizado e vulgarizado, não abrangia nesta época, tanto em Portugal como no resto do mundo, a não ser em casos muito específicos, as classes proletárias mais baixas, que só muito gradualmente passarão a ser alvo das objetivas fotográficas (Marien 2002: 146; 206-210; Barrocas 2014: 262). De facto, quando encontramos retratos fotográficos de classes populares deste período, são normalmente destituídos de individualidade, nome e identidade, sendo os retratados apresentados como

---

[6] Em «Casos, Typos e Costumes – O Retrato», *Pontos nos iis*, 2.º anno, 25 de março de 1886: 430-431, a par de uma interessantíssima sequência de caricaturas de Rafael Bordallo Pinheiro, pode ler-se uma série de quadras satíricas que lhe servem de legenda, das quais transcrevemos as quatro primeiras: «Comendador Honorato/ Vestiu a casaca um dia/P'ra tirar o seu retrato/Em bela fotografia. // Um brilhante no pescoço,/Medalha de camafeu,/O grilhão d'oiro mais grosso/ E o anel de ver a Deus.// A tal riqueza estupenda/Ajuntou inda bizarro/Sobre o peito uma comenda/Maior que a roda dum carro!// Ao vê-lo, há quem imagine,/Por tão subidos valores,/estar em frente da vitrine/Duma casa de penhores!» (Tavares 2015: 98).

[7] Napoleão III em França, a rainha Vitória no Reino Unido (ou o presidente Lincoln), que viram os seus retratos vendidos aos milhares, são exemplos de utilização do retrato fotográfico como um novo meio de propaganda e aproximação às massas, evitando os trajes de cerimónia e optando por roupas burguesas ou cenas relativamente informais, logrando assim reforçar o seu poder através de uma aparente modéstia e proximidade (Lemagny e Rouillé 1987: 50; Hamilton e Hargreaves 2001: 45). Também a família real portuguesa pretendeu utilizar a fotografia para tentar combater a sua crescente impopularidade, mas a demonstração de pompa da imagem que fez circular terá, ao contrário, contribuído para o seu fim. Compreendeu demasiado tarde a importância de uma imagem mais próxima (Ramos 1994: 101; Pinheiro 2006: 139-147).

[8] Maria do Carmo Serén também fornece dados sobre esta diminuição de preços em *Tripé da imagem: O Porto e os seus fotógrafos* (Siza e Serén 2001: 42). Sena acrescenta um aspeto para nós importante: «Tendo como consequência que só nessa década as pessoas iniciam o hábito, no nosso país, de fazer álbuns de contemporâneos ilustres» (Sena 1998: 61-63).

membros de uma determinada classe taxonómica, por exemplo, «tipos» regionais, profissionais ou de «raças» europeias (Poignant 1994: 55-61; Hamilton e Hargrieves 2001: 92), no âmbito de um interesse pela representação do «Outro» (Edwards 1994: 5) que nos remete para os retratos etnográficos coloniais, de doentes (sobretudo psiquiátricos) ou de criminosos que já focámos, sendo a fotografia «social» rara e praticamente circunscrita ao mundo anglo-saxónico.[9] Em Portugal, nesta época e neste domínio do «Outro social», já referimos o primeiro caso conhecido de experiência de cariz etnográfico dos Açores, de 1884[10] (Sena 1998: 100), assim como o álbum fotográfico inédito de cocheiros de Lisboa, de 1896. Deste período de final do séc. xix e no mesmo âmbito (ainda pouco estudado entre nós), sobreviveram também até hoje alguns retratos de camponeses e outros membros de baixa classe social, nomeadamente de Carlos Relvas e de Jorge Almeida Lima, neste último caso na sua maioria já datados do início do séc. xx (Mesquita 1997; Barrocas 2014; Tavares 2015). Sobreviveram também alguns raros retratos individuais de mendigos que nos interessam muitíssimo, nomeadamente de Carlos Relvas, Margarida Relvas e possivelmente da rainha D. Maria Pia, assim como de Jorge Almeida Lima (Mesquita 1997: 38; 116-127; Barrocas 2014: 422-423; Tavares 2015: 88; 95; 175)[11]. E, principalmente, sobreviveram numerosas fotografias de «tipos populares» pitorescos, sobretudo femininos e rurais, nomeadamente de «minhotas», retratos aparentemente muito apreciados neste período[12] (Pinheiro 2006: 164; Barrocas 2014: 42-43; 353). Outros «tipos» femininos preferidos pelos fotógrafos desta época incluíam as varinas e, sobretudo, as lavadeiras[13], alargando-se no séc. xx para mais tipologias[14] (Pinheiro 2006: 164-165) e abrangendo também um número substancial de retrato rural masculino[15] (Barrocas 2014: 262-265; 381-384). No entanto, e com exceção de poucos dos suprarreferidos mendigos (ou outros membros das camadas sociais mais baixas), retratados por Carlos Relvas, possivelmente por

[9] A fotografia da pobreza, sobretudo urbana e associada ao capitalismo (incluindo o retrato), foi relativamente rara antes do séc. xx. Mary Marien enumera algumas importantes exceções de finais do séc. xix, sobretudo no Reino Unido e nos EUA (Marien 2002: 147-149; 206-210), onde já são visíveis e por vezes assumidos objetivos de cariz social e onde a precariedade das condições de vida é por vezes associada à criminalidade, como no caso da publicação em 1890 de *How the other half lives*, do fotógrafo de origem dinamarquesa Jacob Riis (1849-1914), jornalista em Nova Iorque, obra que incluía a reprodução de 15 imagens fotográficas e 43 desenhos baseados em fotografias (Marien 2002: 206). Também JohnTagg e Hamilton e Hargrieves se referem a este tipo de fotografias sobre a pobreza urbana neste período (Tagg 1988; Hamilton e Hargrieves 2001: 93).

[10] Em 1884, o biólogo Francisco de Arruda Furtado publica o livro *Materiaes para o estudo anthropológico dos povos açorianos,* que António Sena considera a primeira aplicação da fotografia à ilustração antropológica em Portugal (Sena 1998: 100).

[11] Trata-se de referir aqui os casos mais conhecidos, no atual estado de conhecimento da fotografia portuguesa de finais do séc. xix. De assinalar que na revista *Branco e Negro* (1896-1898) surgem também retratos fotográficos de elementos que se poderão considerar relativamente humildes, oriundos de uma pequena burguesia muito próxima do proletariado – um empregado de uma fábrica de tijolo (n.º 14, 05-07-1896), dois tipógrafos (n.º 43, 24-01-1897 e n.º 54, 04-04-1897), um bombeiro (n.º 86, 21-11-1897). Porém, trata-se de casos especiais e excecionais que são fotografados e apresentados nesta publicação porque são «resgatados da massa anónima pelo critério da competência, da tenacidade, da coragem ou da abnegação» (Correia 2012: 8).

[12] Seguindo esta tendência, Relvas também pendeu mais para as minhotas do que para as ribatejanas, recorrendo muito provavelmente às suas empregadas domésticas, assim como a membros da família, como modelos para os seus retratos fotográficos (Pinheiro 2006: 164; Barrocas 2014: 42-43; 353).

[13] Barrocas considera o tema fotográfico das «lavadeiras» em Portugal como obsessivo, no início do séc. xx, dando inúmeros exemplos (Barrocas 2014: 381-382; 428-429; 478).

[14] Encontramos sobretudo no princípio do séc. xx um elevado número de retratos de'mulheres jovens do povo rural, normalmente classificadas por «tipos populares» que remete para «um imaginário erótico ruralista». O concurso da *Illustração Portuguesa* (surgida em 1903) para encontrar a «Aldeia das Mais Belas Mulheres de Portugal» vai nesse sentido, assim como a célebre tirada da personagem Gorjão, de Eça de Queiroz, na *Tragédia da Rua das Flores*, sobre a sua mulher: «Lisboa não pode produzir destes corpos: o tipo está viciado. É de ao pé de Ovar, do campo – em que entra a raça árabe

e a raça céltica – É um belo pedaço de animal.» Como se vê mais uma vez, as «tipologias humanas» e as «raças» são, nesta época, conceitos seminais e determinantes na fotografia do «Outro», desta feita no retrato feminino.

[15] Será importante referir, neste ponto, a presença do pictoralismo ligado a «quadros rurais» na fotografia portuguesa do séc. xix, onde, segundo um texto da responsabilidade do Centro Português de Fotografia, «se dignifica a paisagem e os camponeses, nomeadamente jovens, muitas das vezes figurantes escolhidos ou levados pelos fotógrafos» (*Jornal da exposição A Preto e Branco. Fotografia portuguesa até aos anos setenta* 2004). Sobre outros fotógrafos e publicações que desenvolvem o tema a partir do início do séc. xx ver Barrocas 2014.

A (des)construção dos primeiros retratos fotográficos judiciários portugueses

[16] Almeida Lima apresenta, nos retratos em questão, um «gérmen de uma "fotografia social"» que se concretizará mais tarde no séc. XX, p. ex. nos retratos de pescadores de Álvaro Laborinho e de camponesas, de Marques de Abreu (Barrocas 2014: 477). No catálogo da exposição que lhe foi dedicada no MNAC em 1997 pode ler-se: «Quanto aos pedintes e tipos populares, é natural que tenha sido influenciado por espécies fotográficas do mesmo género expostas por Carlos Relvas. Porém, Almeida Lima demonstra um rigor quase etnográfico, bem coerente com alguém que se tornou membro da *Sociedade Portugueza de Archeologia*, em 1917. Não pode deixar de ter conhecido e sido influenciado por Leite de Vasconcelos» (Mesquita 1997: 38).

[17] Com efeito, mesmo o mendigo retratado por Margarida Relvas entre 1876 e 1878 foi fotografado num enquadramento claramente encenado (Tavares 2015: 88).

[18] Sobre a itinerância de certos fotógrafos no nosso país, assim como fotógrafos ambulantes e «fotógrafos de feiras», ver Pinheiro 2006: 23-25. Sobre a itinerância dos primeiros fotógrafos no resto da Europa, ver Lemagny e Rouillé, 1987: 25.

[19] *A arte photographica*, 1884: 69-71.

[20] No ano de 1910 o fotógrafo alemão August Sander iniciou o ambicioso projeto de fotografar a ordem social existente na Alemanha através de retratos, dividindo-a e classificando-a em sete categorias ou «tipologias» – conceito que denota critérios taxonómicos da cultura visual do séc. XIX, como temos visto –, a saber: lavradores; lojistas especializados; mulheres; classes e profissões; artistas; a cidade; e, por fim «os últimos seres humanos» («die letzen Menschen»), categoria que incluía pessoas sem casa, pedintes, incapacitados, etc. Em 1929 publicou finalmente 60 desses retratos em *Anlitz der Zeit*, traduzido em inglês para *Faces of our time*, com prefácio de Alfred Döblin, obra que hoje é vista como um marco na história da fotografia. Planeando continuar o projeto, Sanders não logrou publicar outras obras, sobretudo devido ao advento do regime nazi.

[21] A vaga nacionalista da viragem do século XX que se seguiu ao Ultimato de 1890 terá sido uma das principais causas deste tipo de retratos, embora a fotografia de monumentos históricos portugueses fosse escolhida com mais

D. Maria Pia e por Jorge Almeida Lima[16], estes tipos populares eram fotografados com os mesmos critérios estéticos e técnicos dos retratos burgueses[17].

Importa aqui também adicionar um dado relevante neste domínio, que consiste na existência, já na época (embora com maior expressão a partir de 1900), de fotógrafos ambulantes populares[18], que em 1884 surgem ridicularizados e descritos como bêbados, ignorantes e porcos[19]. Os retratos populares destes fotógrafos ambulantes, porém, seguem normalmente o mesmo modelo do retrato burguês: os retratados surgem nos seus fatos domingueiros frente a cenários artificialmente compostos (Pinheiro 2006: 55; 85). Em Portugal, tal como no resto da Europa continental, antes do séc. XX não são conhecidos retratos de trabalhadores enquanto tais[20], com os seus trajes de trabalho e encomendados pelos próprios, ao contrário do Reino Unido e sobretudo dos EUA, onde era frequente os artesãos fazerem-se retratar com o traje e as ferramentas do seu ofício, demonstrando como o trabalho, em especial o manual, era valorizado. Mesmo os retratos conhecidos dos emigrantes portugueses no Brasil seguem, neste período, o estereótipo europeu, encenando o sucesso social e o modelo do retrato burguês (Pinheiro 2006:58).

Em Portugal encontramos, sim, como referido, retratos «encenados» e idealizados dessas mesmas classes populares enquanto tais, sobretudo a partir do princípio do séc. XX, tirados sob a perspetiva das classes dominantes, em que se anula o indivíduo para se focar o grupo – ou melhor, aplicando-se um termo e um conceito que como já vimos se encontram profundamente enraizados na cultura visual do séc. XIX: o «typo». Com efeito, o gosto por estes retratos – especialmente os considerados «pitorescos» e ligados a costumes e trajes populares de determinadas regiões[21] – viria a desenvolver-se e a crescer imediatamente a seguir ao período por nós estudado, conforme se poderá verificar em postais ilustrados e todo o tipo de publicações (Pinheiro 2006)[22], nomeadamente as revistas *O Occidente* ou a *Illustração Portuguesa* (Barrocas 2014).

Por outro lado, em Portugal a representação das classes populares urbanas surge também só sobretudo a partir do séc. XX e seguindo modelos bastante semelhantes aos anteriores, particularmente no que concerne à «retórica do tipo» (Barrocas 2014: 476) e a fotografias de grupo[23], não se encontrando praticamente retratos individuais de operários ou outros membros do proletariado enquanto tais (Barrocas 2014: 266-269).

frequência pelos mesmos motivos (Pinheiro 2006: 35-36).

[22] Das 14 fotografias apresentadas por Pinheiro que retratam classes populares – ou representações de classes populares – individualmente ou em grupo (num total de 133 fotos de todos os tipos), todas, com exceção de uma (datada de 1885), são já do séc. XX. A única foto do séc. XIX referida é da autoria de Eduardo Alves e foi publicada no n.º 19 de *A arte photográphica* com a significativa legenda: «Maria […], e

se eu voltar rico» (Pinheiro 2006: 188 e 236). Interessante se torna notar que, tal como o modelo do «retrato burguês», esta legenda aponta para o sucesso social e material dos fotografados, embora de modo diverso, através de texto escrito e remetendo-o para um hipotético futuro.

[23] Em Portugal as representações destes grupos de operários tornam-se mais dinâmicas a partir nomeadamente de 1910, com representações de poses mais descontraídas ou de situações de greves (Barrocas 2014: 269).

Com efeito, como salienta André de Rouillé, o «retrato burguês» excluía, pela sua própria natureza, a representação de elementos populares enquanto tais (Rouillé 1984: 31-43). Como referido, quando as classes populares iam ao fotógrafo – nem que fosse numa feira –, era com o propósito de serem retratadas segundo esse mesmo modelo do retrato burguês, não raramente com a adição de elementos cenográficos fictícios «auxiliares» da encenação de um determinado estatuto social[24]. Tal significa – ou melhor, confirma e enfatiza – que havia na Europa neste período tipos sociais à partida excluídos da representação fotográfica, nomeadamente pela sua precariedade económica e social. Na verdade, o modelo fotográfico burguês não se baseava apenas em fatores económicos e sociais: o fator estético tinha também grande relevância, na medida em que o «feio» e o «vulgar» estavam também excluídos da representação pictórica – e portanto, da fotografia (Rouillé 1984: 43). Tais factos revestem-se de uma importância seminal para a análise que faremos adiante dos primeiros retratos de criminosos portugueses.

Com o tempo – e nalguns casos desde o início da fotografia, como no de Nadar, cujos retratos dispensavam os cenários elaborados suprarreferidos –, houve um abandono progressivo das encenações e do corpo inteiro, passando-se para fundos neutros e planos mais aproximados (tecnicamente mais difíceis). Tal ocorreu sobretudo, e mais precocemente, no que concerne às classes superiores, mais do que nas médias, porquanto para estas era ainda o tipo de cenário que distinguia uma fotografia de estúdio de um certo nível de uma fotografia de feira ou de estúdio popular (Pinheiro 51-52). Assim, em muitos casos torna-se difícil, à primeira vista, encontrar sinais de diferença social nas imagens, assumindo a assinatura do fotógrafo a grande marca distintiva social (Pinheiro 2006: 71; 162-163).

Por outro lado, teremos de reconhecer que estes últimos retratos de fundos neutros, planos mais próximos e sem elementos cenográficos também se aproximam, tecnicamente, dos primeiros retratos internacionais de criminosos que já focámos, assim como dos primeiros retratos de criminosos portugueses que veremos de seguida. Estes, embora apresentem visivelmente algum esforço de objetividade positivista e demarcação do retrato burguês, encontram-se ainda muito longe do retrato judiciário completamente regulamentado de Bertillon, que só encontraremos em Portugal a partir de 1902.

Um último comentário antes de passarmos à mostragem e análise dos nossos primeiros retratos de criminosos portugueses: pelo que foi referido anteriormente, e mesmo antes olharmos as imagens, torna-se expectável que os retratados sejam sobretudo oriundos das classes sociais mais baixas. Numa primeira observação mais detalhada dos retratos, confirmamos em grande parte esta impressão, pois, em muitos casos, somos confrontados com sinais exteriores de pobreza e de uma total ausência de estatuto social, impensáveis no contexto do retrato burguês, de onde, como vimos, a vulgaridade e a fealdade eram completamente banidos. Dada a limitação do número de retratos passíveis de exposição neste trabalho, apresentaremos aqui, como nos grupos subsequentes, apenas doze exemplares, que considerámos particularmente ilustrativos[25]:

[24] Tal verificou-se em Portugal pelo menos até meados do séc. xx, conforme atestam, por exemplo, os retratos de uma família da Beira Alta, nos anos trinta, em que o fotógrafo «adicionou» sapatos pintados, através de retoque, a diversas pessoas originalmente fotografadas com os pés descalços.

[25] Nalguns retratos FTM apresentados mais adiante por razões diversas, nomeadamente no capítulo 9, poderão apreciar-se exemplares que facilmente se inserem neste grupo ou num dos quatro grupos que se lhe seguem. Como se verá, dividimos o conjunto dos retratos destes dois álbuns num total de cinco grupos.

A (des)construção dos primeiros retratos fotográficos judiciários portugueses

10-04a-04 – Francisco Emigdio, *o Maneta* 1888; Marítimo(?); Pereira Photographo

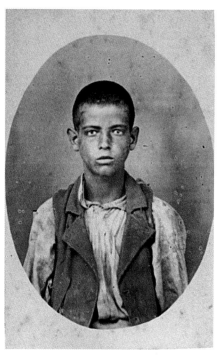

11-12b-02 – João Francisco; 1870; Vadio; Ladrão; Photographia de A.S Córado

11-01b-02 – João Gomes, *o Gago* R.P.M. Bastos Galeria Photographica

11-03b-04 – Augusto Teixeira de Lemos, *o Bouga* R.P.M. Bastos Galeria Photographica

Infâmia e Fama

11-04b-01 – Carlos Jose de Carvalho,
o Velhinho; Photographia Bastos

11-11a-01 – Guilherme de Brito,
o Inglês; Photographia Bastos

11-13b-01 – Gonçalo da Cruz, *o Setubal*
R.P.M. Bastos Galeria Photographica

11-08a-01 – Antonio Baptista;
R.P.M. Bastos Galeria Photographica

A (des)construção dos primeiros retratos fotográficos judiciários portugueses

11-23b-02 – Jose Justiniano Pereira da Silva
o Rato Cego; 11-11-1884; Sem profissão
R.P.M. Bastos Galeria Photographica

11-20b-03 – Antonio da Cruz Calheiros;
Moço de cocheira
R.P.M. Bastos Galeria Photographica

11-14a-04 – Adriano Jose Gonçalves,
o Naufrago Photographia Bastos

11-15b-01 – Bento Perez; 1870;
Vadio; Ladrão; Photographia de A.S Córado

Os retratos que acabámos de exibir apresentam-nos indivíduos com roupas precárias e/ou de baixa condição, coçadas, por vezes rotas, remendadas, ou sujas, cabelos desalinhados, e, no geral, posturas despretensiosas e modestas, havendo muitos casos de aspetos descompostos e por vezes miseráveis, que contrastam fortemente com a aparência de respeitosa prosperidade e a habitual pose de dignidade do retrato burguês.

Constatamos, assim, que estes retratos são absolutamente ímpares no panorama fotográfico português, não só por estarem entre os únicos retratos de criminosos portugueses que conhecemos desta época, mas também por várias outras ordens de razões, que passaremos a evocar:

Em primeiro lugar, muitos dos indivíduos fotografados estavam, neste período, como vimos, à partida, excluídos da representação fotográfica, nomeadamente pela sua precariedade económica e social, ou seja: nunca teriam sido fotografados, não fosse o caso de terem sido detidos por algum crime. Tal facto é de salientar porquanto, ao nível social mais baixo, constatamos que foram o crime e a detenção que funcionaram como critérios *positivos* de seleção entre quem foi, ou não, fotografado, ou seja, entre quem, de entre os mais pobres, deixou, ou não, o registo da sua imagem para a posteridade[26], sendo assim determinante na etiologia destas fotografias.

Em segundo lugar, estes retratos de criminosos são os únicos que nos dão uma visão (quase) sistemática mais aproximada do aspeto quotidiano das camadas sociais mais pobres em Portugal em finais de oitocentos[27], com muitas das suas misérias, sem fatos domingueiros emprestados nem retoques postiços adicionais. Tal perspetiva informa-nos, porém, não só sobre a imagem «real» dos retratados[28] – o «referente fotográfico»[29] –, mas também sobre a conceção e a perspetiva que deles tinha quem os fotografou[30]. Ou seja, verificamos que os responsáveis pelo modelo fotográfico escolhido, representantes e executantes da autoridade instituída e do poder, fizeram questão de deixar representadas e bem visíveis a vulgaridade e a falta de beleza de apresentação, pelos padrões de então, dos elementos da «classe de criminosos» ou «turba medonha».[31] Nunca será de mais enfatizar o caráter de exceção da opção estética assumida nestes retratos, apontando de modo muito particular e único para o «Outro social», em contraste gritante com o contexto do retrato burguês que, por princípio, erradicava por completo o «vulgar» e o «feio» da imagem. Com efeito, como vimos antes, mesmo a grande maioria dos retratos sobre o «Outro social» deste período idealizava os «tipos» – por exemplo regionais –, mostrando uma «composição cénica» pitoresca e preocupações fotográficas estéticas positivas[32]. Os retratos de criminosos que acabámos de ver, pelo contrário, mostram de

---

Esta, «acompanhada por um agente da judiciária, retratou-se na photographia Bastos. Ao entrar no *atelier*, a presa, vendo do que se tratava, exclamou: Para tirar o retrato não merecia a pena tanta massada. Eu tenho um em casa que podia dar. E, tranquilamente, sentou-se na cadeira, tomando pose. Queria que o retrato sahísse nítido, elegante...» (*Galeria dos criminosos célebres em Portugal* 1897: 35).

[27] Já mencionámos algumas exceções a esta «regra», como as fotografias de mendigos de Carlos Relvas, Jorge Almeida Lima e possivelmente da rainha D. Maria Pia.

[28] «Such images [photographic images] are indeed able to usurp reality because first of all a photograph is not only an image (as a painting is an image), an interpretation of the real; it is also a trace, something directly stenciled off the real, like a footprint or a deathmask» (Sontag 1978: 154).

[29] «Chamo "referente fotográfico" não à coisa *facultativamente* real para que remete uma imagem ou um signo, mas à coisa *necessariamente* real que foi colocada diante da objetiva sem a qual não haveria fotografia» (Barthes 2009: 87).

[30] «O conceito de imagem só pode enriquecer-se se falarmos de imagem e de meio como as duas faces de uma mesma moeda, que são impossíveis de separar, embora estejam separadas pelo olhar e signifiquem coisas diferentes» (Belting 2014a: 23).

[31] Trata-se de um tipo de *Imperial gaze*, termo cunhado por Ann Kaplan (Kaplan 1997).

[32] Mesmo o retrato do «Outro» já não «social», mas «científico», apresenta por vezes alguma encenação e elementos estéticos positivos, como vimos em alguns retratos etnográficos (onde os adornos estão normalmente presentes e são importantes) ou alguns retratos psiquiátricos por exemplo de Hugh Welch Diamond, de Miguel Bombarda ou Júlio de Matos, como vimos. No geral, porém, como já referido, o retrato psiquiátrico ou o retrato ligado à antropologia criminal também aspira à «verdade» e admite elementos estéticos negativos, tal como estes retratos de criminosos.

---

[26] Com efeito, pelo menos até à década de 60 do séc. XIX era comum, em Portugal, fazerem-se distinções sociais entre quem tinha ou não tinha retrato (Pinheiro 2006: 162-163). Na

Galeria dos criminosos célebres em Portugal, é narrado, a este propósito, um episódio curioso, quando uma detida, das poucas com pretensões a algum estatuto social, é mandada fotografar.

um «modo» assumido e ostensivo a miséria e os aspetos estéticos negativos, por vezes «medonhos», que a moral burguesa faz «coincidir» com os comportamentos e as características de «malvadez» dos criminosos[33]: visivelmente, a imposição do mote *monstrum in fronte, monstrum in animo* repete-se de novo e a popular «ciência» da fisionomia, continuava, como já vimos, com muito êxito, a atribuir e a fazer corresponder um determinado caráter aos traços fisionómicos de cada um.

Com efeito, apesar de se tratar, na maioria, de retratos de busto de frente ou a três quartos relativamente próximos (plano médio ou americano) como em muitos retratos formais burgueses, a diferença é que aqui temos uma pretensa ausência de encenação e composição, uma «neutralidade» e «objetividade» que se aproximam do *styleless style* criado pelos primeiros fotógrafos etnográficos, pretendendo «conotar a verdade» (Marien 2002: 39). Este modo aparentemente neutro de retratar, utilizado como vimos no retrato «científico» da época, porém, formata e condiciona – sobretudo pela «transparência naturalizante» – o «real» retratado nestas fotografias, tanto quanto qualquer outro tipo de formatação ou modelo: «"O que" procurado em […] imagens não pode compreender-se sem o "como" em que ele se institui na imagem ou se torna imagem. […] Efetivamente, o "como" é a genuína comunicação, é a autêntica forma linguística da imagem» (Belting 2014a: 22). Nesta sequência, estes retratos não captam «a verdade», mas «uma verdade», uma perspetiva, neste caso a que coincide com o estereótipo burguês moralizante em relação à «classe criminosa», à «turba medonha»[34].

Como Graham Clarke[35], podemos aqui afirmar que a «fotografia do corpo envolve uma política do corpo e da representação», podendo o observador encarar este processo de representação como o próprio tema da fotografia, mais do que a imagem do corpo retratado (Clarke 1997: 123). E o «tema» do processo de representação que aqui nos interessa, selecionado entre os vários modos possíveis de retratar, insere-se não só numa linha da história da fotografia, mas, como veremos, numa tradição muito anterior, que envolve toda a vasta história do retrato, incluindo o período anterior à fotografia:

> A história do retrato é também a história da sociedade que nele se representa, porque cada retrato aponta à pessoa representada o seu lugar efetivo ou desejado na sociedade, mesmo quando esta se quis afirmar contra essa sociedade, da qual, apesar de tudo, não se conseguiu libertar[36] (Belting 2014b: 156).

E esta longa e complexa história do retrato apresentou constantemente, ao longo do tempo, uma dicotomia central a nível dos processos de representação que nos interessa particularmente, oscilando entre os conceitos de *imitare* («donner l'image de quelque chose») e *ritratare* («la copie littérale, trait pour trait, de quelque chose»), ou seja, entre o retrato literal, com fins sobretudo de identificação, e o «retrato exemplar de beleza e poder» (Pommier 1998: 16).

[33] «Os rostos comportam-se como máscaras de um papel dramático […] e desempenham aquele papel que se espera dos seus portadores. […] Porém o debate sobre máscara e rosto acaba sempre por tender para ideias de natureza moral» (Belting 2014b: 33). Tradução nossa de: «Gesichter verhalten sich oft als Rollenmaske […] und spielen diejenige Rolle, die man von den Trägern erwartet. […] Dennoch neigt die Debatte um Gesicht und Maske immer wieder zu Vorstellungen moralischer Natur.»

[34] «Historicamente, os meios … tendem … a desaparecer sob a imagem. Em relação a uma imagem específica, quanto mais nos concentramos no meio mais "entrevemos" a sua função condutora, e mais nos distanciamos. Em contrapartida, o seu efeito sobre nós aumenta quanto menos consciência tivermos da sua participação na imagem, como se a imagem existisse em virtude do seu próprio poder» (Belting 2014a: 34-35).

[35] Graham Clarke refere-se aqui a um tema diferente, o «género».

[36] Eis o texto original alemão: «Die Geschichte des Porträts ist auch deswegen die Geschichte der Gesellschaft, die sich darin abbildet, denn jedes Porträt wies der dargestellten Person ihren tatsächlichen oder gewünschten Platz in der Gesellschaft selbst dann zu, wenn es sich gegen die Gesellschaft behaupten wollte, von der es sich trotzdem nicht befreien konnte.»

Com efeito, tendo nascido «ao serviço da identificação», ao retrato cedo se impôs, na Antiguidade clássica, a opção da idealização da imagem (temperadora do realismo) e do «conhecimento da vida interior» (a par do «reconhecimento» identificativo) (Pommier 1998: 24).

Também o retrato europeu, logo no seu início, dá uma grande importância à «parecença do rosto» que com o passar do tempo se esbate e se desvaloriza: se no séc. XV os primeiros retratos de rostos, de Van Eyck, tinham um valor que podemos designar até de documental, atestado inclusivamente por datas, idades e nomes inscritos nas molduras (Belting 2014b: 156-157), chegamos no séc. XVIII ao extremo oposto, com a crítica do «género servil» do «mau retrato», focado em captar meramente o pormenor das parecenças fisionómicas, feito mecanicamente por «copistas» e banalizado pela quantidade (retratando qualquer burguês minimamente endinheirado), por contraste com o «género nobre» da «pintura histórica» e «de génio» que lograva ultrapassar as semelhanças físicas (Pommier 1998: 313-319).

O exemplo que se segue é particularmente ilustrativo desta dicotomia estrutural retratista, referida e condensada por Pommier como *o problema do retrato*:

> Laissons à deux personnages issus de deux révolutions poser une dernière fois en termes antithétiques le problème du portrait. Cromwell aurait dit à Peter Lely, chargé de faire son portrait: «Je veux que vous mettiez toute votre habilité à me peindre véritablement comme je suis, et sans me flatter, en marquant ma rugosité, mes boutons, mês verrues, comme vous me voyez, sinon je ne vous paierai pas un sou.»
>
> En ce domaine, comme en d'autres, il revenait à Bonaparte de conclure la Révolution et d'ouvrir un siècle nouveau. Si l'on croit Delécluze, à David qui lui demandait de poser pour le faire «ressemblant», le Premier Consul aurait répondu: «Ressemblant? Ce n'est pas l'exactitude des traits, un petit pois sur le nez qui font la ressemblance. C'est le caractère de la physionomie, ce qui l'anime, qu'il faut peindre [...] Personne ne s'informe si les portraits des grands hommes sont ressemblants. Il suffit que leur genie y vive (Pommier 1998: 427).

O advento fotográfico não vem alterar esta antítese, nomeadamente mediante a discussão que logo se instala sobre se a fotografia seria uma Arte ou um puro mecanismo de reprodução, como já foi referido. Aliás, ao longo do tempo questões muito próximas continuaram a ser discutidas e ainda hoje o problema se mantém pertinente[37].

Assim, para Benjamin, «na expressão efémera de um rosto humano acena, pela última vez, a aura das primeiras fotografias. É isto que faz a sua melancolia e beleza inigualáveis». De facto, a fotografia, apesar de constituir «literalmente uma emanação do referente» (Barthes 2009: 91), não vem resolver, mas apenas perpetuar, «o problema do retrato»[38]. Como nos diz Barthes na sua obra derradeira dedicada à fotografia:

[37] Esta continuidade poderá explicar-se pelo caráter arquetípico da questão, com raízes muito mais antigas do que as suprarreferidas na Antiguidade clássica: «O meio possui no culto funerário um antiquíssimo paradigma. O defunto trocava o seu corpo perdido por uma imagem, graças à qual permanecia entre os vivos. Só na imagem era possível desenrolar-se esse intercâmbio com a presença do falecido. [...] Por isso, a substituição ritual era muito mais importante do que qualquer grau de semelhança. Trata-se de um arquétipo da imagem, que introduz toda a experiência imaginal ulterior» (Belting 2014a: 43).

[38] «Fazemo-las (ou temo-las) [as fotografias] sempre e apenas dentro de nós. Por essa razão se perpetua a contenda em torno do pictorialismo e do documentarismo, os quais, na oscilação pendular da eterna demanda das imagens, elevaram o programa: ora a beleza ora a verdade da fotografia (ora a impressão subjetiva, ora a expressão objetiva do mundo)» (Belting 2014a: 271).

No fundo, uma foto parece-se com qualquer pessoa, exceto com quem ela representa. Porque *a semelhança* remete para a *identidade* do sujeito, coisa irrisória, puramente civil, *penal* até; ela apresenta-o «enquanto ele próprio», e eu quero um sujeito «enquanto ele próprio». *A semelhança deixa-me insatisfeito e como que cético* (é essa deceção triste que sinto diante de fotos vulgares da minha mãe – enquanto a única foto que me deu o deslumbramento da sua *verdade* foi precisamente uma foto perdida antiga, *que não se parece com ela*, a de uma criança que eu não conheci)[39] (Barthes 2009: 114).

Esta citação remete-nos diretamente para os nossos retratos de criminosos: para Barthes, no retrato fotográfico a «verdade» não coincide com a «identidade» civil e criminal; a identidade coloca-se mesmo *versus* a verdade (Barthes 2009: 81). Além disso, continua a subsistir – e a agravar-se no retrato fotográfico – o problema da banalidade mecanicista *versus* a subtileza indefinível da genialidade retratista, pois, em determinada perspetiva, a semelhança ou correspondência física do corpo retratado fotograficamente pouco vale. A propósito deste problema, e perante a iminência de ser fotografado, Barthes profere o seguinte desabafo:

> A minha imagem vai nascer; irei ser parido como um indivíduo antipático ou como um «tipo fixe»? Se eu pudesse «sair» no papel como numa tela clássica, com um ar nobre, pensativo, inteligente, etc.! Em suma, se eu pudesse ser «pintado» (por Ticiano) ou «desenhado» (por Clouet)! Mas como aquilo que eu gostaria que fosse captado é uma textura moral fina, e não uma mímica, e como a Fotografia é pouco subtil, salvo em muito bons retratistas, eu não sei agir do interior sobre o meu aspeto (Barthes 2009: 19).

A «verdade» captada pelos raros bons retratistas tem, assim, a ver com «uma textura moral fina, e não uma mímica»; a «verdade» captada pelos raros bons retratistas é abstrata e dificilmente definível, algo de etéreo como o «ar» que emana da pessoa, a sua «sombra luminosa»:

> Talvez o ar seja, definitivamente, qualquer coisa de moral, trazendo misteriosamente para o rosto o reflexo de um valor de vida? Avedon fotografou o dirigente do *Labor* americano, Philip Randolph [...] na foto, eu leio um ar de «bondade» (nenhum instinto de poder, *é certo*). O ar é, assim, a sombra luminosa que acompanha o corpo; se a foto não consegue mostrar esse ar, então o corpo vai sem sombra, e, uma vez cortada essa sombra, como no Mito da Mulher sem Sombra, nada mais resta do que um corpo estéril (Barthes 2009: 120).[40]

Dito isto, e após uma breve incursão na história do retrato, voltemos aos nossos primeiros retratos de criminosos portugueses e observemo-los de

---

[39] Itálicos nossos.

[40] O caráter profundamente emotivo, pessoal e aparentemente desligado de qualquer objetividade científica das palavras desta obra de Barthes não lhes retira pertinência, nem relevância política. Nesse sentido, fazemos nossas as seguintes palavras de Geoffrey Batchen: «a posição que Barthes quer fazer prevalecer, [é] a posição de que o domínio do pessoal tem de ser levado a sério, na medida em que é o campo dentro do qual o político atua» e «o livro parece abandonar o compromisso inicial de Barthes com a análise política das imagens em favor de um hedonismo textual. [...] quero alegar que existe de facto uma política sustentada que se desenvolve ao longo de *La chambre claire*, e que esta política pode ser encontrada na forma como Barthes lida com a história; [...] *La chambre claire* ganhará em ser lido não tanto como um livro de teoria crítica mas como uma história da fotografia – ou, para ir um passo mais longe, como uma história *sobre* a fotografia» (Batchen 2008: 19; 14).

novo. Neles não encontramos sombras luminosas individuais nem subtilezas; encontramos, sim, uma objetividade assumidamente crua e uniformizante e um certo *voyeurismo* estigmatizante. O «ar» que emana destes retratados não é, a maior parte das vezes, um «ar» individual, oriundo da tentativa de captar o caráter próprio e particular de cada um destes indivíduos *per si*, mas um «ar» que emana de uma abordagem coletiva lastimosa de uma classe criminosa miserável – a «a turba medonha». O filtro moral está bem presente e, longe de ser delicado e fino, impõe-se de modo pesado e sem sofisticação. Não é suposto os retratos de criminosos terem alma, mas uma fortíssima retórica e um enorme «peso», sobretudo para os olhos «remediados» do séc. xx e xxi: «Porque não é a indiferença que retira o peso da imagem – nada como uma "fotografia" objetiva, do género Photomaton, para fazer de nós um assassino, procurado pela Polícia.» (Barthes 2009: 20.)

Esta «pose de assassino» «procurado pela Polícia» que se tornará um absoluto estereótipo fotográfico a partir da Bertillonage, dos *Wanted posters* e da filmografia do séc. xx, como vimos, encontra aqui a sua raiz:

> The head-on stare, so characteristic of simple portrait photography, was a pose which would have been read in contrast to the cultivated asymmetries of aristocratic posture so confidently assumed by Nadar's *Portrait of Rossini*. Rigid frontality signified the bluntness and 'naturalness' of a culturally unsophisticated class and had a history which predated photography (Tagg 1988: 36).

Fica assim claro que o «estilo» retratista dos nossos criminosos não se encontra isolado, na história do retrato, mas antes se situa numa longa tradição pictórica ligada à identificação e à objetividade, numa lógica mecanicista que retira à imagem a sua «aura» e se contrapõe ao retrato artístico culturalmente valorizado. Esta tradição conhece uma metamorfose muito particular na era do positivismo, como já vimos detalhadamente, sendo aplicada fotograficamente de modo inovador, «científico» e com propósitos de controlo social e biopolítico específicos que abarcam – e conhecem porventura o ponto culminante – no retrato de criminosos. Nesta fase, tal como nos estudos etnográficos e psiquiátricos, o retrato fotográfico criminal pretende impor-se como documento que transcreve direta e objetivamente a realidade, no caso com fins explícitos de identificação.

Neste ponto será importante referir um segundo grupo de retratos FTM, que, não exibindo aspetos tão pobres ou miseráveis como o primeiro, se encontra, ainda assim, longe dos padrões de apresentação do retrato burguês para o qual, como vimos, a burguesia se ajanotava ao máximo e todos os fotógrafos se esmeravam, em termos de encenação e retoques finais. Vejamos alguns retratos deste segundo grupo de traços nitidamente populares:

A (des)construção dos primeiros retratos fotográficos judiciários portugueses

10-05a-01 – Manuel Ramos Papos(?), *o Patão* 1888; Photographia Bastos Succesores Julio & Novaes

10-05b-02 – Domingos da Costa Gonçalves Trabalhador no …(ilegível); Photographia Bastos Succesores Julio & Novaes

11-06b-02 – Manoel Bernardes; Trabalhador; Ladrão(?) Photographia de A.S Córado

10-14a-01 – Joaquim Henriques Soares, o *Santo Antonio*; 1887; Falsificação de cautelas de lotaria; Photographia União Xavier & Correia

Infâmia e Fama

11-13b-02 – Augusto Cêas, *o Bomba*
R.P.M. Bastos Galeria Photographica

11-08b-04 – Antonio Pailo, *o Pão Partido*
R.P.M. Bastos Galeria Photographica

11-15a-02 – José Torres, *o José dos Caixões*
R.P.M. Bastos Galeria Photographica

11-14b-01 – Manoel Jorge, *o Espanhol*
R.P.M. Bastos Galeria Photographica

A (des)construção dos primeiros retratos fotográficos judiciários portugueses

11-21a-02 – Francisco Maria, *o Saloio*
1883, sem profissão
R.P.M. Bastos Galeria Photographica

11-21a-03 – Manoel Correia, *o Alcantara*
1883, Trabalhador
R.P.M. Bastos Galeria Photographica

11-21b-02 – Julio Maria da Silva, *o Beca*;
R.P.M. Bastos Galeria Photographica

11-07a-01 – Maria Coelha Lamas, *a Lamas*;
R.P.M. Bastos Galeria Photographica

Nesta observação dos retratos dos dois primeiros grupos, e a partir de tudo o que foi anteriormente dito, ficam muito claras as relações de poder que lhes estão subjacentes, a forma de domínio e subjugação que implicam, assim como a exibição do poder da autoridade: os fotografados, mesmo que não o tenham sido contra sua vontade, não tiveram escolha nem interferência no modo pouco lisonjeiro, para os padrões burgueses da época, com que foram retratados.

Fica também muito clara a consequente marca infamante do retrato criminal, mesmo a nível formal – como «fotografia estigma» –, reconhecida como tal inclusive pelas autoridades policiais que a executam, como vimos anteriormente.

Contudo, a diferenciação estética apontada nos dois grupos fotográficos expostos não se dá em todos os retratos dos nossos dois álbuns de criminosos. Com efeito, existem bastantes casos em que nem sempre se torna fácil, à primeira vista, para o nosso olhar contemporâneo, encontrar traços nitidamente distintivos entre estes e os típicos retratos burgueses de então. De facto, somos confrontados com retratos em que, num primeiro relance, para além das molduras, dos planos e dos fundos, também as poses, as roupagens e o aspeto geral parecem muito semelhantes aos do retrato burguês comum.

Porém, há muito que aprendemos a procurar nas imagens fotográficas «provas» do «processo histórico», «indícios», como num «local de crime»[41]. Será aí, segundo Benjamin, que «reside o seu significado político oculto» (Benjamin 1992: 88).

Assim, na grande maioria dos casos deste último grupo, uma observação mais atenta e detalhada revela *punctus* (Barthes 2009) que «ferem» o nosso olhar informado. Trata-se, por vezes, de pequeníssimos pormenores diferenciadores que colidem absolutamente com a estética fotográfica burguesa[42] e que terão assim certamente passado muito menos desapercebidos ao olhar da época, tão atento a todos os detalhes de respeitosa compostura que hoje nos passam, em grande parte, despercebidos[43]: trata-se ora de uns botões descuidadamente desabotoados, ora de uma peça de roupa em desalinho ou amarrotada, cabeleiras (parcialmente) despenteadas, ou outras pequenas irregularidades impensáveis no retrato burguês, onde todos esses pormenores eram, como já repetimos, pensados, encenados, compostos, escrutinados e, em última instância, cuidadosamente retocados até ao mais ínfimo pormenor. A título de exemplo, observem-se com atenção os seguintes casos:

[41] A partir da análise Benjamin às fotografias de Atget (Benjamin 1992: 88).

[42] Os retratos anteriormente analisados, com a sua miséria gritante, não têm *punctum*. Como muitas fotografias de reportagem, são imagens «não forçosamente pacíficas», mas *unárias*: «a Fotografia é unária quando transforma enfaticamente a "realidade" sem a desdobrar, sem a fazer vacilar (a ênfase é uma força de coesão).» Com a sua «unidade de composição», «gritam», mas não «ferem», até porque «certos pormenores poderiam "ferir-me". Se o não fazem, é certamente porque foram lá colocados intencionalmente» (Barthes 2009: 50; 56). «A Fotografia é subversiva não quando assusta, perturba ou até estigmatiza, mas quando é *pensativa*» (Barthes 2009: 47).

[43] «Através das suas incontáveis transformações, a produção de imagens exprime ainda as cambiantes na experiência do corpo, pelo que a história cultural da imagem se espelha numa análoga história cultural do corpo» (Belting 2014a: 37).

A (des)construção dos primeiros retratos fotográficos judiciários portugueses

11-24b-02 – Jose Marques da Silva Loureiro
o *Loureiro*, 1884; Sem profissão; Photographia
Loureiro Successora Maria E. R. Campos

10-06a-01 – Torcato da Rocha Gonçalves
1889, Pedreiro; Photographia
Bastos Sucessores Julio & Novaes

10-05b-03 – Manuel Affonso Viana, *o Pintor*
1888; Roubo; Photographia
Bastos Sucessores Julio & Novaes

10-06a-03 – Augusto Fernandes,
o Padeiro; 1889; Photographia
Bastos Sucessores Julio & Novaes

Infâmia e Fama

11-05a-02 – José Antonio Ramos

10-06b-03 – João D'Almeida, *o Comboio*
1889; Sem profissão; Photographia
Bastos Sucessores Julio & Novaes

11-06a-03 – João Baceta, *o Camões*
R.P.M. Bastos Galeria Photographica

11-06b-04 – João Jose, *o Cordoeiro*
Photographia Popular

A (des)construção dos primeiros retratos fotográficos judiciários portugueses

11-11b-03 – Antonio Manuel, *o Companheiro do* José dos Caixões; Photographia Popular Julio & Novaes

10-07a-04 – Marcelino Peres Teixeira; 1889 Fotógrafo; Photographia Bastos Sucessores

11-17b-03 – José Carlos de Sousa, *o Pote* Sem profissão; R.P.M. Bastos Galeria Photographica

11-09b-03 – Francisco da Cunha R.P.M. Bastos Galeria Photographica

Também na maioria destes retratos não encontramos grandes subtilezas que nos façam demorar o olhar num qualquer encantamento ou perplexidade, ou numa tentativa conseguida, mesmo que ilusória, de perscrutar o caráter dos retratados. Com exceção das pequenas «agressões» dos aludidos *punctus*, trata-se de fotografias maioritariamente estereotipadas e mecânicas, em grande parte retratos de semblantes que nada nos dizem. E, no entanto, estas pequenas «agressões» não deverão ser desvalorizadas, mas enfatizadas, até porque se exercem não só sobre o observador, como também, primariamente, sobre o retratado, que foi coercivamente fotografado num *setting* que não escolheu nem controla, e cuja imagem foi «capturada» independentemente da sua vontade, sem hipótese de impedimento[44]. Os *punctus* destas imagens são, assim, importantes, não só porque desestabilizam a receção expectável de um retrato desta época, mas sobretudo porque constituem a prova concreta da captura efetiva destes indivíduos por parte da Polícia, ou seja, constituem a prova subtil da sua coação e subjugação à autoridade: um retrato tirado de livre vontade por qualquer um destes indivíduos – assim como dos dois grupos anteriores – teria provavelmente os mesmos traços fisionómicos, mas seria completamente diferente, na medida em que a imagem apresentada de modo voluntário e quase decerto retocada exibiria uma estética e uma respeitabilidade sem falhas e apresentaria o *status* expectável pela convenção fotográfica universalmente aceite na época.

Nesta sequência, para um olhar bem informado, os retratos deste grupo poderão funcionar como a imagem do «coelho-pato» (muito utilizada em obras da viragem do século sobre a psicologia da visão), a que sobretudo Wittgenstein deu celebridade nas suas *Investigações filosóficas* (Wittgenstein 1987), conferindo-lhe «o estatuto de imagem-metáfora da complexidade da experiência visual» (Gil 2011: 13). De facto, a imagem do «coelho-pato» tornou-se popular não só porque propicia leituras divergentes ou opostas, mas também porque, como nota Isabel Capeloa Gil, pode ser associada à ambivalência da perceção e à dupla identidade evocada na novela de Robert Louis Stevensen *O estranho caso de Dr. Jekyll e Mr. Hyde* (Gil 2011: 12-13), publicada pela primeira vez em 1886, ou seja, numa época contemporânea às fotos FTM. Assim, como vimos, uma primeira leitura mais imediata destes retratos leva-nos a uma apreciação correspondente ao retrato burguês, com a sua respetiva respeitabilidade e decência (Dr Jekyll), enquanto um exame mais cuidado nos leva a notar pequenos detalhes que desestabilizam por completo essa imagem e nos revelam uma personagem criminosa (Mr. Hyde)[45].

Teremos, no entanto, que reconhecer que existem casos de retratos de ambos os álbuns em que não detetamos diferenças em relação ao modelo burguês da época, conforme fica patente nos exemplos de seguida exibidos. Sem podermos avançar com razões que justifiquem plenamente estes casos, podemos, no entanto, referir um precedente a nível internacional: existem situações de primeiros retratos de criminosos na Dinamarca, em que até as poses são completamente encenadas, assimétricas e positivamente compostas, mimetizando por completo o retrato burguês e apontando fortemente para a hipótese

[44] Embora numa escala completamente diferente, Susan Sontag considera que qualquer ato de fotografar equivale a uma apropriação e a uma agressão, na medida em que a fotografia tem algo de «predatório» (Sontag 1979: 4-5; 14).

[45] Como diria Wittgenstein sobre a imagem «coelho-pato», «interpretamo-la e *vemo-la* como a *interpretamos*» (Wittgenstein 1987: 537).

A (des)construção dos primeiros retratos fotográficos judiciários portugueses

de a certos fotógrafos desagradar tirar retratos menos «artísticos» (Regener 1999: 46-48). Em todo o caso, consideramos que nestas situações as fotografias provavelmente ainda se tornavam mais necessárias à Polícia, para fins de identificação e investigação criminal, dado que a «imagem externa» destes criminosos não coincidia de todo com a já focada «imagem interna» de criminosos da classe dominante:

11-05a-04 – D. Rodrigues Y Rodrigues
«Degredado por 5 anos por tentativa de
...(ilegível) por meio d'arrombamento ...
(ilegível) loja...(ilegível)» Photographia
Lusitania; Lima & Madeira Photographia

10-03b-03 – José Novelhos, *o Novelhos*
Photographia Bastos Successores
Julio & Novaes

Infâmia e Fama

10-12a-03 – Augusto Ozorio Cabral de Castro; Bastos Successores Julio & Novaes

11-02a-04 – Manuel José Gonçalves, *o Pasteleiro*; R.P.M. Bastos Galeria Photographica

11-04b-02 – Julio Jose de Souza, *o Petiz do Porto*

11-05a-01 – José Avelino da Motta Manço

11-21a-04 – Antonio d'Almeida; 1883; estabelecido numa loja de tabernas; «Roubo de 50 libras em Evora»; R.P.M. Bastos Galeria Photographica

11-18b-04 – Antonio Garcia Escoval; ... (ilegível) uma carta a ... (ilegível) Barrozo pedindo 1 000 000 sobre fim de matar o filho

No que concerne aos oito retratos de modelo burguês que acabámos de expor, notemos que apenas quatro foram captados pelo ateliê habitual, sendo, portanto, quase certamente ordenados pela Polícia. Dos restantes, três não têm indicação do fotógrafo e um indica um fotógrafo que não se repete – Photographia Lusitania; Lima & Madeira Photographia –, o que poderá indicar que se trata de retratos já existentes, tirados pelos próprios e posteriormente utilizados pela Polícia com fins de identificação criminal.

Não pretendendo fazer uma análise às tipologias de molduras, nem às poses dos nossos primeiros retratos de criminosos portugueses – pois não pensamos que a existência de um determinado número de molduras ovais ou retangulares no primeiro ou segundo álbum nem ligeiras alterações de ângulo em relação à posição frontal habitual nestes retratos nos traga alguma informação importante para a nossa pesquisa –, julgamos que, no que concerne aos planos e fundos, o caso muda de figura, pois consideramos que a sua análise nos revela alguns aspetos interessantes.

Assim, verificamos que a larga maioria dos nossos retratos de criminosos apresenta, como já anteriormente referido, um plano médio (ou americano) que nos mostra apenas o busto da figura, contra apenas sete exemplares de corpo inteiro e três de corpo a três quartos. Dado que o rosto constitui o elemento físico mais importante para fins de identificação, tal não deverá surpreender-nos. Acresce que numa das poucas fotografias de corpo inteiro o retratado apresenta um elemento identificativo importante só passível de visibilidade num tal plano: uma prótese de madeira na perna, como poderemos ver de seguida.

11-11a-02 – s. d.; sem indicação de fotógrafo

De realçar também que a maioria destes poucos planos de corpo inteiro – mais precisamente cinco – se encontra no primeiro álbum, ou seja, tratar-se-á, em princípio, de retratos mais antigos do que os do segundo álbum. Além disso, relativamente aos fundos, a quase totalidade destes planos de corpo inteiro apresenta elementos cenográficos «de aparato», sobretudo colunas e reposteiros, enquanto os restantes retratos dos dois álbuns (com exceção de um pequeno conjunto com espelhos que analisaremos de seguida) ostentam fundos neutros. No total, são nove os retratos que apresentam os referidos elementos cenográficos (seis do álbum mais antigo e três do segundo álbum), como veremos de seguida:

A (des)construção dos primeiros retratos fotográficos judiciários portugueses

10-01a-02; 1886; Photographia Oriental

10-12a-01; 1893; Sem indicação do fotógrafo

10-13b-04; s.d. Photographia Popular

11-01a-02; s. d.; Sem indicação do fotógrafo

Infâmia e Fama

11-01a-03; data pouco legível; J. C. da
Rocha, Photographo de SS.MM.II do Brazil

11-15b-04; s. d.; Photographia Popular

11-16a-01; s. d.;
Photographia Popular

11-16a-02; s. d.;
Photographia Popular

A (des)construção dos primeiros retratos fotográficos judiciários portugueses

Além destes, temos também, como referido, um pequeno número de três retratos mostrando três quartos do corpo, sentados, nos quais ainda são visíveis alguns elementos de cenário, que vão diminuindo até restar apenas a cadeira ornada:

11-08a-03; s. d.;
Sem indicação do fotógrafo

10-02a-01; 1888;
Pereira Photographo

10-01b-04; 1888;
Pereira Photographo

Em todos estes retratos de corpo inteiro ou três quartos de corpo, não temos elementos suficientes que nos possam atestar se se trata aqui de retratos tirados por ordem das autoridades ou pré-existentes e por elas utilizados com fins policiais de identificação. Trata-se de duas situações possíveis, atestadas não só pela lógica, como por exemplos a nível internacional. Contudo, em quatro deles encontramos indicadores que nos possibilitam uma leitura num dos dois sentidos:

- O retrato **n.º 11-01a-03** tem carimbo de um fotógrafo aparentemente brasileiro – J. C. da Rocha Photographo de SS.MM.II. do Brazil – além de apresentar uma pose ostensivamente *negligé*, conseguida, entre outros, através da colocação de um charuto na mão do retratado, o que será um forte indicador de se tratar de um retrato já existente, utilizado pela Polícia com fins de identificação criminal. A data é pouco legível.

- O retrato **n.º 11-08a-03** apresenta um indivíduo com aspeto algo miserável e com uma pose insegura, o que vai, como já repetido, contra todas as convenções do retrato burguês da época e contra o próprio cenário – pleno de respeitabilidade burguesa e com o qual não condiz –, constituindo, assim, um forte indício de se tratar de um retrato captado a mando das autoridades, para o qual não houve tempo ou não se considerou necessário mudar o fundo (como veremos mais detalhadamente adiante), assim como não houve qualquer preocupação em dar ao retratado uma boa apresentação. (Esta última característica, como já constatámos, é típica e determinante da grande maioria dos retratos de criminosos.) Conforme se constata pela respetiva legenda, este retrato não está datado nem tem indicação do fotógrafo.

- Os retratos **n.º 11-16a-01** e **10-02a-01**, mostrando-nos duas mulheres com trajes populares – uma de lenço na cabeça, a outra de avental, como era usual entre as mulheres do povo –, vão, tal como o anterior, contra as convenções do retrato burguês, não procurando «melhorar» o *status* das retratadas, o que indicia também tratar-se de um retrato captado a mando das autoridades. A primeira fotografia (n.º 11-16a-01) não está datada, mas ostenta indicação do ateliê fotográfico Photographia Popular; a segunda (10-02a-01) tem data de 1888 e indica que foi captada pelo ateliê Pereira Photographo.

- Os retratos **n.º 11-15b-04** e **11-16a-02**, desta feita, masculinos, vão no sentido dos anteriores: mostram-nos homens com trajes populares, muito longe dos «figurinos» fotográficos burgueses. Ambos foram captados pelo ateliê fotográfico Photographia Popular e não estão datados.

- O retrato feminino **n.º 10-01b-04** insere-se no grupo que apontámos com *punctum*. De facto, num primeiro olhar, a beleza da retratada e a sua pose e roupagens coincidem praticamente com o modelo burguês; porém, um exame mais cuidado revela-nos sobretudo um cabelo visivelmente despenteado, aspeto que «fere» e impede a perfeição da imagem final sem falhas. Está datado de 1888 e foi captado pelo ateliê Pereira Photographo.

Constatamos, assim, que nos nossos dois álbuns o modelo de retrato burguês ou «de aparato» foi utilizado também nalgumas fotografias de criminosos, apesar das suas conotações sociais positivas. Tal dado dá-nos diversos tipos de informações, das quais destacaríamos duas: em primeiro lugar, que nestes casos o retrato não foi, com toda a certeza, captado nas instalações da Polícia, mas no ateliê fotográfico; em segundo, que os fotógrafos em causa não dispunham de outro tipo de espaço para o captar ou de tempo (ou vontade) para o modificar. Existem, como já referido, casos conhecidos de primeiros retratos de criminosos semelhantes na Dinamarca, nos quais as poses são completamente encenadas, assimétricas e de composição complexa, mimetizando em tudo o retrato burguês, o que poderá indiciar a forte hipótese de a certos fotógrafos com maior estatuto desagradar tirar retratos menos «artísticos» (Regener 1999: 46-48). Existe o emblemático caso da fotógrafa americana Clara Sheldon Smith (nascida em 1882), contratada pela Polícia local de uma pequena cidade de Marysville, na Califórnia, que, quando os prisioneiros lhe eram trazidos sem aviso prévio, muitas vezes os fotografava nos cenários e com a iluminação que usava para os clientes normais[46] (Marien 2002: 227). Assim, alguns destes retratos captados com cenário de modelo burguês constituirão possivelmente exemplos de primeiras experiências de retratar criminosos, em Portugal, comprovando mais uma vez que, além da provável modalidade de os fotógrafos comerciais se deslocarem ao Governo Civil para retratar os criminosos, também aqui existiu a modalidade contrária – e possivelmente anterior – de os detidos serem levados pela Polícia ao fotógrafo. Com efeito, como vimos anteriormente, as datas manuscritas nos retratos não se referem à captação da fotografia, mas a outros factos (p. ex. detenção, libertação, etc.). Além disso, os retratos **11-01a-02 e 11-01a-03** são precisamente os primeiros dois do primeiro «álbum FTM». Por fim, refiramos que os fotógrafos neles indicados – Photographia Popular em quatro deles, Pereira Photographo em dois e Photogaphia Oriental apenas num – não coincidem com o fotógrafo mais utilizado nestas fotografias FTM, como vimos, sendo isso indiciador de que o modelo sem cenário utilizado por este último poderá ter agradado mais às autoridades e correspondido mais ao objetivo de identificação criminal que se pretendia.

Chegados aqui, passamos para o penúltimo grupo de retratos dos nossos dois álbuns que iremos analisar, um conjunto de treze fotografias do segundo álbum, mais recente, em que os retratados surgem ao lado de um espelho, no qual se reflete o seu perfil.

Este tipo de «retrato espelhado» permite um duplo ângulo de visão sobre o retratado, o que facilita naturalmente a identificação, e corresponde a um modelo muito específico de retratos judiciários oriundo do Reino Unido, posteriormente utilizado também pelas autoridades policiais alemãs, austríacas e dinamarquesas na década de 90 do séc. XIX (Regener 1999: 111-112). Segundo

---

[46] A fotógrafa Clara Sheldon Smith terá captado cerca de 500 retratos de detidos de 1900 a 1908 (Marien (2002: 227).

Regener, que se baseia num relatório alemão da época, este modelo de «retrato espelhado» teria sido o resultado de um estudo efetuado no início dos anos 90 por um funcionário inglês de nome Spearman enviado a Paris para aí examinar o sistema fotográfico de Bertillon (Regener 1999: 112). Segundo Hamilton e Hargreaves, porém, já desde a década de 70 do séc. XIX que este modelo estandardizado com espelho lateral era utilizado nas prisões britânicas, seguindo instruções específicas do Ministério do Interior (Hamilton e Hargrieves 2001: 105-106). Tal como o modelo de Bertillon, este «modelo espelhado» permite captar a dupla perspetiva de frente e perfil do criminoso, com a «vantagem» de implicar apenas uma fotografia, mas apresentando menos sistematização e rigor antropométrico, o que terá levado ao seu rápido desaparecimento, em contraponto com a referida continuação do modelo de Bertillon, de modo quase intacto, até aos nossos dias. Será importante acrescentar aqui que este modelo de «retrato espelhado» – com a respetiva visão fotográfica do criminoso de frente e perfil – não existe, à época, fora do contexto judiciário, correspondendo, como foi referido a propósito do modelo de Bertillon, de um modo concreto e formal, às preocupações e tendências de vigilância «panótica» e «biopolítica» que começaram a tornar-se bem visíveis na sociedade de então.

No presente caso português, sete dos treze retratos com espelho estão datados de 1893 a 1895[47], o que temporalmente corresponde ao período final dos retratos FTM e possivelmente a uma tentativa de um *upgrade* ao modelo anterior. Estas datas, de certo modo, surpreendem por serem quase coincidentes com práticas análogas de outras Polícias europeias. Este facto indicia que poderão ter ocorrido contactos diretos ou indiretos com instituições policiais e/ou prisionais estrangeiras sobre o assunto, como comprovadamente aconteceu, em termos gerais, por exemplo, no Congresso Jurídico de Lisboa de 1889, que contou com importante participação e repercussão a nível internacional[48].

Das treze fotografias em causa, podemos distinguir três subconjuntos com características formais diferenciadas, no que concerne ao espelho e respetivo reflexo, e três retratos com particularidades interessantes no que respeita ao seu processo de encenação.

No que se refere aos três subconjuntos, começaremos pelo que é composto por duas fotos em que surge um espelho lateral com muitos ornatos e nas quais a imagem está na horizontal (e, portanto, também colada na horizontal), no cartão habitual. Este modelo de espelho e visão horizontal não será, por alguma razão, repetido:

[47] Os restantes deste grupo de treze retratos não estão datados.

[48] Cf. afirmações de Havelock Ellis de 1890 já aqui citadas sobre «o grande zelo» com que a antropologia criminal era seguida em Portugal, nomeadamente na sequência do Congresso Jurídico de Lisboa de 1889. De resto, nas décadas finisseculares, em Portugal, são numerosas as referências em diversas publicações à participação de portugueses em Congressos de Criminologia europeus. Já no início do séc. XX, a *Revista Amarella* informa-nos de que Manuel Valadares, diretor do Posto Antropométrico Central de Lisboa, se correspondia com Francis Galton e Edward Henry, personagens que, como referido, criaram o novo sistema de identificação baseado nas impressões digitais, que Valadares preconiza em detrimento da «Bertillonage» (*Revista Amarella* n.º 4, dezembro 1903: 52).

A (des)construção dos primeiros retratos fotográficos judiciários portugueses

10-11a-03; s.d.
Atelier Bastos Sucessor Eduardo Novaes

10-10b-04; 1893
Atelier Bastos Sucessor Eduardo Novaes

O conjunto seguinte é ainda mais restrito, com apenas um exemplar, e apresenta-nos um espelho frontal em vez de lateral, surgindo em primeiro plano o perfil do retratado e, em segundo, o plano frontal da sua face, refletida no espelho. Também este protótipo não tem continuidade nos nossos dois álbuns:

10-11b-04; 1893; Photographia Bastos Sucessor Eduardo Novaes

Infâmia e Fama

O terceiro conjunto é composto por todas as restantes dez imagens: aparentemente, as fotos dos dois conjuntos anteriores terão constituído experiências menos satisfatórias, enquanto este modelo é repetido dez vezes, revelando ter sido aparentemente considerado mais aceitável. Eis nove delas:

10-11a-01; 1893

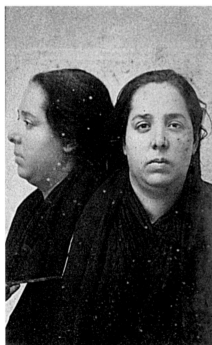

10-11a-02; 1893

10-11b-03; 1893

Todas três: Photographia Bastos Sucessor Eduardo Novaes

A (des)construção dos primeiros retratos fotográficos judiciários portugueses

10-12a-02; 1895
Photographia Bastos Sucessor Eduardo Novaes

10-12a-04; 1894
Photographia Bastos Sucessor Eduardo Novaes

10-12b-01
Bastos Sucessor Eduardo Novaes

Infâmia e Fama

10-12b-03; s.d.;
Atelier Bastos Sucessor Eduardo Novaes

10-12b-04; s.d.;
Atelier Bastos Sucessor Eduardo Novaes

10-13a-01; s.d.;
Atelier Bastos Sucessor Eduardo Novaes

A (des)construção dos primeiros retratos fotográficos judiciários portugueses

Em primeiro lugar, não podemos deixar de notar que todas ostentam a indicação do ateliê fotográfico que anteriormente identificámos como o que foi utilizado em mais de 75% dos retratos FTM, com as já aludidas ligeiras mudanças na designação inscrita. Assim, vemos que o ateliê que habitualmente fotografava os detidos nesta época em Lisboa faz um nítido esforço para se especializar ainda mais neste tipo de fotografia nos últimos anos abrangidos pelos «álbuns FTM». Em segundo lugar, reparamos também que a grande maioria deste grupo de retratos – sete em nove – é de mulheres[49], facto curioso porque inversamente proporcional à percentagem de criminalidade feminina, bastante mais baixa do que a masculina neste período (Vaz 2014: 91; 174; Emsley 1996: 151-167).

Em terceiro lugar, atentemos no facto de que neste modelo o cenário é drasticamente simplificado, sendo que o espelho – lateral – não só não apresenta quaisquer ornatos, como não tem sequer moldura, possuindo aparentemente apenas uma ligeira cavidade em baixo que lhe permite ser encaixado no ombro do retratado e refletir-lhe, sem a existência de quaisquer outros elementos ou distrações decorativas, o perfil, levando, assim, a cabo um objetivo estrita e rigorosamente funcional. Para além desta adaptação do modelo a critérios estritamente funcionais de identificação, a eliminação do espelho com ornatos e a sua substituição por um com um formato funcional específico, que aparentemente um assistente «encaixa» no ombro do fotografado (nas fotos 10-11b-02 e 10-11b-03, vê-se uma pequena parte da mão que segura o espelho), poderá ser vista como a eliminação de um elemento decorativo que remeteria para um contexto burguês normal – passível de «distrair» o observador – e um apontar para um modelo nitidamente diferente e específico do retrato policial. Ou seja, consideramos a eliminação de qualquer tipo de decoração ou elemento estético e a sua substituição por uma solução «panótica» específica um *reforço da vigilância fotográfica,* que se torna significativa sobretudo por se aplicar ao «Outro» feminino[50]. Com efeito, as características deste «Outro» parecem, assim, ser encaradas como uma potencial distração, um obstáculo e uma «ameaça» à objetividade e vigilância pretendidas. Tal facto não nos surpreende, tendo em conta a frequente diabolização da mulher criminosa, na época – e correspondentes estereótipos –, da qual damos aqui apenas dois pequenos, mas significativos exemplos. Eis o primeiro:

> Também o bello sexo dá um subsídio para a história do crime, e não tão pequeno, quanto o póde parecer á primeira vista. A mulher que tem a desgraça de vir ao mundo com a terrível tendência para o crime torna-se muito mais temível do que qualquer criminoso do sexo masculino. [...].
>
> É que as mulheres, todos nós o sabemos, são muito mais maliciosas que nós outros homens. [...] possuem em muito mais elevado grau a sciencia de mentir e dissimular. [...].
>
> O coração da mulher! Mysterio insondável capaz das maiores abnegações [...] e ao mesmo tempo suscetível das perversidades mais monstruosas!

[49] Cinco das quais com o traço popular distintivo do lenço na cabeça, remetendo de novo para as classes sociais inferiores.
[50] Referimo-nos ao *male gaze*, termo cunhado por Laura Mulvey (Mulvey 1975).

Infâmia e Fama

> A sensibilidade feminina é isto: ninguém sabe amar como uma mulher; ninguém como ella sabe odiar. [...] Aquella que foi engendrada para o mal, confunde-se com a maldade dos demónios e contem o veneno das serpentes, os dentes dos monstros apocalypticos (*Galeria de criminosos célebres em Portugal* 1896: 24).

O segundo exemplo é oriundo de um artigo intitulado «As mães criminosas» publicado no n.º 24 da já citada *Revista Jurídica*:

> Esta semana forão duas mulheres para a cadeia – o imundo, a clausura infame, a perpetua vergonha, a mancha violete da deshonra, cuspida pela immaculada virtude da justiça [...] sobre o vicio odiento – acusadas, pronunciadas, de repugnantes crimes. – Oh! É preciso pôr um dique á torrente da infâmia! [...] O coração da mulher, o coração da femea, que ate nas mais baixas escalas da animalidade parece ser o foco de toda a delicia criada, de toda a luz divina [...] foi o laboratório onde a lei encontrou as drogas da perfídia, a caverna cheia de trevas onde o bando de pensamentos maus fazia a ronda fantástica do assassínio (*Revista Jurídica* 1892 n.º 24: 767).

Numa análise muito rápida e necessariamente condicionada refiramos apenas que o total da página de onde retirámos o texto acima transcrito contém quatro vezes as palavras «infame» ou «infâmia», duas a palavra «imundo», duas a palavra «repugnante», e duas vezes as expressões «perpetua vergonha» e «mancha violete da deshonra».

Torna-se, assim, neles muito visível a fissura esquizo-diabolizante da figura da mulher criminosa (com metáforas de teor marcadamente sexual no segundo texto), contrapondo-se à figura igualmente esquizo-idealizante da mulher no geral, nomeadamente utilizando a mesma metáfora do «coração da mulher».

Permitamo-nos acrescentar apenas que a bipolarização ou diabolização/idealização não se restringe, como sabemos, nesta época como noutras anteriores, à mulher criminosa, alargando-se ao tradicional conjunto de lugares-comuns, plenos de preconceitos e fantasmas acerca do «Mistério da Mulher», do eterno feminino e de toda uma complexa mitologia incessantemente elaborada à volta do feminino (David 1975: 59-61), que os seguintes versos, escritos cerca de quarenta anos antes[51] da captação dos suprarreferidos retratos femininos, não poderiam transmitir melhor:

> ô surprise fatale!
> La femme au corps divin, promettant le bonheur,
> Par le haut se termine en monstre bicéphale!.

> (Baudelaire, Le Masque, *Fleurs du mal*)

[51] A primeira edição de *Fleurs du mal* (versão não definitiva) data de 1857.

De resto, no retrato **10-12b-01**, uma jovem e bonita mulher de nome «Maria dos Praseres» (aliás, «Maria Augusta»), com um lenço na cabeça que aparenta ser colorido e vistoso, parece desafiar particularmente esta perspetiva, pois exibe um sorriso pouco expectável naquelas circunstâncias. Uma pequena nota sobre tal sorriso: apesar da situação e da autoridade que subjuga esta mulher, num cenário de aprisionamento policial, ela detém e utiliza por uma fração de segundo a ínfima parcela de poder que lhe resta – o de deixar registada uma imagem de não sujeição –, não se deixando dominar inteiramente pela entidade judiciária que pretende castigá-la e puni-la (Sá 2012: 143).

Na sequência do que foi dito acima, não poderemos deixar de acrescentar que o duplo retrato judiciário de frente e perfil constitui também uma diferenciação retórica visual com a função implícita de imediatamente alertar o observador para o facto de se tratar de retratos *diferentes* dos habituais, e não só *diferentes*, como marcadamente *diferenciadores*. Em suma: retratos que, por um lado, nos mostram um esforço acrescido do controlo visual e, por outro, transmitem imediatamente, através do seu formato (sobretudo ao olhar remediado dos séculos XX e XXI), uma informação implícita de conotação infamante e estigmatizante, aplicada aqui sobretudo ao sexo feminino. Com efeito, como nos diz Phéline, «l'exceptionnelle force, émotive ou idéologique, qui s'attache au portrait de police est en fait l'un des emblèmes majeurs de l'imagerie et de l'imaginaire de notre temps» (Phéline 1985: 145). Dentro deste grupo de dupla imagem através de espelho, existe ainda um subgrupo que iremos focar por último, constituído por uma única fotografia:

10-11b-02; s. d.; Photographia Bastos Sucessor Eduardo Novaes

Trata-se de um retrato muito particular, diferente dos restantes dos dois álbuns, que apresenta um indivíduo bem vestido e com uma pose e semblante bastante afirmativos, exibindo uma moeda na mão esquerda. Segundo os dados inscritos na retaguarda da fotografia, que, apesar de não datada, é das que mais informação ostenta, o retrato é de José Maria da Silva, de 40 anos, natural de Elvas, de alcunha *o Caramello*, solteiro, filho de pais incógnitos, «vassoureiro» de profissão e «autor de moeda falsa». A exibição da moeda, portanto, alude manifestamente ao crime perpetrado pelo retratado, seguindo uma tradição retratista (já aqui aludida) de inserção, no conjunto fotografado, de objetos alusivos à profissão ou ao perfil que se pretende apresentar. Esta fotografia de um detido, que assim exibe o objeto que constitui simultaneamente o produto final e o símbolo do crime que cometeu é, portanto, extraordinária e porventura única no panorama fotográfico português da época. O retrato de José Maria da Silva, porém, sobressai e individualiza-se também por outros motivos. De facto, o falsário de alcunha *o Caramello* foi famoso, à época, constando do primeiro volume da *Galeria dos criminosos célebres em Portugal* (1896: 148-155), muito embora o retrato aí publicado seja outro. Será com este último que faremos a ponte para o quinto e último capítulo deste trabalho, dedicado já não à imagem de infâmia coletiva de uma «classe criminosa» indiferenciada e como tal retratada, mas à fama adquirida por determinados criminosos cujos retratos constam também dos nossos dois álbuns e cuja notoriedade os fez destacarem-se da «turba medonha», logrando transmitir-lhes individualidade.

CAPÍTULO 9
CRIMINOSOS FAMOSOS – A EXCEÇÃO E A INDIVIDUALIDADE

Segundo nos diz Agamben: «The exception is a kind of exclusion. What is excluded from the general rule is an individual case» (Agamben 1998:18).

Como comprovaremos neste capítulo, houve em Portugal no final do séc. xix criminosos que lograram sobressair e excluir-se da turba anónima delinquente, tornando-se casos excecionais que alcançaram celebridade e, portanto, individualidade. Essa individualidade e celebridade implicavam uma narrativa e, em muitos casos, um rosto, nomeadamente através do destaque que mereceram em diversas publicações, nas quais a reprodução de retratos se foi tornando paulatinamente mais frequente. Até nós chegaram testemunhos desta evolução, dando-nos conta de que alguns destes criminosos demonstraram orgulhar-se da notoriedade alcançada, nomeadamente através da divulgação dos seus retratos. O falsário José Maria da Silva, de alcunha *o Caramello*, focado no final do capítulo anterior, é disso bom exemplo. Na cadeia do Limoeiro, onde exerceu ofício de barbeiro, tinha afixado a sua fotografia «que o *Illustrado* publicou no dia do seu julgamento» na tampa da caixa de madeira com os seus utensílios de trabalho (Fonseca 1897: 15)[1]. Ou seja, o até então anónimo José Maria da Silva adquirira o estatuto de personagem de uma narrativa largamente difundida e um rosto publicamente reconhecido – e fazia questão de os exibir. A observação atenta da sua fotografia no segundo «álbum FTM», que apresentámos no final do capítulo anterior, corresponde à atitude de José Maria da Silva narrada pelo seu contemporâneo Faustino Fonseca: apesar de fotografado coercivamente a mando da Polícia e num modelo específico de retrato criminal (com espelho ao lado que lhe mostra o perfil, como vimos), longe de revelar um semblante contrariado ou acabrunhado, José Maria da Silva, elegantemente vestido e de alfinete de gravata, assume o seu estatuto de celebridade, exibindo ostensivamente com a mão esquerda uma moeda que depreendemos ter sido por ele contrafeita, seguindo o que poderemos considerar a tradição já aqui aflorada de se deixar retratar acompanhado de atributos ligados à sua profissão, ocupação, cargo ou categoria. Trata-se, como já referido, da única fotografia dos nossos álbuns com estas características, tornando-se, assim, ao que julgamos, única no presente panorama fotográfico português.

[1] Faustino Fonseca acrescenta: «Durante o desempenho do seu mister conta anedoctas da cadeia, façanhas de criminosos célebres, assassinatos, roubos e fugas audaciosas» (Fonseca 1897: 15).

Infâmia e Fama

O primeiro volume da *Galeria dos criminosos célebres em Portugal* (1896) dedica nove páginas a José Maria da Silva, uma das quais ao seu retrato, diferente do do nosso álbum, mas novamente apresentando um indivíduo bem penteado, de alfinete de gravada e flor na lapela, retrato de resto similar ao exibido pelo falsário/barbeiro em questão, publicado como imagem central do *Diário Illustrado* a 12 de junho de 1896. O retrato abre o artigo em questão, emprestando um rosto à personagem tratada. O texto biográfico do artigo acompanha-o desde a infância, em Elvas, onde nasceu, ao último encarceramento, em 1896, em Lisboa, passando pelo degredo em África, de 1877 a 1881, e mil e uma vicissitudes da sua vida criminosa de falsário. Este acompanhamento biográfico e os tons e perspetivas contrastantes utilizados – dos quais daremos de seguida dois curtos exemplos – não nos deixam margem para dúvidas de que é devido ao crime que José Maria da Silva sai do anonimato, ganhando tanto uma individualidade própria (focada por vezes de forma dramática, levando o leitor a sentir ora empatia, ora rejeição) quanto o estatuto de celebridade. Assim, logo no início do terceiro parágrafo do texto dedicado a este criminoso lê-se: «José Maria fez-se celebridade no crime, devido à falta de educação e ao meio em que sempre viveu, sem ter uma pessoa que o protegesse e impelisse para a estrada do bem.» Contrastando com este tom, que de certo modo apela à compaixão e à compreensão do caso em apreço, leia-se a frase final do mesmo texto, que adota um estilo repressivo: «Assim, pois, terminamos a história d'este famigerado criminoso, que tanto tem dado que fazer à polícia […]» (*Galeria dos criminosos célebres em Portugal* 1896: 148-155).

De facto, como referimos anteriormente, a imprensa contemporânea dos nossos dois álbuns fotográficos, em finais do séc. XIX, dedicava substancial espaço e atenção a notícias criminais, tornando o crime um assunto cada vez mais mediático e marcadamente presente no quotidiano, conforme nos transmite A. A. Castelo Branco, jurista criminólogo da época por nós já tratado e que, além de subdiretor da Penitenciária de Lisboa, foi ministro da Justiça:

> Não sei de estatistica alguma que contenha o recenseamento dos criminosos habituaes ou de profissão que haja em Portugal; mas a leitura da imprensa diaria não deixa duvidar de que ha, principalmente no Porto e em Lisboa, um grande numero de individuos que vivem do latrocinio, que o praticam habitualmente, e cujo exercicio só interrompem durante o cumprimento d'alguma pena correccional, voltando no fim d'ella com maior vigor e com mais pericia para continuarem com risco menor e maior probabilidade de exito (Castelo Branco 1888:128).[2]

Também como referido, nesta época a literatura dita policial dava os primeiros passos, com substancial sucesso, popularizando o tema do crime e celebrizando alguns heróis-bandidos. Tais factos são então muito criticados por alguns dos autores portugueses que se debruçaram sobre o tema da criminalidade, cujas obras aqui focámos. Assim, Roberto Frias chega a apontar a imprensa sensacionalista da época como uma das causas da criminalidade e considera

[2] Maria João Vaz abre com a seguinte frase a introdução da sua recente obra *Crime em Lisboa 1850-1910*: «Na imprensa e no discurso público, a imagem que sobressai da sociedade lisboeta entre 1850 e 1910 é a de um quotidiano dominado pelo crime, em que a pequena violência é permanente, o furto, endémico e a indisciplina, constante» (Vaz 2014: 13).

208

[3] Contudo, a *Galeria de criminosos célebres em Portugal* procura repetidamente demarcar-se destas más influências, pois considera que «a análise publica da delinquência antes opera como um profilático criminológico» (*Galeria de criminosos célebres em Portugal* 1897: 5). Sobre essa demarcação, pode ainda ler-se, numa espécie de «pós-prefácio» deste mesmo volume II, com o título «A imprensa e a génese do delito», assinado por Ferraz de Macedo, o seguinte: «Temos de afirmar que as descrições de factos criminológicos [aqui] jamais são desacompanhadas da censura ou de crítica accional e conselho oral, como parte integrante e justificativa do objecto visado pelo escritor: quando assim não fosse, teríamos panegíricos do delito, e nessas condições o escritor não passaria de um anómalo ou aberrado, se não fosse um inconsequente ou louco, digno de ser deposto do lugar que ocupasse [...] ou corrigido severamente pelos poderes judiciais como amotinador sociológico e de bom senso» (*Galeria de criminosos célebres em Portugal* 1897: 8).

[4] A literatura (popular) dedicava já bastante interesse aos temas criminais, como vimos anteriormente. A *Revista Jurídica* dá relevo a esse aspeto no seu n.º 3 quando refere por exemplo um folheto atribuído a Camilo Castelo Branco sobre um matricídio ocorrido em 1848 (*Revista Jurídica* 1892 n.º 3: 79). Além disso, obras como *Os crimes célebres 1839-41*, de Alexandre Dumas, traduzido para português e publicado em Lisboa em 1861 ou a já mencionada *Les criminels célèbres*, de Th. Labourieu, publicada em Paris em 1885, terão influenciado decisivamente a edição em Portugal das referidas *Galerias de criminosos célebres*.

[5] Na *Revista Jurídica* não encontramos propriamente o título «Galeria de criminosos célebres», mas, na prática, deparamo-nos com o equivalente, normalmente como segundo artigo desta publicação, com a respetiva reprodução do retrato fotográfico, conforme de resto reconhecido pela própria revista, que se refere amiúde a «larapios famosos» (*Revista Jurídica* 1892 n.º 19: 597). Com efeito, no seu n.º 16 podemos ler, a propósito do criminoso aí biografado e retratado:

«certa» literatura uma fonte de «maus exemplos» e incitadora do crime (Frias 1880: 77-78). Também a *Galeria dos criminosos célebres em Portugal* atribui aos heróis de conduta duvidosa da literatura folhetinesca de Ponson du Terrail (1829-1871) e de Adolphe d'Ennery (1811-1899), ambos escritores extremamente populares e prolíferos, maus exemplos inspiradores de criminosos, em Portugal, reconhecendo vários autores internacionais que apontam a imprensa como má influência e causadora de crimes.[3] Além disso, o supracitado A. A. Castelo Branco considera os julgamentos de processos-crime públicos «para certa classe popular espetáculos públicos gratuitos», nos quais alguns réus ganham uma notoriedade que nunca obteriam de outra forma, tornando-se, assim, instigadores do crime por imitação (Branco 1888: 128). Esta atenção e forte oposição por parte de eminentes criminologistas portugueses à notoriedade adquirida por certos criminosos não se dá por acaso e revela-nos até que ponto o fenómeno ganhara impacto na época. Consideramos que esta tendência de «exaltação» de figuras criminosas culmina na viragem do século em Portugal com a edição de várias «Galerias de Criminosos Célebres». Como vimos anteriormente, o culto das celebridades já vinha muito de trás, nomeadamente de coletâneas de biografias e/ou coleções de retratos de personalidades de grande estatuto social. Porém, esta focagem exclusiva no tema criminal, muitas vezes com pretensões científicas, como veremos, constitui algo novo.[4] Podemos nomear quatro «Galerias de Criminosos Célebres» portuguesas publicadas neste período. Três tiveram relativamente pouca importância, em primeiro lugar por não serem autónomas – surgem como uma pequena secção de revistas periódicas – e, em segundo, porque, com uma exceção, tiveram um período de vida diminuto e/ou pouca divulgação. Trata-se em primeiro lugar de duas publicações editadas no Porto com pretensões científicas: a *Revista Jurídica*, editada de 1892 a 1893, por Bernardo Lucas[5], e a já citada *Revista de Anthropologia Criminal, Boletim do Posto Anthropometrico junto das Cadeias da Relação do Porto*, editada em 1902, nomeadamente pelo já aqui citado António Ferreira Augusto, procurador régio junto da Relação, que logrou apenas a publicação de dois números. Os criminosos constantes das «galerias» destas duas publicações eram do Norte, não coincidindo, portanto, com os criminosos dos «álbuns FTM». A última deste grupo de três «galerias» estava inserida no *Almanach Palhares*, publicado de 1898 a 1934, e tinha uma dimensão diminuta, coincidindo os seus conteúdos e editores com a obra que iremos analisar de seguida, ou seja, os editores literários A. Morgado (1860-1930) e José Maria Santos Júnior – «Santonillo» – (1862-1927) e a «Typographia da Papelaria Palhares».

«Ora este [...] figura característica no mundo da gatunagem portuense [...] serve bem para entrar na galeria – triste é ella – que a *Revista Jurídica* estabeleceu como estudo e documentação das camadas irregulares da nossa terra» (*Revista Jurídica*, 1892 n.º 16: 514). Nos primeiros três números, assim como no n.º 22, estes artigos estão assinados por Bernardo Lucas, sendo que os números restantes não estão assinados; no entanto, pensamos que serão provavelmente do mesmo autor, dada a similitude do estilo factual e conteúdo.

Infâmia e Fama

A quarta «Galeria de Criminosos Célebres», como veremos, tem uma importância e dimensão completamente diferentes: trata-se de uma publicação independente, inteiramente dedicada ao tema em causa, ostentando como designação completa *Galeria de criminosos célebres em Portugal. História da criminologia contemporânea*. Sendo originalmente publicada em quinzenários, logrou ser editada em sete volumes com uma média de 200 páginas, de 1896 a 1908. Numa época em que a grande maioria da população era iletrada, este «feito» demonstra que a obra em questão alcançou um impacto relativamente importante e um público leitor com alguma dimensão, durante um período de tempo longo, comprovando a «pertinência» e a grande recetividade não só do tema, como da perspetiva utilizada na abordagem do criminoso. De facto, tal como sobretudo nos casos das referidas «Galerias» da *Revista de Anthropologia Criminal* e da *Revista Jurídica*, também esta *Galeria de criminosos célebres em Portugal* pretende ter um estatuto (parcialmente) científico, fazendo numerosas referências a criminólogos de renome internacional e contando com a colaboração de criminólogos portugueses por nós já abordados neste estudo (como veremos adiante). Com efeito, esta *Galeria* faz questão de repetidamente se demarcar do «romance popular recheado de cenas tétricas», reunindo «apontamentos verídicos para o inquérito exato da criminologia em Portugal», não abdicando de produzir «uma obra a um tempo interessante para os profanos, e útil para os homens de ciência». O prefácio do segundo volume conclui: «Todo o sucesso deste livro é devido à sua parte científica, que é verdadeiramente a única que lhe dá foros de primeira na bibliografia contemporânea.» (*Galeria de criminosos célebres em Portugal*, 1897: 4.) Apesar de haver de facto por parte de muitos dos colaboradores desta *Galeria* uma visível preocupação em basear-se em textos «científicos» ou documentação jurídica e testemunhos reais – logrando, assim, centralizar informação criminal da época de outro modo muito dispersa –, o resultado por vezes rasa o que hoje poderemos considerar um tom delirante, por se apresentar amiúde mesclado com um estilo grandiloquente, dramático e moralizante, de resto assumido, como vimos, e característico da época[6]. Trata-se, assim, de uma publicação com alguma importância informativa documental e grande popularidade, neste período, no panorama editorial português, tendo como alvo um público com alguma escolaridade e, porventura, maiores pretensões de conhecimento, ávido de curiosidades mundanas e «científicas» (onde prolifera, como já vimos, o gosto pelo «Outro» diferente e, portanto, exótico, no qual cabe o mundo criminal), num segmento temporal imediatamente subsequente aos nossos dois álbuns[7]. Não só por essa razão iremos dedicar-lhe especial atenção neste capítulo final do nosso trabalho.

O motivo central e determinante do nosso interesse pela *Galeria de criminosos célebres em Portugal. História da Criminologia Contemporânea* é outro: acontece que, nos vários volumes desta obra, encontrámos a reprodução exata de 24 retratos de criminosos dos dois «álbuns FTM», acompanhados das respetivas biografias. Este facto poderá indiciar que os nossos dois álbuns talvez tenham constituído uma importante fonte de imagens desta obra, ou,

[6] «During these years not only theatrical, but also literary and even non fictional representations of crime tended to follow the lines of melodrama» (Wiener 1990: 21).

[7] Relembramos que a última data inscrita nos retratos dos nossos álbuns é 1895, datando o primeiro volume da *Galeria de criminosos célebres em Portugal* de 1896.

dada a reprodutibilidade das imagens, que têm pelo menos origens comuns – a Polícia Civil de Lisboa e/ou os fotógrafos comerciais por ela mandatados para este serviço. Esta circunstância cria um cruzamento de dados muitíssimo interessante e profícuo para a nossa pesquisa, demonstrando não só a utilização, como a divulgação, numa escala apreciável, de reproduções exatas dos retratos constantes dos álbuns. A *Galeria de criminosos célebres em Portugal* constitui, deste modo, não só um valioso complemento informativo dos dois álbuns fotográficos FTM, como um comprovativo da relevância dos seus retratos, que vemos assim retirados do circuito restrito de circulação judiciária e remetidos para uma disseminação bastante relevante, à época, para um público considerável, desenvolvendo de modo particularmente interessante e profícuo o eixo fama/infâmia que temos vindo a tratar. O facto de um dos mais importantes autores e «diretores científicos» da *Galeria* ser (do segundo ao quarto volume) Ferraz de Macedo, autor por nós aqui já abordado e que no final de vida foi, como referimos, diretor dos Serviços Antropométricos e Fotográficos do Juízo de Instrução Criminal, não será provavelmente alheio ao acesso e divulgação dos retratos policiais dos criminosos portugueses na obra em apreço, onde ganham estatuto e honra de celebridade.

Em *Lives of Infamous Men*, Foucault foca as «celebridades criminosas» do passado de um modo que nos interessa particularmente, pois coincide com a ideia que temos vindo a tentar transmitir: a de que, antes de cometerem crimes e de serem perseguidos pela Polícia, estes indivíduos não passavam de elementos obscuros de uma massa anónima, medíocre e desinteressante. Para Foucault, foi o encontro e o embate com o poder que lhes deu visibilidade e os fez saltar para a ribalta:

> […] a beam of light had to illuminate them, for a moment at least. […] What snatched them out of the darkness in which they could, perhaps should, have remained was the encounter with power; without that collision, it's very unlikely that any word would be there to recall their fleeting trajectory (Foucault 2002: 161).

E é Foucault também que realça com particular acutilância a ambiguidade do eixo fama/infâmia destas celebridades criminosas, que para nós assume tanta importância e que por isso temos vindo a destacar:

> Apparently infamous, because of the abominable memories they have left, the misdeeds attributed to them, the respectful horror they have inspired, they are actually men of glorious legend, even if the reasons for their renown are the opposite of those that constitute or ought to constitute the greatness of men. Their infamy is only a modality of the universal *fama* (Foucault 2002: 163-164).

A fama destes criminosos célebres é, portanto, indissociável da sua infâmia. Se na maior parte deste estudo nos debruçámos mais sobre a componente da infâmia, neste capítulo final focar-nos-emos sobretudo no fenómeno da «fama», no seguimento do que já fizemos no último capítulo da primeira parte, quando tratámos a componente mediática.

Não é fácil para nós, em plena era da explosão mediática do séc. XXI, ter uma ideia adequada do que seria a perceção da *fama* (e, segundo Foucault, da sua modalidade infâmia) no final séc. XIX. Contudo, o que transmitimos atrás sobre o início do «género policial» e sobre a imprensa da época[8] – sobretudo o relevo que ambos dedicavam ao tema criminal –, bem como acerca da importante reação defensiva a estes, visivelmente considerados demasiado impactantes e com demasiada influência popular, dá-nos uma noção aproximada do que poderá ter sido e leva-nos a pensar que a atual sobrevalorização do virtual em detrimento do real, nos modernos *media* (Sontag 1978: 161), no que diz respeito ao mundo criminal e policial, terá então começado a dar os primeiros passos, nomeadamente no potente «redimensionamento» de personagens criminosas patente nalguns jornais diários e na *Galeria de criminosos célebres em Portugal,* como veremos de seguida. Este «redimensionamento» é levado a cabo pela *Galeria* a dois níveis: em primeiro lugar, através da verdadeira «revelação» e divulgação das fotos dos nossos dois álbuns, que dão finalmente *um rosto* aos novos «famosos criminosos», acompanhadas de considerações «científicas» e de pitorescas narrativas, de modo não só a responder, como a alimentar e engrossar a atração fatal detetada no público por estas personagens, que ganham assim, em absoluto, uma nova dimensão; em segundo lugar, e de modo mais literal, através do aumento do tamanho do formato real de *carte de visite* dos retratos em questão nos «álbuns FTM».

De facto, no que concerne às reproduções de 24 fotos provenientes dos nossos dois álbuns na *Galeria de criminosos célebres em Portugal,* deveremos referir o seguinte: trata-se de reproduções fotomecânicas, quase todas com moldura oval, que na sua grande maioria aumentam o tamanho do retrato em formato *carte de visite* real entre um a dois centímetros, mas em simultâneo cortam a parte inferior do retrato até um quarto. O retrato final reproduzido resulta, assim, numa imagem não só maior no seu todo, mas que também dá, proporcionalmente, bastante mais espaço e ênfase ao rosto – e, portanto, aos traços fisionómicos individuais –, criando um efeito de maior proximidade e também de maior dimensão e grandeza tanto em termos literais, como metafóricos. Todas as 24 imagens originais contidas nos álbuns (com uma exceção) são albuminas, oriundas do já referido ateliê Bastos, que, como vimos, efetuou mais de 75% dos retratos dos nossos dois álbuns. Na *Galeria*, porém, não surge qualquer referência a este ateliê, aparecendo antes na moldura dos retratos a menção aos autores das suas reproduções fotomecânicas, ostentando a sigla «C. Branco & Alabern Sc» correspondendo a «Castello Branco & Alabern», uma das três «firmas» ou profissionais que introduziram os processos fotomecânicos em Portugal[9].

Os retratos em questão, reproduzidos nesta *Galeria,* assumem na referida publicação especial relevo não só por se encontrarem invariavelmente no início do artigo sobre cada criminoso, como por ocuparem o lugar central de

---

[8] A este propósito, o sexto volume da *História de Portugal* dirigida por Mattoso informa-nos: «A consciência de um poder da imprensa levou em 1895 os jornais de Lisboa a acordarem entre si a diminuição da publicidade dos suicídios, anteriormente um dos grandes pratos de resistência da imprensa da capital, desconfiados de que contribuíam para eles pelo facto de lhes darem atenção. Pouco depois constatavam com satisfação que as ocorrências diminuíam» (Ramos 1994: 53, baseado em Noronha, Eduardo [1913] *Vinte I' cinco nos bastidores,* p. 334).

[9] Os restantes dois são: Pires Marinho e Marques de Abreu (Araújo 2008).

uma página que lhes é inteiramente dedicada, em efígie, sempre com moldura oval, sem outros conteúdos que não uma pequena legenda com o nome e, por vezes, a alcunha do retratado e/ou a designação por que ficou conhecido o crime. Assim, para o leitor, a imagem precede o texto: quando inicia a leitura da narrativa sobre determinado criminoso, este já tem um rosto, fornecido pelo retrato, cuja apresentação – pelos efeitos suprarreferidos – remete irremediavelmente, no nosso imaginário coletivo, para um tipo de representação de personagens célebres e importantes, nomeadamente em moedas ou medalhas. Tal apresentação contribui, por sua vez, para a aceitação da descrição das ações do criminoso como autênticas «proezas», como o texto da *Galeria* não se cansa de repetir. Assim, cada retrato dos álbuns policiais reproduzido na *Galeria* – originalmente, um entre muitos, sem diferenciação particular, numa coleção de retratos de uma «turba» de criminosos reunidos sem critério – torna-se aqui especial, pela forma como é destacado e exibido. O retrato judiciário policial de cariz utilitário e burocrático é transformado num caso excecional que merece ser salientado, sendo apresentado de uma forma que confere uma espécie de «aura» (por vezes, explicitamente referida) e de culto ao retrato e retratado em questão. Esta «aura», porém, tem aqui ainda outros níveis a que será importante aludir: em primeiro lugar, os retratos de delinquentes constituem uma verdadeira «revelação», já que possibilitam que se veja o rosto do criminoso, criando-se a ilusão de que se o conhece. Em segundo lugar, e em ligação direta com o nível anterior, porque se tratava de uma época em que as imagens fotográficas eram ainda pouco frequentes, a fotografia constituía um fenómeno relativamente recente, perante o qual, ao contrário de hoje, ainda não se perdera «o espanto» (Frade 1992: 207).

Abordemos, então, as fotos provenientes dos nossos dois álbuns que foram reproduzidas nos vários volumes da *Galeria de criminosos célebres em Portugal*, destacando e conferindo notoriedade aos retratos e retratados em questão.

Para além de José Maria da Silva, de alcunha *O Caramello*, já aqui tratado no final do capítulo anterior, temos mais 36 casos coincidentes. Contudo, desse conjunto, analisaremos apenas 24 retratos fotográficos, dado que, em primeiro lugar, seis das fotografias desses casos diferem das dos nossos álbuns e, em segundo, das fotografias que já referimos faltarem nos álbuns (cavidades vazias, sem retrato, mas com nomes), seis dizem respeito a estes casos que constam na *Galeria*.

Porque a maior parte destes 24 retratos não está datada, encontrando-se eles reunidos nos dois «álbuns FTM» sem qualquer critério identificável, optámos por seguir a ordem por que surgem na *Galeria de criminosos célebres em Portugal*.

As legendas que acompanham os 24 retratos dos álbuns que aqui exporemos – no formato original de *carte de visite* constante dos nossos dois álbuns – apresentam o número de inventário sequencial que lhes atribuímos, assim como os dados inscritos nas molduras ou no verso das fotografias que considerámos mais importantes nesta abordagem, incluindo a referência ao ateliê fotográfico em causa.[10] Assim, toda a informação que fornecermos sobre os criminosos retratados que não esteja inscrita nos álbuns terá como origem, salvo

[10] As rubricas dos já referidos quadros de dados em Excel (com todos os dados inscritos nos álbuns e nas fotografias) incluídas nas legendas dos retratos dos criminosos deste capítulo são: número de inventário, nome, alcunha, idade, data, profissão, naturalidade, estado civil, crime e fotógrafo. Filiação, endereço e outros não foram aqui incluídos.

indicação em contrário, a própria *Galeria de criminosos célebres em Portugal*. Essa informação não será detalhada e muito menos exaustiva, já que não se pretenderá analisar a biografia do retratado, mas antes contextualizar os retratos em questão e demonstrar como e por que razão alcançaram um impacto, uma divulgação e um tratamento tão excecionais, à época.

O primeiro caso abordado pela *Galeria* é o de Luiz Augusto Pereira, de alcunha *o Physico* (*Galeria de criminosos célebres em Portugal* 1896, Vol. I: 7-18), falecido a 9 de abril de 1886. O retrato cuja reprodução mecânica rudimentar e aumentada vemos no início do artigo que lhe é dedicado está contido no nosso primeiro álbum. Apresentamos aqui este retrato FTM, seguido da sua reprodução mecânica na *Galeria*:

11-24b-01 – Luiz Augusto Pereira, *o Physico*, 27 anos, nascido em Vianna do Castello, Solteiro.
Fotógrafo: R.P.M. Bastos Galeria Photographica

Luiz Augusto Pereira poderá ou não ter sido o nome correto desta personagem multifacetada, que ao longo da vida se foi apresentando com inúmeros nomes, dos quais destacaremos apenas o mais sonante: Jorge Frederico de Brito Viriato. Por que razão este homem e o seu retrato se tornaram um caso tão excecional, digno de celebridade? O texto da *Galeria* que citaremos de seguida elucida-nos e corresponde exatamente à linha que temos vindo a sustentar:

> Não foi, enquanto durou a sua aura, um d'estes larápios vulgares que frequentam as alfurjas e os bordeis obscenos de bairros mal afamados,

povoados pela ralé; foi um *gentleman*, um gatuno fino d'estes que envergam uma casaca com o *aplom* d'um diplomata e sabem estar à vontade na sociedade, como se n'ella tivessem nascido e vivido (*Galeria de criminosos célebres em Portugal* 1896 Vol. I: 7).

O texto refere, portanto, explicitamente a «aura» deste «gatuno fino». Chegado a Lisboa, em 1883, «na qualidade de *sportsman* elegante», à estação de Santa Apolónia, «viera em carruagem de 1.ª classe, bem confortado, e separado da turba multa que viaja nas classes inferiores». Assistimos, deste modo, também aqui, à repetição dos estereótipos da época sobre a classe de onde «provinham» os criminosos – e dos próprios vocábulos transmissores desses estereótipos –, já aqui focados: as expressões e conceitos constantemente repetidos de «ralé» e «turba» (mais concretamente, «turba multa», expressão muito próxima da nossa já conhecida «turba medonha»). A distância que Luiz Augusto Pereira aparenta de tais «imagens» da «classe criminosa» constitui precisamente o que torna especial e excecional o caso deste criminoso.

No entanto, a *Galeria* informa-nos de que, na realidade, Luiz Augusto Pereira era analfabeto, o que, dadas as circunstâncias e a alta-roda onde se movimentava, torna o caso ainda mais extraordinário:

> Não exageramos se prestamos homenagem à inteligência d'este gatuno. E para prova-lo basta dizer-se que o *Physico* viveu e morreu sem ter conhecido os caracteres alfabéticos e que, apezar d'isto, frequentou *soirées* cultas, assembleias illustradas e sustentou palestras largas e elevadas com homens distinctos e damas illustres, chegando a passar por homem de espírito! (*Galeria de criminosos célebres em Portugal* 1896 Vol. I: 7.).

Sobre a imagem fotográfica do *Physico*, podemos ler a seguinte passagem, que pretende deixar clara a destrinça entre a «aparência» deste criminoso e o «desgraçado que ele era»:

> O retrato que nós damos à estampa é a reproducção fiel d'uma photographia do criminoso; mas esta photographia foi tirada numa época em que já se assignalava horrivelmente a decadência do retratado. A Polícia restringira-lhe o campo d'acção para as suas proezas e transformara por completo o elegante, reduzindo-o às proporções do miserável, do desgraçado que elle era; a variola desfigurara-lhe o rosto agradável e insinuante e a tysica, na sua obra de destruição fatal, começava a cavar-lhe as faces.
> Quando o *Physico* foi photografafo não era, pois, o mesmo homem. Desappareceram-lhe simultaneamente a beleza do rosto, o aprumo do corpo e a elegância do vestuário. Estava desconhecível! (*Galeria de criminosos célebres em Portugal* 1896 Vol. I: 8).

Infâmia e Fama

Estes comentários poderiam surpreender-nos perante o retrato FTM, onde visualizamos o semblante de certo modo agradável de um homem ainda jovem e sem vestígios de varíola, mas não nos surpreendem tanto em relação à sua reprodução fotográfica na *Galeria* que vemos abaixo, a qual se mostra bastante grosseira e distanciada do original (ao contrário das restantes que iremos apresentar). Nesta reprodução, o retratado vê substancialmente diminuída a sua boa aparência em comparação com o retrato FTM, embora a face continue a não mostrar as marcas de varíola que o texto refere. De notar também que, ao contrário das restantes reproduções da *Galeria* que iremos apresentar, não foi cortada a parte inferior do retrato FTM, onde vários botões descuidadamente desabotoados «ferem» o conjunto de resto bastante respeitável:

LUIZ AUGUSTO PEREIRA
O PHYSICO-MÓR

Reprodução fotomecânica na *Galeria de criminosos célebres em Portugal* 1896: 7

Os títulos que subdividem o restante texto são particularmente elucidativos no que concerne às «proezas» que envolvem diversas personagens fictícias por quem esta figura se faz passar: «O Physico conquistador»; «O Physico doutor Felgueiras»; «O Physico director do Hospital de S. Marcos, de Braga»; «O Physico quintanista de medicina»; «O Physico commissário de Policia» e, finalmente, «O Physico bombeiro voluntário». Perante os nossos olhos, desfila, portanto, uma personagem de forte personalidade, cujos contornos psicológicos são amiúde aflorados na narrativa. Tal como os restantes criminosos célebres que iremos abordar de seguida, Luiz Augusto Pereira logrou destacar-se da massa anónima da classe criminosa, com todos os seus estereótipos e *clichés*, alcançando a individualidade e a fama.

No final da sua atribulada «carreira», porém, o *Physico* acaba por ser preso por ter furtado... um guarda-chuva. Perdida a elegância, a beleza e a desenvoltura imaginativa da juventude, deixa de ser excecional, repetindo-se o chavão da época sobre a classe criminosa: «Tinha descido até à mais ínfima ralé» (*Galeria de criminosos célebres em Portugal* 1896 Vol. I:17).

O segundo caso abordado pela *Galeria* utilizando um retrato dos nossos álbuns é o de Maria Rosa, de alcunha *A Giraldinha* (*Galeria de criminosos célebres em Portugal* 1896, vol I: 24-35). O retrato mecanicamente reproduzido e aumentado, apresentado no início do artigo dedicado a esta delinquente encontra-se no segundo «álbum FTM» e é o seguinte:

10-13b-01 – Maria Roza [sic], *a Giraldinha*, 22 anos, solteira, criada de servir.
Fotógrafo: Bastos Sucessores Julio & Novaes

No entanto, no mesmo segundo álbum, consta, logo de seguida, uma segunda fotografia da mesma Maria Rosa, *a Giraldinha*, que não consta da *Galeria* e que passamos a expor:

Infâmia e Fama

10-13b-02 – Maria Rosa, 23 anos, solteira, criada de servir.
Fotógrafo: Photographia Oriental – Manuel da Silva Campos

Não sabemos ao certo o que levou os editores a escolher um retrato em detrimento do outro. Uma das hipóteses poderá ter a ver com um possível acordo ou contrato com o ateliê fotográfico Bastos, que, como referimos, é o de todos os retratos da *Galeria* oriundos dos nossos dois álbuns, sendo que este segundo retrato de Maria Rosa ostenta o carimbo da Photographia Oriental. Também a cronologia pode ter pesado na escolha: apesar de nenhum deles estar datado, o primeiro terá sido anterior, já que nele a idade apontada é de 22 anos, enquanto no segundo é de 23. Além disso, o facto de no primeiro retrato Maria Rosa usar um lenço na cabeça e um xaile remete imediatamente para uma imagem de cariz mais popular do que a segunda.

Eis a imagem da *Giraldinha* exposta na *Galeria*, em tudo semelhante ao primeiro retrato original FTM[11]:

[11] Excetuando o aumento da dimensão do retrato e o corte da parte inferior do peito, já referidos, dando um maior enfoque ao rosto.

MARIA ROSA
A GIRALDINHA

Reprodução fotomecânica na *Galeria de criminosos célebres em Portugal* 1896: 24

Esta imagem «popular» adquire importância, como veremos, na observação do «Outro social» levada a cabo pelo artigo de onze páginas dedicado à *Giraldinha* por parte da *Galeria*, que lhe atribui «um typo de modéstia e humildade, com que enganou até os que melhor a conheciam» e a envolveu em mil e uma peripécias que tomam contornos trágico-cómicos e em que ela revela uma presença de espírito e uma astúcia absolutamente notáveis. Acrescenta a *Galeria*:

> O que interessa é descrever-lhe o todo com a maior exatidão possível. Saiba-se portanto que a Giraldinha é uma mulher alta, bem talhada, rosto moreno e oval, olhos negros e rasgados, cabelos escuros. Conta actualmente trinta annos d'idade e tem conta aberta em casa da policia há treze annos, pouco mais ou menos.[12]
>
> Traja de preferência, como se vê no retrato que damos à estampa, vestido de chita, chaile e lenço ao estylo das criadas de servir antigas, aquellas que ainda não se tinham dado ao chic de vestir melhor que as patrôas, como actualmente sucede às nossas *Menegildas* (*Galeria de criminosos célebres em Portugal* 1896, Vol. I: 25).

A imagem de mulher do povo vulgar e modesta da primeira fotografia, portanto, é a que corresponde à que a *Galeria* dela quer dar, em primeiro lugar, porque condiz perfeitamente com o estereótipo da época já aqui repetido da origem da «classe criminosa» e, em segundo, para destacar o que torna

---

[12] Entre 1885 e 1895 a *Giraldinha* foi presa 22 vezes, 18 por furto e 4 por vadiagem, mas não foi a sua condição de grande reincidente que a tornou célebre, como veremos.

este caso excecional e digno de notoriedade: o contraste entre a aparência insignificante e humilde e «a finura perfeitamente fora do vulgar» «desta gatuna perigosíssima» com uma «história […] deveras acidentada» (*Galeria de criminosos célebres em Portugal* 1896, Vol. I: 24).

A este contraste ligado ao «Outro social», vem acrescentar-se o contraste com o «Outro» em termos de género, que é sublinhado de modo notável. Sendo o número de mulheres criminosas bastante inferior ao dos homens, e num quadro mental de finais de séc. XIX – com a respetiva formatação de papéis e imagens femininas –, vemos que o confronto com o surgimento de um caso criminal feminino facilmente resvala para um tom discursivo proporcionalmente correspondente a esse mesmo quadro mental:

> […] eis-nos em presença d'uma mulher./Uma mulher larapia, uma mulher gatuna!/Também o bello sexo dá um subsídio para a história do crime, e não tão pequeno, quanto o póde parecer á primeira vista. A mulher que tem a desgraça de vir ao mundo com a terrível tendência para o crime torna-se muito mais temível do que qualquer criminoso do sexo masculino. Aquella que tem comsigo o sestro de furtar é em geral d'uma finura que não se observa no mais requintado e astuto gatuno. /É que as mulheres, todos nós o sabemos, são muito mais maliciosas que nós outros homens (*Galeria de criminosos célebres em Portugal* 1896, Vol. I: 24).

E o senso comum masculino sobre o «Outro feminino» desta época continua a revelar-se em todo o seu fulgor uns parágrafos adiante:

> A sensibilidade feminina é isto: ninguém sabe amar como uma mulher; ninguém como ella sabe odiar. A alma da mulher temperada ao fogo do bem confina com requintes com a divindade celeste. Aquella que foi engendrada para o mal, confunde-se com a maldade dos demónios e contem o veneno das serpentes, os dentes dos monstros apocalypticos (*Galeria de criminosos célebres em Portugal* 1896 Vol. I: 24).

A condição de criminosa feminina de Maria Rosa, porém, destaca-a também por outras razões, que, como no caso anterior, passam pela sua «fisionomia exterior» [sic] e pelo contraste entre o comportamento expectável devido a essa aparência e a conduta efetiva da *Giraldinha*. Vejamos os comentários da *Galeria* sobre este aspeto:

> Atentem os nossos leitores na physionomia exterior desta mulher: considerem-lhe as linhas onde a ausência de formusura no verdadeiro sentido da palavra não exclue uma certa graciosidade sympatica e atraente; observem-lhe a viveza dos olhos, analysem-lhe a sensualidade da bocca, onde a photographia não deixa ver duas fileiras de dentes formosíssimos que ella possue, e digam-nos se n'este conjuncto, n'este rosto de mulher não há um grande auxiliar ao serviço da gatuna. […] Mas é preciso dizer-se

Criminosos famosos – A exceção e a individualidade

> que ella, ao envez do que fazem outras mulheres, talvez menos bellas, não tem a preocupação de valorizar as suas galas femininas, a não ser com o fim premeditado de furtar! Usa das próprias seducções como um incidente e como ultimo recurso para chegar a atingir o alvo que visou (*Galeria de criminosos célebres em Portugal* 1896 Vol. I: 25).

A redundância da expressão «fisionomia exterior» e o tom da descrição dos traços *malgré tout* agradáveis e sensuais da *Giraldinha* vêm sublinhar, mais uma vez, uma situação invulgar e inesperada segundo o cânone estereotipado da época. A aparência desta mulher não corresponde ao quadro mental habitual do *monstrum in fronte, monstrum in animo,* que se esperaria de uma gatuna. Além disso, esta não correspondência alarga-se e torna-se ainda mais excecional, aos olhos da *Galeria* – que, no fundo, se limita a aderir ao senso comum da época –, por não seguir, de novo, o que seria expectável segundo a mentalidade de então para uma mulher marginal fisicamente bem dotada:

> Queremos nós fazer realçar esta anomalia inexplicável da mulher: com os seus dotes physicos, a Giraldinha podia muito bem privar-se de furtar e de sofrer, por consequência, as duras penas da lei, não mais do que alistando-se na legião de Cithera galante. […] Mas não sucede assim! Dir-se-hia que Maria Rosa tem em si o vício entranhado de furtar e que só isto lhe procura uma extranha e ideal volupia e a diverte muito. […] Traço indecifrável da physionomia moral d'este ser, bem dotado de inteligencia (*Galeria de criminosos célebres em Portugal* 1896, Vol. I: 25).

Torna-se, assim, visível mais um motivo pelo qual a *Galeria* concede honras de celebridade às «façanhas» de Maria Rosa, um «ser bem dotado de inteligência», «anomalia inexplicável da mulher», que, apesar de fisicamente agradável, não se entrega à prostituição[13] (como o texto insinua que seria expectável, segundo mais um estereótipo de então sobre a mulher marginal) e conhece o «apogeu da sua fama de gatuna incomparável», destacando-se como um caso a vários títulos excecional no panorama criminal português da época. De novo, e como em todos os restantes casos que se seguem, o retrato inicial e em destaque que reproduz a nossa fotografia FTM cumpre o papel basilar e central de dar um rosto à personagem e possibilitar toda uma outra dimensão de celebridade.

Assim o atesta também a primeira página do jornal *A Tarde*, de 1 de maio de 1890, inteiramente dedicada a uma entrevista concedida por *Giraldinha* na cadeia do Aljube e que ostenta, como imagem central única[14], a reprodução do mesmo retrato FTM suprarreferido, publicado na *Galeria*. Com efeito, e como veremos adiante, também noutros casos, a ilustração central da primeira página dos jornais desta época – normalmente, dedicada a figuras ilustres da realeza, da política, das artes e das ciências, figuras militares e exóticas, etc., assim como a locais relativamente distantes – era por vezes ocupada por retratos de criminosos. Eis, pois, a reprodução da primeira página do jornal *A Tarde*, de 1 de maio de 1890:

---

[13] O texto alude à figura das prostitutas «toleradas» na época. Sobre este tema em Portugal ver: Pais 1983.

[14] Lembramos de novo o modelo de jornal que se manteve igual de 1870 a 1890, com quatro páginas, duas de texto e duas de anúncios, acrescentando aqui a existência de uma ilustração central na primeira página.

Primeira página do jornal *A Tarde* de 1 de maio de 1890, ostentando a reprodução do retrato FTM da *Giraldinha* ao centro

Assim o atesta finalmente, ainda hoje, um artigo do *Expresso online* que lhe foi recentemente dedicado[15], onde surge um «retrato robô» vagamente baseado no mesmo retrato. Se a sua vida teve contornos excecionais, já a morte contribuiu, como no caso anterior, para um desfecho vulgar e «forçadamente inclusivo» na classe criminosa miserável habitual. Assim, o artigo da *Galeria* dedicado a Maria Rosa termina com a seguinte frase: «Resta-nos informar que a Giraldinha está já contaminada pela tysica, enfermidade peculiar aos indivíduos que nascem com a predestinação ao crime» (*Galeria de criminosos célebres em Portugal* 1896: 35.)

[15] Natário, Anabela (2015a).

Criminosos famosos – A exceção e a individualidade

O terceiro caso dado à estampa pela *Galeria* utilizando a reprodução mecânica e ligeiramente aumentada de um dos nossos retratos é o de Miguel Augusto Ribeiro, de alcunha *o Matuto*. Eis o seu retrato reproduzido no primeiro volume da *Galeria* (p. 38) e que se encontra no primeiro dos «álbuns FTM», acompanhado das informações constantes da legenda, com exceção do número de inventário por nós atribuído:

11-19a-04 – Miguel Augusto Ribeiro, *o Matuto*, 25 anos, solteiro, sem profissão
«Gatuno de mandar pedir objectos em nome de outros.»
Fotógrafo: R.P.M. Bastos Galeria Photographica

A alcunha *Matuto* é, por si só, já indicativa do perfil atribuído a este delinquente. Como podemos ler na *Galeria* logo no início do artigo que lhe é dedicado:

> Eis-nos a contas com um dos mais celebrados patifes que teem aparecido nos últimos annos em Lisboa, na sociedade onde se rouba o próximo. / O *Matuto* merecia bem um dos primeiros logares na nossa *Galeria* [...] depois de ter praticado [...] um rosário infinito de poucas vergonhas, em que pôz, sempre à prova, audácia pasmosa, conjugada com espereza bastante viva e descaramento egualavel, sim, mas não excedível (*Galeria de criminosos célebres em Portugal* 1896, Vol. I: 39).

Fica assim bem explícito, logo no início do texto em causa, o caráter excecional do caso em apreço, que, desta forma, conferiu direitos de celebridade ao

223

criminoso em questão. Ao percorrermos a narrativa das suas «proezas», porém, não podemos deixar de notar o caráter insignificante dos crimes cometidos por este pequeno meliante. Ao longo do tempo, vai-se apropriando de objetos de algum valor – um cornetim, um xaile manta, dois fatos e um chapéu, uma rabeca, uns brincos com diamantes – e deposita-os no «prego», recebendo em troca pequenas quantias. Tais delitos não teriam em si nada de especial, não fosse o caso de o multifacetado *Matuto* demonstrar uma prodigiosa imaginação, desenvoltura e capacidade de encarnar diversas personagens e profissões. A maior parte dos episódios mirabolantes que engendra assume um caráter quase cómico, aproximando-o da personagem de Charlot, o vagabundo, até em parte pelo seu aspeto físico. O próprio desfecho do artigo vai no mesmo sentido: inicialmente dado como tendo morrido no degredo, uma carta tardia enviada à redação da *Galeria* dá uma reviravolta surpreendente neste remate final testemunhando o contrário: «*Matuto* está junto d'uma preta de Tete a quem adora e aos domingos nunca falta à missa, apresentando-se janota, assim como a sua queridinha.»

De facto, também no que diz respeito ao aspeto, o *Matuto* contraria, desde o início, a imagem costumeira do gatuno miserável e apresenta-se, como se vê no retrato inicial, em pose afirmativa, bem vestido e bem penteado, num retrato que não se distingue do clássico retrato burguês da época. A própria *Galeria*, que de início o descreve fisicamente de modo negativo, com marcas de varíola e cego de um olho, incluindo-o no clássico grupo de criminosos degenerados e degradados, típico das taxonomias da época, acaba por lhe reconhecer uma certa elegância «enganadora»:

> Baixo, magro, enfezado, um tanto alquebrado, usava pequeno bigode, como se vê do retrato que acompanha a narrativa das suas proezas; tal era o individuo que tanto deu que fazer à Polícia. / Tinha um signal que não escapa á classificação dos investigadores criminalistas: a côr dos olhos desigual, que é característico de degradação ou degeneração. [...] O Matuto tinha uma cara horrível e pouco tranquilizadora, na verdade. / Talvez com a preocupação de attenuar o mais possível a hediondez da sua fealdade, andava sempre irrepreensivelmente barbeado. / Miguel Augusto tinha até bastante desenvolvido o gosto e o sentimento do luxo. Por varias vezes houve quem o visse muito bem posto dentro da sua sobrecasaca preta, com o seu chapéu alto da moda bem lustrado, com as suas botas de polimento do Coimbra e com as suas luvas elegantes. / Quem havia de pressentir um gatuno dentro d'esta encadernação? (*Galeria de criminosos célebres em Portugal* 1896, Vol. I: 40).

Fica, portanto, muito clara, mais uma vez, a importância dada à fisionomia e ao aspeto geral do delinquente – que aqui como nos restantes casos constatamos coincidirem ou contrastarem totalmente com o estereótipo vigente –, a qual a reprodução dos retratos FTM vem, se não possibilitar, pelo menos dar uma nova dimensão imagética.

Criminosos famosos – A exceção e a individualidade

O quarto caso retratado na *Galeria* a partir de uma fotografia do nosso conjunto é o de Guilhermina Adelaide do Canto e Mello Araujo, de alcunha a *Pianista* ou a *Cêpa*. Eis o seu retrato tal como consta no nosso segundo álbum, surgindo a sua reprodução mecânica ligeiramente aumentada na página 68 do primeiro volume da *Galeria*:

10-01b-02 – Guilhermina Adelaide do Canto e Mello Araujo, a *Cêpa* ou *Pianista*.
10-05-1883, 27 anos, casada, professora de piano; Furto;
Fotógrafo: Photographia Bastos Successores Julio & Novaes

Na *Galeria*, esta personagem surge apenas como Guilhermina Adelaide, como de resto todas as criminosas femininas, que, ao contrário dos seus congéneres masculinos – que ostentam normalmente nomes completos –, só exibem nomes próprios e alcunhas. Neste caso concreto, porém, o texto omite assumidamente os apelidos no sentido de proteger o «bom nome» da família em questão. De resto, logo no primeiro parágrafo fica bem patente que o caráter excecional deste caso se prende com tal facto:

> Toda a Lisboa, ou melhor todo o paiz, tem presente na memória alguns dos feitos d'esta personagem do crime, que não é, por certo, a menos curiosa e a menos digna de estudo, como exemplar de criminoso incorrigível. A *Cêpa*, pelo seu nascimento e educação, pelos seus princípios, pela maneira por que se lançou no oceano do crime, foi um attestado vivo das theorias proclamadas hoje pelos mais sábios e auctorisados

Infâmia e Fama

criminalistas, de que o vício de furtar ou de matar é um defeito congénito de que não póde apartar-se o individuo que veio ao mundo com taes pendores. [...] A *Cêpa* foi uma mulher bem nascida, educada com esmero e creada ao abrigo de necessidades e misérias que, na maior parte dos casos, levam ao desespero e obliteram, com o senso moral, a noção dos deveres e da dignidade (*Galeria de criminosos célebres em Portugal* 1896. Vol. I: 68).

O caráter excecional e especialmente escandaloso deste caso nasce, portanto, muito clara e explicitamente, da classe social de origem da detida, «bem nascida e educada com esmero», num círculo da média ou alta burguesia:

Guilhermina Adelaide possuía, com efeito rasoaveis conhecimentos litterários e era inteligentíssima. Falava com elegância e desenvoltura, conhecia alguns idiomas, sabia bordar e tocava piano por modo a poder inculcar-se professora de música e fazer boa figura ao pé das senhoras mestras que ensinam as meninas [...]. Quem a visse por então, ahi nos annos de 1887 ou 1888, alta, delgada, physionomia attrahente, vestida com elegância e até com luxo; quem a ouvisse falar com aquella facilidade e largueza de expressão [...] não julgaria estar diante d'uma mulher padecendo de todos os vícios até á escala do crime (*Galeria de criminosos célebres em Portugal* 1896 Vol. I: 69).

Guilhermina Adelaide não corresponde, assim, a nenhum dos estereótipos da época sobre criminosos: não apresenta uma fisionomia de algum modo negativa, que se possa associar à clássica imagem da degenerescência criminosa, tem boa apresentação e compostura, mas, sobretudo, e o que é de facto deveras raro, não provém de classes económica e socialmente desfavorecidas, tendo tido uma «esmerada educação» e provindo de uma classe média-alta. É sobretudo deste último motivo que, como dissemos, advém o caráter excecional e escandaloso do seu caso, que vem «comprovar» as teorias de Lombroso sobre os «criminosos natos» («um attestado vivo das theorias proclamadas hoje pelos mais sábios e auctorisados criminalistas, de que o vício de furtar ou de matar é um defeito congénito de que não póde apartar-se o individuo que veio ao mundo com taes pendores»), embora apenas de forma parcial e de certo modo embaraçosa, já que a componente fisionómica e a elevada inteligência da *Pianista* não só não correspondem ao modelo lombrosiano, como lhe são antagónicas.

Observando o seu retrato, refiramos que a data nele manuscrita, que parece ser 10-05-1883, coincide no dia e mês com a data em que a *Galeria* indica como sendo aquela em que Guilhermina Adelaide entrou pela primeira vez na cadeia do Aljube, diferindo apenas no ano, 1887; tal facto parece-nos uma estranha coincidência e, como os artigos da *Galeria* são bastante ricos em datas que tudo indica terem origem documental, aventamos a hipótese de o último algarismo inscrito no retrato estar mal desenhado e ser, de facto, um sete[16]. Relativamente à observação visual do retrato, incluí-lo-íamos no grupo que designámos como *punctum*, já que consideramos que a pose e a expressão não completamente felizes da retratada dificilmente passariam no crivo apertado do clássico retrato burguês sem ter sido alvo de melhoria e/ou retoque. Também teremos de referir outro aspeto bastante importante: nesta fotografia, deparamos com elementos de vestuário que não aparecem em nenhum outro dos nossos retratos de criminosos, nomeadamente o chapéu/toucado com flores. De facto, nesta época, uma «senhora» não saía à rua sem chapéu; como tal, aos olhos burgueses, este elemento é importante e distintivo da «ralé» de que temos vindo a falar e de onde provinha habitualmente toda a classe criminosa. De resto, ao acompanhar o percurso narrativo biográfico das proezas da *Pianista*, constatamos que a sua boa aparência e origem burguesa a protegeram longo tempo de qualquer acusação ou mesmo desconfiança, durante os muitos anos em que terá perpetrado numerosos furtos, nomeadamente em casa das suas pupilas e em estabelecimentos comerciais, onde era especialista em furtar fazendas e tecidos com o auxílio do filho de onze anos, a quem já tinha industriado no «ofício»[17].

De qualquer modo, e tal como na maioria dos casos anteriores – com exceção do último crime de que foi acusada, e que levou a cabo em conluio com outro delinquente por quem se apaixonara, de alcunha o *Mesquita*, no valor considerável de 300$000 reis, e em que «um guarda da Polícia Judiciária» foi agredido –, estamos a falar de furtos relativamente pequenos e insignificantes. Tal como nas já enunciadas situações de «criminosos célebres», não se trata de crimes violentos, graves ou de grande envergadura económica, mas de pequenos delitos, cujos autores se destacam por não corresponderem – sobretudo pela astúcia e boa aparência – ao modelo estereotipado do criminoso da época, já aqui repetidamente focado.

O caso seguinte diz respeito a um assaltante que a *Galeria* insistentemente apresenta como um «doente, um degenerado com a monomania do furto», que deveria ser considerado «irresponsável» e digno «de tratamento e não de castigo». Trata-se de António Braz Monteiro, de alcunha o *ladrão fino*, cujo retrato é reproduzido e ampliado na página 92 do primeiro volume da *Galeria* a partir da fotografia em formato *carte de visite* que se encontra no nosso primeiro álbum e que passamos a exibir:

[16] Também o *Diário Ilustrado* de 7 de maio de 1887 publica uma notícia sobre a prisão de Guilhermina Adelaide.

[17] Tal também surge relatado num artigo recente de 24.08.2015 no *Expresso* online (Natário, Anabela 2015b), onde de resto surge um «retrato robô» desta personagem vagamente inspirado no retrato FTM que aqui expusemos.

11-24b-03 – Antonio (ilegível) Monteiro, *o Ladrão fino*, 26-03-1886, 32 anos, casado, sem profissão

Como nos casos anteriores, António Braz Monteiro distingue-se pela inteligência, boa aparência e educação, que o separam do repetido estereótipo da «ralé» dos criminosos:

> Recebera alguma educação, e como tivesse inteligência, mostrava certa vivacidade e conhecimentos que o tornavam sympathico e estimado por toda a gente. [...] Vestindo sempre com decência, usando umas vezes bigode, e outras a barba toda, impunha-se pelo seu porte, pela forma como falava, pela maneira de pensar. / Não lidando então com gente devassa nem viciosa, não conhecendo a ralé dos miseráveis que tiveram e teem o crime por norma, ao seu nome nunca seria acrescentado o apodo de *Ladrão fino,* se a doença não o desvairasse (*Galeria de criminosos célebres em Portugal* 1896. Vol. I: 96).

Ao lhe observarmos o retrato na *Galeria*, verificamos que o habitual corte efetuado no busto do retrato original, mostrando apenas a cabeça e um palmo de peito, assim como alguns aparentes retoques nas rugas e marcas do rosto, lhe favorecem a imagem, que surge como um clássico retrato burguês:

Criminosos famosos – A exceção e a individualidade

ANTONIO BRAZ MONTEIRO
Ladrão fino

Reprodução fotomecânica na *Galeria de criminosos célebres em Portugal* 1896: 92

E não é só no retrato que a *Galeria* o favorece. Com efeito, o *modus operandi* criminal deste *ladrão fino* – séries sistemáticas de arrombamentos e roubos em casas vazias, planeados a partir de notícias nos jornais que davam conta da ausência dos seus moradores – não parece, em absoluto, corresponder ao perfil clássico do cleptómano que a *Galeria* pretende impor. Vejamos um exemplo de como o texto procura constantemente influenciar o leitor em determinado sentido:

> Invariavelmente embarcava em Cacilhas, no vapor das 9 horas da manhã, ao mesmo que outras pessoas, moradoras na villa e que tinham as suas ocupações na capital. […] O *Ladrão fino*, antes de embarcar, comprava o *Diario Illustrado* que lia a bordo. / Sem querer, o seu olhar fixava-se na secção do *High-life*, e na memoria retinha os nomes das pessoas que […] se haviam ausentado de Lisboa. / A doença do Braz estava então n'um dos seus períodos agudos. / O degenerado mal se internava na capital era dominado pela ideia do roubo. / Sabia a residência d'aquelles que tinham ido para fora, e machinalmente sem poder resistir, dirigia-se ao prédio n.º 128 da rua do Arsenal (*Galeria de criminosos célebres em Portugal* 1896. Vol. I: 99).

No referido prédio, o Braz guardava os seus instrumentos de arrombamento, que o texto reconhece serem «de primeira qualidade», após cuja recolha, efetuava os arrombamentos e roubos, que, assim, e ao contrário do sentido em que o texto tenta induzir, muito dificilmente poderiam ser considerados involuntários ou maquinais. Sem dados nem competências que nos permitam uma análise abalizada do assunto, o que nos interessa aqui realçar é o caráter singular que também este aspeto toma, na abordagem deste gatuno, e que contribui para que seja considerado um caso excecional, digno de celebridade, que o autor do artigo – na esteira de médicos e criminólogos portugueses por nós anteriormente abordados – considera não ter sido devidamente tratado pela justiça «porque a nossa magistratura tem por norma uma lei defficiente e não a *Medicina Legal*» (*Galeria de criminosos célebres em Portugal* 1896 vol. I: 94).

A versão da *Galeria* da nossa foto FTM do *Ladrão fino* logrou finalmente também, tal como a da *Giraldinha*, ocupar a imagem central de um jornal da capital, desta feita, e ironicamente, o mesmo *Diario Illustrado* por ele habitualmente consultado:

Primeira página do *Diario Illustrado* de 29 março 1886

A primeira página deste jornal acima reproduzida refere bastas vezes as «proezas» deste «gatuno célebre», sublinhando de novo o caráter excecional do caso: «Dissemos já, referindo-nos a prisão do criminoso cujo retrato damos hoje, que é triste a celebridade d'esse homem, mas que não deixa por isso de ser muito justificada. //Conseguiu ainda, contra sua vontade, [...] sair da vulgaridade dos rapinantes que infestam a cidade.» (*Diario Illustrado*, 29 março 1886.) A foto central FTM atesta de modo irreversível a «infame fama» adquirida pelo anteriormente anónimo António Braz Monteiro.

O sexto «criminoso célebre» divulgado na *Galeria* a partir dos retratos dos nossos dois álbuns dava pelo nome de Alfredo Augusto Mendes, de alcunha *o Mineiro*, falsário de grande nomeada. O retrato em causa, e que apresentamos de seguida, está inserido no segundo «álbum FTM» e foi captado em 1892, quando o *Mineiro* contava 27 anos, tendo sido preso pela segunda e última vez. Encontra-se mecanicamente reproduzido na página 128 do primeiro volume da *Galeria* da forma habitual já descrita.

10-07b-03 – 1892, Alfredo Augusto Mendes, alcunha *o Mineiro*, 27 anos, natural de Lisboa, profissão desenhador. Fotógrafo: Bastos Successor Eduardo Novaes

Ao lermos o artigo em causa da *Galeria*, entendemos que o que torna o caso excecional e digno de nota para esta publicação é, por um lado, a extraordinária habilidade manual e talento do *Mineiro* para falsificar todo o tipo de documentos e, por outro, mais uma vez, a sua origem burguesa, distante da miséria económica e social, assim como a sua boa aparência e a inteligência. Filho único de «um honrado industrial», Alfredo Mendes «possuía uma intelligencia vivissima, que se manifestou desde tenra edade». «Gostava de trajar aprimoradamente e, não se contentando com a simples e conveniente correcção, esforçava-se por atingir a suprema elegância» (*Galeria de criminosos célebres em Portugal* 1896, vol. I: 130; 132).

Comparando o retrato original exposto com a imagem exibida na *Galeria*, diríamos que aquele terá sido ligeiramente retocado, por exemplo, nas sobrancelhas, logrando uma fisionomia mais afirmativa e uma postura mais elegante, mediante determinados sombreados. Realçamos também a diferença de pequenos pormenores, como, por exemplo, o alfinete de gravata, muito preponderante na imagem da *Galeria*, quando no original passa quase despercebido, e os factos já referidos de a parte inferior do retrato – onde o casaco se encontra desabotoado e sem o necessário aprumo – desaparecer, assim como a moldura oval emprestar uma maior harmonia e uma certa retórica de importância. Fica a impressão que os retoques se tornaram necessários para que a imagem pudesse corresponder à referida «suprema elegância» e ao caso excecional em si.

Eis a imagem reproduzida na *Galeria*:

Reprodução fotomecânica na *Galeria de criminosos célebres em Portugal* 1896: 128

Segundo o texto da mesma *Galeria*, «as suas excepcionais aptidões» levaram este «famigerado falsificador» à morte, mais uma vez por tuberculose, a 10 de maio de 1896 (pouco antes da publicação do artigo em causa), «no fundo d'um carcere, com a maldição e o desprezo de todos os homens de bem, quando podéra ter ocupado invejável posto na sociedade portugueza e viver feliz, afagado, talvez, pela fortuna, uma fortuna legítima, e, certamente, pela consideração e estima do público» (*Galeria de criminosos célebres em Portugal* 1896. vol. I: 128). A ironia consiste em que, se Alfredo Mendes tivesse levado uma vida honesta, esse mesmo público não teria sequer tomado conhecimento da sua existência: ou seja, de novo, a infâmia conduziu, de modo quase instantâneo e irreversível, à fama – e neste percurso o retrato fotográfico FTM teve um papel literal e metaforicamente central, como veremos adiante. Este falsificador incorrigível – característica que as suas passagens primeiro pela Casa de Correção e depois pela prisão não conseguiram alterar – até no Limoeiro falsificou documentos: nada menos nada mais do que a sua própria «ordem de soltura», com uma imitação infalível da assinatura do juiz do 2.º distrito criminal, à ordem de quem se encontrava preso, mandado esse descoberto numa rusga efetuada à casa da sua amante. A exceção e a celebridade conferidas a este caso deverão, assim, na ótica do autor do texto, servir de exemplo, terminando este, por isso, o seu artigo com as seguintes palavras: «Sirva isto de licção áquelles a quem a fatalidade ou o vício tenha levado para o mesmo caminho, para que se arrependam e tratem de ser cidadãos prestáveis aos seus e á mesma sociedade» (*Galeria de criminosos célebres em Portugal* 1896, vol. I: 140).

Terminemos este caso referindo que a versão da *Galeria* da nossa foto FTM do *Mineiro* logrou ocupar nada mais nada menos do que duas vezes o lugar central do *Diario Illustrado*, nos dias 8 de julho de 1892 e 12 de maio de 1896, conforme imagens seguintes:

Infâmia e Fama

Primeira página do *Diario Illustrado* de 8 de julho de 1892. Ao centro, reprodução do retrato fotográfico FTM do falsário Alfredo Augusto Mendes, *o Mineiro*

Os textos do *Diario Illustrado* que acompanham os retratos enfatizam de novo os contornos excecionais e invulgares deste delinquente, que, por isso, repetiu as honras de ser notícia central neste jornal. A 8 de julho de 1892 podemos ler: «É o mais considerado, quer dizer o mais hábil dos membros da famosa quadrilha que a policia tem em seu poder e que se distinguiu por uma serie de falsificações, modo de roubar sem punhal, nem gazuas, nem os *volantes* de que se servem os gatunos vulgares.» Além disso, e na mesma linha supracitada da *Galeria*, a notícia de 1892 sublinha o seu aspeto físico inesperadamente agradável: «Não é antipathico, este Mineiro. Baixo,

Criminosos famosos – A exceção e a individualidade

Primeira página do *Diario Illustrado* de 12 de maio de 1896. Ao centro, reprodução do retrato fotográfico FTM do *Mineiro,* ilustrando a notícia da sua morte

fronte espaçosa, olhar vivo, bigode louro, falando com uma certa correcção, muito delicado, sympathisa-se com elle. Só conhecendo-se-lhe as habilidades a gente consegue embirrar com o sujeito.» A notícia de 12 de maio de 1896 – quatro anos depois – refere-se à sua morte, que, como o óbito de figuras ilustres da sociedade, merece destaque de primeira página: «Publicamos hoje o retrato de Alfredo Augusto Mendes Mineiro, o famoso falsificador que, há tempos estava cumprindo sentença na cadeia do Limoeiro onde ante-hontem faleceu victima de uma tuberculose.// O Mineiro foi um criminoso celebre […]»

Infâmia e Fama

O sétimo caso publicado no primeiro volume da *Galeria*, na página 142, com reprodução de fotografia oriunda dos nossos «álbuns FTM», diz respeito a Constantino da Silva, de alcunha *o Vidraças*. Eis a fotografia em questão, retirada do primeiro álbum:

11-18b-03 – Constantino da Silva, *o Vidraças*, 38 anos, natural das Caldas da Rainha, sem profissão, sem endereço. Fotógrafo: R.P.M. Bastos Galeria Photographica

No mesmo primeiro álbum, contudo, encontramos uma outra fotografia do *Vidraças*, que, embora não esteja datada nem indique a idade do retratado, nos mostra um Constantino Silva muito mais jovem e que surge páginas antes da segunda fotografia acima exposta. Eis então a primeira fotografia do jovem Constantino constante do primeiro álbum:

Criminosos famosos – A exceção e a individualidade

11-04a-03 – Constantino da Silva, *o Vidraças*.
Fotógrafo: R.P.M. Bastos Galeria Photographica

A apresentação e análise do caso de Constantino da Silva neste primeiro volume da *Galeria* é um dos exemplos em que, logo desde o primeiro parágrafo, dificilmente se poderia tornar mais patente e visível a contaminação a partir do discurso «científico» da época, nomeadamente da antropologia criminal:

> A ultima palavra da anthropologia considera o homem criminoso como um ser degenerado, com os estigmas característicos da degenerescência, tendo o seu tipo pautado e medido; e quer se trate de um mísero larápio dos que impingem aos parvos correntes de latão e nos furtam porcamente a carteira, ou estejamos a contas com um desses grandes *escrocs* célebres que roubam largamente por meio de bem combinados planos ou de habilidosas falsificações; quer o criminoso vegete nos meios mais abjetos entre a lama da humanidade e os detritos de toda a espécie, quer vamos encontrá-lo em aparente grandeza, vivendo na fina roda, a ciência lá vai procurar-lhe os característicos da doença. / Estes princípios, que carecem de mais ampla explicação, e que convém não tomar excessivamente à letra, constituem o resultado do estudo de muitos sábios eminentes, que se atêm à observação dos factos. / Quer-nos parecer que Constantino da Silva, se houvesse sido estudado pela ciência, teria revelado amplamente todos os caracteres do homem delinquente. / Não o foi, porém, como o não são ainda hoje os criminosos. A Polícia portuguesa, por mais que mostre manifesta tendência para se aperfeiçoar e seguir a evolução

> que se tem feito nas nações mais adiantadas no capítulo da civilização,
> e também no do crime, ainda não possui um serviço de medicina legal
> que se possa tomar a sério, e nem tem sequer os postos antropométricos
> que tão vantajosos seriam, não dizemos já para o estudo da criminologia,
> mas meramente para a contraprova da identidade de certos indivíduos
> (*Galeria de criminosos célebres em Portugal* 1896, vol. I: 142).

Vemos assim que a medicina e a antropologia criminal da época constituíam, como explorámos em capítulos anteriores, uma perspetiva que tendia não só a dominar, como a ser mitificada, na abordagem ao crime. Verificamos, no entanto, também que, embora no texto as referidas medicina e antropologia criminal sejam encaradas como uma verdadeira panaceia (se existisse um «serviço de medicina legal» em Portugal), por outro lado, no mesmo artigo perpassa um senso comum que refere que «não convém» levá-las «excessivamente à letra». De facto, tanto neste como nos restantes casos abordados na *Galeria* e aqui apresentados com fotografias oriundas dos nossos álbuns se torna por demais patente que não se encontram fisionomias ou características anatómicas (e mentais) coincidentes com as teorias lombrosianas ou afins (antes por vezes discordantes em alguns aspetos, como vimos anteriormente). Assim, também *o Vidraças* mostra nas fotos uma fisionomia absolutamente comum e não destituída de características estéticas agradáveis, destacando-se as suas roupas humildes e, no caso da primeira fotografia, algo andrajosas. Ficamos a saber pela *Galeria* que esta primeira fotografia terá sido tirada aos treze anos, em 1863 (visto que a data apontada nesta obra para o seu nascimento é de 1850), porque já então Constantino se tornara «célebre na gatunagem». A confirmar-se, tal dado indicará um facto de suma importância para o nosso estudo, ou seja, indicará que já antes de 1869 a Polícia fotografava alguns criminosos, antecedendo a data que tínhamos apontado para o início deste tipo de fotografia a mando da autoridade. Essa última não seria então ainda exercida pela Polícia Civil, criada só em 1867, como vimos, mas pela Guarda Municipal, pelos cabos das Regedorias e pela Polícia Judiciária, conhecida como *secreta*, chefiada pelo já aqui referido comissário Rangel, que, como vimos, em 1869, ordenou a primeira ação de fotografia semissistemática de criminosos e que poderá, assim, também ter ordenado este retrato em 1863.

De facto, Constantino fora já detido duas vezes aos doze anos por vadiagem (em rusgas noturnas ordenadas pelo mesmo comissário Rangel) e enviado para uma casa de correção. O texto informa-nos de que, assim que saiu, Constantino «assaltou o Grémio Progressista», roubando... um guarda-chuva e um chapéu. «Preso em flagrante delito, de novo deu entrada na casa de correção. Desta vez saiu-lhe cara a partida. O resto do ano passou-o na cadeia.» De seguida, *o Vidraças* aperfeiçoou-se e passou a furtar relógios, bolsas de prata, cordões de ouro, sendo, por isso, considerado pela *Galeria* como «em extremo perigoso» (*Galeria de criminosos célebres em Portugal* 1896, vol. I: 143-144). Foi para o degredo aos catorze anos (Cabo Verde), regressando a Lisboa em 1867. «O terrível gatuno» «foi novamente engaiolado e pela segunda vez fotografado, passando o ano de 1869 debaixo dos ferros d'el rei» (*Galeria de criminosos célebres em Portugal* 1896,

Criminosos famosos – A exceção e a individualidade

vol. I: 147). A data da segunda fotografia será, assim, 1869, ou seja, esta conta-se entre as que anteriormente considerámos as mais antigas dos dois álbuns. Com trinta e tantas entradas na cadeia aos vinte anos, passou a embriagar-se e a tornar-se desordeiro – «um fadista temível»[18] (*Galeria de criminosos célebres em Portugal* 1896, vol. I: 147). Em 1883, seguiu de novo para o degredo, desconhecendo o autor do artigo se ainda era vivo à data da publicação do mesmo (1896).

Constatamos, assim, que foi a tenra idade do início de «carreira criminal» e o elevadíssimo grau de reincidência que tornaram o caso de Constantino da Silva excecional, levando-o a ser fotografado duas vezes, com a importante particularidade de uma delas ter sido aparentemente numa data (1863) bastante anterior à que dispúnhamos como a da mais antiga fotografia judiciária em Portugal (1869). De resto, confirma-se a exacerbação da importância de pequenos delitos cometidos por indivíduos de baixa condição, nesta época, que já abordámos repetidamente, só assim se explicando a apresentação de um gatuno como Constantino da Silva enquanto personagem tão «perigosa» e célebre.

A nona fotografia e história da *Galeria* coincidente com os nossos álbuns diz respeito a Joaquim Ferreira, de alcunha *o Larico* ou *o Vizeu*. O retrato apresentado na página 158 do primeiro volume da *Galeria* apresenta uma particularidade única: foi recortado do proveniente do segundo «álbum FTM» que já aqui apresentámos com o n.º 10-11a-03, o primeiro do pequeno grupo de retratos tirados com espelho ao lado. Assim, na *Galeria,* não surge o espelho, tendo sido apenas aproveitada a perspetiva de frente, que deixa de estar à direita e passa a central, como em todos os retratos apresentados nesta obra, como se vê de seguida:

JOAQUIM FERREIRA
o **LARICO** ou o **VIZEU**
E MAIS CONHECIDO PELO
LARECO ladrão para tudo

[18] Ver nota 9 do capítulo 7.

Reprodução fotomecânica na *Galeria de criminosos célebres em Portugal* 1896: 158

Logo no início do artigo dedicado ao *Larico* somos informados da excecionalidade do caso em apreço:

> O criminoso de que vamos ocupar a atenção dos nossos leitores, não sem proveito para todos, que estão ainda à mercê das suas investidas, tem uma feição particularmente notável e inteiramente independente da trivialidade dos gatunos de profissão (*Galeria de criminosos célebres em Portugal* 1896, vol. I: 158).

Ao lermos todo o artigo que lhe é dedicado, constatamos que Joaquim Ferreira era tido como um vadio que furtava sobretudo carteiras nas carruagens de segunda classe na linha férrea de Norte e Leste, tendo uma longuíssima lista de detenções e prisões, duas das quais com gravidade. A primeira por alegadamente pertencer a uma quadrilha, que, entre os anos de 1871 e 1872, assaltou à mão armada a diligência do correio entre Guimarães e o Porto, tendo, numa das ocasiões, ferido alguns passageiros. (Por isto, foi condenado a seis anos de degredo na costa de África, de onde voltou em 1880). Diz a *Galeria* que «estes assaltos à mão armada repetiram-se com certa frequência e fizeram-se com tal luxo de aparato que deram lugar a uma lenda de terror». O *glamour* deste tipo de linguagem não deixa de ser curioso no contexto e vem apenas corroborar a «aura» de celebridade atribuída a certos atos criminosos excecionais. A segunda prisão com gravidade relata que este «gatuno fadista» atacou de navalha em punho um cabo da Polícia, que conseguiu defender-se e prendê-lo. Não sendo visto em Lisboa desde 1894, o autor do artigo avisa os leitores de que, ao que tudo indica, ainda se encontra em «actividade» nos «*estribotes*», ou seja, comboios, em calão da época.

O décimo retrato do primeiro volume da *Galeria* (p. 174) que se encontra também nos nossos «álbuns FTM» é o de João José da Silva, *o Silva Larápio*, que de seguida expomos:

Criminosos famosos – A exceção e a individualidade

10-10b-03 – João Jose da Silva ou João Jose Teixeira da Silva, 19 a 20 anos, natural de Lisboa, Caixeiro. Fotógrafo: Atelier Bastos Successor Eduardo Novaes

Mais uma vez o caráter excecional deste caso é explicitamente aludido logo no primeiro parágrafo do artigo dedicado ao «larápio», focando o segundo parágrafo a inteligência e a ilustração como principais «produtores de celebridades», mesmo na área do crime:

> O novo personagem que a *Galeria de criminosos célebres*, verdadeiro caleidoscópio do crime, apresenta hoje aos seus leitores é, indubitavelmente, digno de atenção e estudo especial, pelas condições excecionais da sua vida e pelo conjunto de circunstâncias que concorreram para o desviar da senda do dever.
> A inteligência e a ilustração têm sido, até hoje, os produtores das grandes celebridades, tanto nas artes, nas letras e nas ciências, como no crime (*Galeria de criminosos célebres em Portugal* 1896, vol. I: 174).

Do relato biográfico que se segue, porém, não se depreende particular inteligência ou ilustração da parte de João José da Silva, de cujos delitos se destaca a colaboração secundária com o célebre falsificador *Mineiro* já aqui referido e, pela «infâmia», o espancamento da própria mãe. Porém, o «importante» facto de, apesar de tudo, possuir uma fisionomia agradável e de ter uma origem humilde, mas honesta – que o separa da «ralé» – parece de novo constituir um fator suficiente para o destacar do estereótipo expectável:

Infâmia e Fama

> João José da Silva [...] é de estatura regular, rosto claro, sobrancelhas carregadas, magro mas bem conformado. O conjunto de toda a sua pessoa não deixava de inspirar uma tal ou qual simpatia. Trajou sempre com decência e fala regularmente. Nasceu de pais pobres mas honestos, que o idolatravam, e que, não tendo meios para lhe dar uma educação esmerada [...] resolveram dedica-lo ao comercio (*Galeria de criminosos célebres em Portugal* 1896, vol. I: 175).

O retrato fotográfico que retirámos do segundo álbum e que acima expomos confirma o aspeto «inesperadamente» normal e perfeitamente respeitável deste indivíduo, que, segundo a *Galeria*, pelo caráter sacrílego do seu comportamento para com a mãe – e seguindo as ideias já aqui expostas por, entre outros, Miguel Bombarda – deveria ser considerado louco, não criminoso, e internado num manicómio:

> Mas crime não há nem pode haver porque, todo aquele que assim proceder não tem, decerto, a menor noção do dever e do bem e a todos os que se acharem nessas circunstâncias a sociedade tem o direito, se não o dever, de se expurgar deles, afastando-os de si, fugindo-lhes, como de uma fera, e votando-os ao mais absoluto e completo isolamento de um manicómio (*Galeria de criminosos célebres em Portugal* 1896, vol. I: 176).

A questão datada não enunciada, mas implícita, que confere excecionalidade a este caso e dá reforçada relevância ao retrato fotográfico mostrado será, assim, a de como um «louco» pode ter uma aparência não só normal, como boa e agradável, o que só se torna inteiramente possível graças ao nosso retrato FTM. Resta-nos apenas acrescentar que, como referido, o quarto inferior da fotografia do álbum que acima expusemos foi cortado na versão mostrada na *Galeria*, como habitualmente, eliminando-se assim o *punctum*, ou a única irregularidade deste perfeito retrato burguês, que consistia no facto de o casaco estar informalmente desabotoado, suprimindo-se o único pormenor de «anomalia» nele existente:

242

Criminosos famosos – A exceção e a individualidade

JOÃO JOSE DA SILVA
O Silva larapio

Reprodução fotomecânica na *Galeria de criminosos célebres em Portugal* 1896: 174

O caso seguinte já se encontra no segundo volume da *Galeria* (página 58), publicado em 1897, e diz respeito não apenas a um, mas a cinco retratos de cinco indivíduos, constantes no nosso segundo álbum, e ligados a um mesmo crime. Eis os cinco retratos em causa:

10-09a-03 e 10-12b-02 – Maria da Piedade, *a Aguardenteira*, 38 anos,
natural de São João da Pesqueira, solteira. Fotógrafo: Bastos Successor Eduardo Novaes

Infâmia e Fama

10-09b-01 – Alfredo Gomes, 23 anos, natural de Monção, solteiro, trabalhador. Capturado no Campo Pequeno a 03.08.1892.
Fotógrafo: Bastos Successor Eduardo Novaes

10-09b-02 – Antonio da Fonseca Pinto, 32 anos, natural de Baião, solteiro, trabalhador. Capturado no Campo Pequeno a 3-8-92.
Fotógrafo: Bastos Successor Eduardo Novaes

10-09b-04, 1892 – Antonio Fernandes, 28 anos, *o Guerra*, natural de Melgaço, solteiro, mineiro. Capturado no sítio dos Prazeres a 02.08.1892.
Fotógrafo: Bastos Successor Eduardo Novaes

10-09a-04 – Santhiago Rey y Lopes, 40 anos, natural de Lugo(?), casado, mineiro. Capturado no Campo Pequeno a 3-8-92.
Fotógrafo: Bastos Successor Eduardo Novaes

Maria da Piedade, *a Aguardenteira*, tem, no segundo «álbum FTM», como vemos pelos dois números de inventário, não um, mas dois retratos, iguais. O primeiro, n.º 10-09a-03, além dos dados constantes da legenda supramencionada, informa-nos com algum detalhe (o que, como vimos, é raro nestes dois álbuns) sobre o crime cometido, o seu relacionamento com um dos fotografados do grupo e o local de captura: «Lançou fogo à sua casa e depois de receber o dinheiro do seguro fugiu. É amante de Alfredo Gomes, um dos salteadores de Melgaço. Foi capturada, com o amante, no Porto para onde tinha fugido.»

Com exceção desta fotografia (repetida) de Maria da Piedade, as restantes quatro fotos ostentam a mesma inscrição relativa ao crime cometido, que passamos a citar: «Por fazer parte de uma quadrilha de salteadores que na noite de 1/ 2-7-92 assaltou para roubar a casa do padre Lobato em Melgaço ferindo este, um seu irmão e um cunhado resultando dos ferimentos a morte do primeiro.»

Além desta importante informação, que, de um modo inédito nos nossos dois álbuns, é exata e fielmente repetida nas quatro fotografias, também somos informados pelos álbuns da data e local da detenção destes quatro indivíduos: António Fernandes a 2 de agosto, nos Prazeres, e os restantes três no dia seguinte, 3 de agosto de 1892, no Campo Pequeno.

Também o facto de pelo menos os três últimos retratados terem um aspeto deveras andrajoso, coincidente com o estereótipo de então de criminoso, nos chama a atenção, neste conjunto de cinco fotos inseridas quase seguidas no nosso segundo álbum e na mesma página do segundo volume da *Galeria,* sendo aí o formato da moldura retangular e não oval, como em todos os outros casos. Os restantes dados ou informações complementares vêm-nos da *Galeria.* Porém, alguns desses elementos – nomeadamente datas e locais de detenção – não coincidem exatamente com os dados manuscritos nas fotos e nos álbuns. Segundo o texto da *Galeria,* Alfredo Gomes foi capturado, de facto, a 3 de agosto, mas na cidade do Porto (não em Lisboa, no Campo Pequeno), conforme, de resto, consta da inscrição no retrato de Maria da Piedade, como vimos; António da Fonseca Pinto só foi capturado a 5 ou 6 de agosto em Coimbra (não em Lisboa, no Campo Pequeno) e Santiago Rey Lopez, apesar de ter sido procurado e avistado no Campo Pequeno a 3 de agosto, fugiu e só foi apanhado «junto à quinta do Cannas». Apenas a data e o local do «Guerra» coincidem, assim como o local de captura de Maria da Piedade. Ao tentarmos avaliar a narrativa dos factos feita na *Galeria,* teremos de concluir que esta é complexa, mas coerente, focando muitos detalhes reveladores que não se contradizem e que no conjunto formam uma descrição congruente, ao contrário das inscrições manuscritas nos retratos em questão. Ao que tudo indica, a narrativa da *Galeria* ter-se-á baseado na leitura do processo judicial – já que neste, como noutros casos, tudo aponta para que uma das principais fontes da obra seja o texto dos próprios processos (assim como dos cadastros), muitas vezes parcial e diretamente transcrito. Em princípio, será a informação registada nos retratos e nos álbuns que estará errada – detetando-se, como vimos, pelo menos uma contradição explícita entre as inscrições no retrato de Maria da Piedade e Alfredo Gomes

Infâmia e Fama

sobre o seu local de captura, o que reforça, uma vez mais, os moldes pouco rigorosos em que estas compilações fotográficas parecem ter sido elaboradas.

Através da *Galeria* ficamos a saber que este crime, que envolveu o roubo (planeado) e a morte (não planeada) de um padre de apelido Lobato, conquanto cometido em 1892 em Melgaço, no Minho[19], foi investigado e desvendado pela Polícia Civil de Lisboa por envolver delinquentes que viviam e trabalhavam na capital e que aí haviam congeminado o delito. Assim se explica o facto de estes cinco retratos constarem do nosso segundo álbum, reforçando a ligação que temos vindo a defender destes com a Polícia Civil de Lisboa. Confirmamos também que Maria da Piedade, cujo retrato surge na *Galeria* no centro dos restantes quatro, era amante de Alfredo Gomes, mas não esteve envolvida no «Crime de Melgaço», tendo sido presa por fogo posto a uma casa que pouco tempo antes pusera no seguro. Esta centralidade espacial que lhe foi conferida no conjunto dos retratos, na *Galeria*, poderá ter um paralelo no seguinte segmento de texto que lhe é dedicado na mesma obra, única parte da narrativa com caráter panegírico na descrição do conjunto das personagens e que, de certo modo, nos surpreende, pelo aspeto aparentemente frágil que ostenta no retrato: «Piedade era valente, e mais temível do que muitos homens. Com cacete varria uma feira […] citavam-se proezas, na verdade extraordinárias, praticadas por aquela nova *padeira d'Aljubarrota*!» (*Galeria de criminosos célebres em Portugal* 1897, vol. II: 68). Eis o conjunto dos cinco retratos tal como surgem na Galeria:

Reprodução fotomecânica na *Galeria de criminosos célebres em Portugal* 1897: 58

[19] No que concerne ao segmento do artigo que se refere ao Minho, não pudemos deixar de notar os estereótipos da época no que toca a esta província e às minhotas dos retratos pitorescos anteriormente referidos: «Os nossos leitores decerto nos desculparão que interrompamos por momentos a narrativa e falemos desta província encantadora, assente por assim dizer num tabuleiro de relva, mais adequada a idílios amorosos, do que a assaltos de bandidos. […] E os cânticos proferidos por essas formosas moçoilas, de faces rosadas, de carnadura forte, respirando saúde […].» (*Galeria de criminosos célebres em Portugal* 1897: 60.)

246

Criminosos famosos – A exceção e a individualidade

Também ao contrário do que o conjunto das cinco fotografias faz crer, o crime em questão envolveu dois outros indivíduos cujas fotografias não figuram nos álbuns nem na *Galeria*, não só devido ao caráter não sistematizado com que os delinquentes eram fotografados, como também porque, ao que tudo indica, e como já sabíamos, fora de Lisboa e do Porto não se seguia tal procedimento:

> Infelizmente, apesar de todos os nossos esforços não pudemos obter os retratos de Romão Louzada e João Esteves. O primeiro fugiu, e não deixou a sua fotografia em parte alguma; o segundo, ao ser entregue às autoridades em Melgaço, não foi retratado (*Galeria de criminosos célebres em Portugal* 1897, vol. II: 69).

A excecionalidade e divulgação deste crime, bem como dos seus perpetradores, não se deve, assim, apenas ao facto de ter sido assassinado um padre, mas certamente também à circunstância de envolver regiões tão distantes, causando o interesse e a curiosidade de muita população geograficamente afastada: a notícia propagara-se «como um relâmpago» nas diversas regiões afetadas e as transferências e o julgamento dos presos foram acompanhados ao longo do terreno por uma «populaça» de «milhares de pessoas», que apupavam os detidos e aplaudiam a Polícia Civil de Lisboa (*Galeria de criminosos célebres em Portugal* 1897, vol. II: 65-66). De facto, embora com uma organização ainda incipiente – como denotam também os nossos álbuns –, esta força policial representava uma melhoria de atuação das autoridades face a épocas anteriores, atestando a resolução deste caso, que envolveu alguma complexidade, essa mesma evolução.

O retrato seguinte diz respeito a Narciso Vianna, de alcunha *o Bonito* ou *Bonita*, cuja reprodução surge, nos moldes habituais, no segundo volume da *Galeria*, na página 72. Eis o retrato em questão, constante do primeiro «álbum FTM»:

11-04a-02 – Narciso Joaquim Vianna ou Narciso Jose Vianna, *o Bonito* ou *Bonita*.
Fotógrafo: R.P.M. Bastos Galeria Photographica

Ao observarmos este retrato, concluímos que se inclui no último grupo de fotografias dos álbuns que focámos, pois em nada difere de um habitual retrato burguês, pela boa aparência, compostura e pose do retratado. Na verdade, confirmamos que, mais uma vez, se repete o facto de este delinquente ser considerado um caso excecional, digno de celebridade, por diferir e se distanciar em absoluto do estereótipo criminal de então. A *Galeria* insiste nesse ponto e faz não uma, mas diversas descrições extremamente positivas da sua aparência física e modos, das quais escolhemos a seguinte:

> Como dito fica, o *Bonita* possuía um guarda roupa variado e por isso ele aparecia sempre em público vestido corretamente. De estatura elevada, corpo aprumado e andar pausado e grave, quem o visse e não o conhecesse julgava estar ali um homem distinto e de fino trato, um verdadeiro *gentleman*. [...] o *Bonita* procurou sempre esmerar-se no porte e na linguagem, sendo muito escrupuloso na escolha dos termos que empregava quando falava ou escrevia, e na correção de porte e gestos (*Galeria de criminosos célebres em Portugal* 1897, vol. II: 75).

Preso inúmeras vezes por furto de carteiras ou relógios, na maior parte das ocasiões foi libertado pouco tempo depois, por falta de provas, mas também pelo seu bom aspeto e aparente estatuto social. Para além de apontar a inteligência deste gatuno, que lograva destruir todas as provas dos seus crimes – inteligência que novamente o distancia da populaça ignara e potencialmente perigosa –, o texto repetida e ironicamente indicia que o 2.º Distrito Criminal de Lisboa lhe conferia uma proteção muito «especial», sendo o «seu amigo» e «seu desvelado protetor». Só os furtos que terá cometido fora deste distrito criminal o terão levado à cadeia.

Também através da *Galeria* tomamos conhecimento de alguns pormenores interessantes sobre a circulação do seu retrato fotográfico dentro da Polícia Civil de Lisboa:

> Por esta época e como se não provassem a maior parte dos crimes que o nosso *herói* tinha cometido, ele requereu ao governador civil para que fossem retirados, tanto no comissariado geral como dos comissariados das três divisões policiais, os seus retratos, que ali existiam, porque, dizia ele, desejava regenerar-se. A autoridade superior do distrito, convicta de que ele falava verdade e de que era sincero o seu arrependimento, fez-lhe a vontade deferindo a petição. // Pouco tempo passado [...] era novamente preso [...] (*Galeria de criminosos célebres em Portugal* 1897: 76).

O reconhecimento do fator estigmatizante do retrato judiciário é, de novo, reconfirmado. Porém, o facto de o seu retrato ainda hoje constar do nosso primeiro álbum indicia a pouca credulidade da Polícia na sua possível regeneração e prova que, pelo menos, o negativo não foi destruído, revelando ainda hoje como a sua atraente «fisionomia», «a testa ampla e coroada por uma farta e bem tratada cabeleira que lhe cai sobre as orelhas em fartas madeixas, dando à cabeça um certo tom artístico, os olhos rasgados e com certa expressão de inteligência e altivez [...]», terá impressionado bastante os seus contemporâneos e contrastado com a imagem expectável do delinquente habitual, destacando o seu caso como excecional e digno de celebridade, na esteira de casos anteriores que aqui encontram porventura um ponto extremado. Esta circunstância, assim como a ironia de este indivíduo – cuja imagem visivelmente se revelou tão encantatória – se chamar Narciso, aliada ao facto de ter como alcunha *o Bonito* (ou, com intuitos nitidamente vexatórios, *Bonita*), fez-nos viajar mentalmente até ao presente e lembrar o já aqui referido recente e ultramediático caso de Jeremy Meeks, cuja imagem se tornou viral no Facebook e foi comentada pelos mais respeitáveis jornais de todo o mundo. Poderíamos, deste modo, ver Narciso Vianna como uma espécie de antepassado remoto, a nível local, do caso global nosso contemporâneo de Jeremy Meeks.

A fotografia seguinte, mostrada no presente trabalho na página 109, diz respeito não a um delinquente, mas a um cadáver de mulher, assassinada, em 1893, naquilo que foi na altura designado por «o crime da serra de Monsanto» e que na época causou muito alarido. Milhares de pessoas terão desfilado no Cemitério dos Prazeres, onde o cadáver foi exposto, para identificação[20], a qual foi conseguida, não sem antes ter causado gigantescos ajuntamentos de populaça e alguns incidentes, tais como tentativas de linchamento de suspeitos. Trata-se da única fotografia deste tipo constante dos nossos dois álbuns, tendo com as restantes fotografias apenas em comum o facto de se encontrar ligada a um crime e ter sido usada pela Polícia para identificação do cadáver, que se apurou ser de Maria Novaes e, na sequência, para a identificação do seu marido e assassino, Tomás Ribeiro, soldado da Guarda Municipal de Lisboa. Ao contrário das restantes fotografias dos nossos álbuns, este retrato encontra-se solto, não estando encaixado em qualquer das janelas. Também ao contrário dos restantes retratos, este não necessita de informação adicional para impressionar o observador, já que a imagem em si, de um cadáver de uma jovem mulher sentada, é deveras macabra e perturbante, causando um impacto considerável.

O caso seguinte agrupa de novo vários retratos, desta feita três, que se apresentam juntos na página 146 do segundo volume da *Galeria* (em forma de triângulo) e que encontramos também juntos e seguidos no segundo «álbum FTM» (como os seus números de inventário evidenciam), demonstrando, assim, *algum* raro critério de ordem. Eis os três retratos em causa:

---

[20] Como já referido anteriormente, nesta época ainda não existia a Morgue, criada apenas em 1899.

Infâmia e Fama

10-13a-04 – 24-10-1895 – Augusto Lopes Ferreira, 24 anos, solteiro(?), trabalhador. Anarchista e auctor do crime de assassinato. Fotógrafo: Photographia Bastos Successor Eduardo Novaes

10-13a-03 – 24-10-1895 José Rodolpho Ribeiro Freire, 52 anos, natural de Lisboa, viuvo, carteiro. Anarchista e auctor do crime de assassinato. Fotógrafo: Photographia Bastos Successor Eduardo Novaes

10-13a-02 – 24-10-1895 Manoel Rodrigues de Lima(?), 24 anos, natural de Lisboa, solteiro(?), trabalhador. Anarchista e auctor do crime de assassinato. Fotógrafo: Photographia Bastos Successor Eduardo Novaes

Os três retratos surgem na *Galeria* encabeçados pelo título «O Crime da Rua Maria Pia», que envolveu o assassinato da taberneira Maria Rosa d'Oliveira, de 68 anos, por estrangulamento, a 15 de outubro de 1895. Apesar de a inscrição manuscrita nas três fotografias nos informar de que os retratados eram anarquistas, apontando para a hipótese de estarmos perante um crime político, a narrativa da *Galeria* vai no sentido contrário, relatando que o móbil do crime foi um delito comum, o roubo:

> Os miseráveis que mataram Maria Rosa [...] professando ideias muito avançadas, segundo diziam, contrariaram-nas, porque a taberneira era pobre relativamente, e para viver trabalhava desde madrugada até à noite. [...] O crime da rua Maria Pia não obedeceu portanto à defesa de um ideal; cometeu-se porque os seus autores eram uns perversos, umas feras! (*Galeria de criminosos célebres em Portugal* 1897: 145).

Desta feita, as descrições físicas dos autores do crime acima retratados estão mais em conformidade com o modelo de criminoso expectável: Manuel Rodrigues Lima, «trapeiro repelente», é vesgo de um olho, dizendo-se que «o seu aspeto inspirava repugnância». Augusto Ferreira é cego de um olho. Já José Rodolfo Freire, esse, é descrito como tendo «o cabelo comprido e em desalinho» e «o olhar espantado». Ao lhes observarmos os retratos, embora o seu aspeto não seja dos mais andrajosos do nosso conjunto, é visível a diferença de um retrato burguês habitual, sobretudo no caso dos dois últimos, já que no retrato de Augusto Ferreira a diferença é quase inexistente, pois a cegueira de um dos olhos não se torna visível. Apesar de a *Galeria* nunca nomear a palavra «anarquista», a narrativa explica que todos pertenciam «à mesma seita» e «professavam as mesmas ideias», incluindo um espanhol de nome Galhardo, que logrou evadir-se – ao contrário dos restantes, que ao momento da publicação em causa continuavam presos na penitenciária de Lisboa – e cuja fotografia não é apresentada.

Este caso ganhou notoriedade, assim como os seus autores, por ser considerado um «infame e repugnante assassinato» «que emocionou uma população inteira, durante alguns dias» (*Galeria de criminosos célebres em Portugal* 1897: 145). Como nos casos anteriores, a fama e a infâmia apresentam-se indissociáveis. Comprovamo-lo também pela notícia publicada no *Diario Illustrado* de 20 de outubro de 1895, que sublinha o caráter «nefando» deste crime, sendo a peça acompanhada da tripla gravura baseada na versão da *Galeria* dos nossos três retratos FTM dos assassinos de Maria Rosa, que ocupam o lugar central da primeira página:

Infâmia e Fama

Primeira página do *Diario Illustrado* de 20 de outubro de 1895 ostentando a reprodução dos três retratos FTM dos assassinos do «Crime da Rua Maria Pia»

O teor do texto segue a mesma linha do da *Galeria* supraexposto, gastando parágrafos ainda mais longos e adjetivação ainda mais expressiva para salientar o aspeto andrajoso e os defeitos físicos dos três criminosos: as extensas descrições referem, entre muito palavreado, que um «trajava miseravelmente», que outro, despenteado e de barba por fazer, tinha «um olhar feroz e estupido» e que o terceiro, de cabeça demasiado grande, «é um rapaz mal feito, estrábico d'ambos os olhos», «um typo repellente: o nojento trapeiro».

Através do mesmo texto deste diário, recolhemos também informação importante e coincidente com a que temos vindo a transmitir sobre a fotografia

Criminosos famosos – A exceção e a individualidade

destes delinquentes: «Estes três indivíduos foram hontem fotografados no atelier Bastos, na calçada do Duque, sendo alli acompanhados cada um por sua vez por agentes da judiciaria.» Esta referência aberta ao ateliê em questão, incluindo informação explícita sobre o seu endereço, indicia a possibilidade de publicidade encapotada e a probabilidade de as imagens reproduzidas terem sido fornecidas pelo fotógrafo em questão.

O próximo retrato, que surge já no final do segundo volume da *Galeria*, dedica apenas duas páginas a este caso (*Galeria de criminosos célebres em Portugal* 1897, vol. II 188-189), denotando, assim – como nos seguintes –, porventura, algum cansaço e alguma dificuldade em apresentar mais «criminosos célebres». Trata-se aqui de José Augusto Ferreira, de alcunha *o Lindinho*, cuja fotografia encontramos no nosso primeiro álbum, conforme se apresenta de seguida:

11-20a-02 – Jose Augusto Ferreira, *o Lindinho*, 22 anos, natural de Lisboa, sem profissão

Quer-nos parecer que nada de excecional é apresentado na descrição biográfica deste delinquente, que se adivinha decalcada da leitura do respetivo cadastro. Não obstante, é apresentado como «grande gatuno e vadio», sem especificar o que furtou ou roubou. Destaca-se apenas pela sua notável reincidência. Das dezoito detenções sofridas, seis foram por vadiagem e uma por mendicidade, o que parece apontar para um perfil de autor de pequenos delitos. Observando o seu retrato fotográfico, diríamos que José Augusto Ferreira, ao contrário da maior parte dos «criminosos célebres» apresentados aqui anteriormente,

253

coincide exatamente com o estereótipo do delinquente da época: maltrapilho, sem aprumo nem dignidade, de ombros descaídos e olhar abatido, tem a aparência de um pobre miserável sem eira nem beira e a sua fotografia pertence, sem dúvida, ao primeiro grupo que analisámos anteriormente.

No terceiro volume da *Galeria* (1898), encontrámos também três casos de delinquentes constantes dos nossos álbuns, mas apresentaremos apenas um, já que os dois primeiros apresentam fotografia diferente.[21] A excecionalidade é conferida a este terceiro caso por se tratar de um infanticídio[22] bárbaro (esquartejamento de recém-nascido), perpetrado em 1892 por Maria Constância, cujo retrato surge no segundo «álbum FTM» e se apresenta de seguida, mostrando-nos uma mulher do povo de aspeto modesto e pacato. Como tantas outras, esta mulher humilde ocultou enquanto pôde a sua gravidez ilegítima, mas, no final, revelou um comportamento particularmente cruel e desumano que lhe conferiu «honras de celebridade»:

10-09b-03 – 1893 – Maria Constancia

O contraste entre a violência do ato e a aparente serenidade – ou dor, cinismo ou apatia?[23] – do semblante desta mulher impressiona o espetador desprevenido, repetindo-se, mais uma vez, o momento inesperado da não correspondência entre a imagem expectável e a imagem efetiva que se nos oferece, embora por motivos diversos dos anteriormente apresentados. Diríamos que esta fotografia e a expressão da mulher se destacam da maioria dos retratos FTM porque lhes reconhecemos uma certa «aura» enigmática inexistente na maior parte dos

---

[21] Trata-se dos retratos 11-20b-02 e 10-04a-04, respetivamente de M.ª da Conceição e de Francisco Emídio.
[22] Como refere Emsley, no que concerne ao infanticídio as ocorrências reais são certamente muito superiores às estatísticas. Existe uma dificuldade em mensurar este tipo de crime por ser raramente alvo de queixa (Emsley 1996: 48).
[23] As expressões faciais humanas têm, de resto, suscitado muito interesse e estudo, assinalando-se um percurso científico que vai desde Darwin (2009) às atuais ferramentas policiais de deteção de mentira, passando pelas várias obras de Paul Eckman.

Criminosos famosos – A exceção e a individualidade

restantes, e que alguns de nós ligarão à dor, sentimento também visível e presente em alguns outros retratos FTM que aqui apresentámos, de indivíduos com vidas em que a tragédia e o sofrimento são uma constante aparentemente infindável, indiciando que, em demasiados casos, terão também sido vítimas, para além de agressores. A dor que julgamos adivinhar nas imagens desses retratados remete-nos inevitavelmente para *Regarding the pain of others*, de Susan Sontag, onde, a páginas tantas, a autora afirma: «It seems that the appetite for pictures showing bodies in pain is as keen, almost, as the desire for ones that show bodies naked» (Sontag 2003: 33). E mais adiante: «More upsetting is the opportunity to look at people who know they have been condemned to die» (Sontag 2003: 47). Embora as situações dos retratos FTM em causa não coincidam exatamente com as descritas por Sontag, não podemos deixar de considerar a proximidade dos temas e das circunstâncias, pois neles também a punição, a morte e a dor se encontram fortemente presentes, embora em geometrias e variáveis distintas, provocando a atração e a perturbação aludidas por Sontag.

No volume IV da *Galeria* encontramos os três últimos casos narrados nesta obra que utilizaram retratos dos nossos «álbuns FTM». Tal como no penúltimo caso acima referido, dizem respeito a pequenos vadios e delinquentes que se destacam apenas pela notável reincidência[24] e cujas biografias merecem no máximo três páginas, preenchidas as mais das vezes não por factos, mas por *clichés* depreciativos que «comprovam» a sua «perigosidade» em abstrato, à luz das teorias já referidas da época. Por essa razão, apresentaremos apenas os seus retratos e dados identificativos, conforme constam dos «álbuns FTM», sem referência a biografias:

[24] No prólogo do volume V da *Galeria de Criminosos Célebres em Portugal* pode ler-se, sobre o conteúdo dos volumes anteriores: «E embora pareça, ao primeiro exame, que alguns dos delinquentes aqui descriptos carecem de importância criminal para figurar entre os *célebres* no delicto, um pouco de reflexão mais profunda demonstrará aos intelligentes que não são menos dignos de estudo do que os grandes facínoras os chamados pequenos delinquentes, que reincidem no crime a cada passo [...]. Não há dúvida de que o reincidente, embora vulgar, é criminoso de importância, e talvez de mais importância á face da sciencia de que muitos outros criminosos de maior estrondo.» (*Galeria de criminosos célebres em Portugal* 1903 ou 1905: 3)

11-07b-04 – Albino Jose de Moura

A reprodução deste retrato surge na página 41 do quarto volume da *Galeria*, mas, desta feita, em formato mais pequeno e sob a forma de gravura, como apresentaremos de seguida:

ALBINO JOSÉ DE MOURA
O Creado

Reprodução sob a forma de gravura, *Galeria de criminosos célebres em Portugal*, 1900: 41

Também o caso (e retrato FTM) seguinte se apresenta na *Galeria* (1900: 47) no formato de gravura, conforme se poderá ver pelas duas imagens que apresentamos de seguida:

Criminosos famosos – A exceção e a individualidade

11-07b-02–Antonio Filippe de Mello, *o Intrujão*

Reprodução sob a forma de gravura, *Galeria de criminosos célebres em Portugal*, 1900: 47

O último caso surge de novo como reprodução mecânica fotográfica da seguinte fotografia do segundo «álbum FTM»:

10-04b-04 – 1888 – Manuel Ramos Passos, *o Ratão*, 51 anos

Infâmia e Fama

Se os dois primeiros retratos deste último conjunto se aproximam bastante do modelo burguês, já o último exibe um *Ratão* sem dignidade nem aprumo, de gravata à banda, ombros descaídos e olhar abatido, numa apresentação típica destes retratos únicos da classe proletária à época em Portugal. De qualquer modo, perante a vulgaridade e a escassez de interesse biográfico destes três últimos casos, teremos de concordar que só mesmo o embate com a autoridade e a infâmia a que Foucault se refere poderia ter catapultado estas personagens diretamente do *bas-fond* para as luzes da ribalta, passando pelas luzes do fotógrafo, que, repetimos, noutras circunstâncias nunca teria registado para a posteridade a imagem individual de elementos normalmente indistintos da massa anónima do proletariado de então.

No final deste capítulo resta-nos acrescentar que encontrámos mais três casos coincidentes nos restantes três volumes da *Galeria de Criminosos Célebres em Portugal*, casos que não serão por nós tratados por apresentarem retratos diferentes dos constantes nos «álbuns FTM»[25].

[25] Trata-se dos retratos 11-19b-03 de Maximiniano da Silva, 10-12a-03 de Augusto Ozório Cabral de Castro e 11-21a-01 de António Augusto. Os delinquentes em questão são referidos respetivamente no vol. V (p. 167), vol. VI (p. 136) e vol. VII (p. 171) da *Galeria de criminosos célebres em Portugal* 1903-1908.

CONCLUSÃO

Se na primeira parte deste trabalho abordámos o aparecimento do retrato judiciário e a evolução do seu contexto a nível internacional, na segunda parte pudemos, munidos desse enquadramento comparativo, avançar com maior facilidade para a identificação e abordagem mais aprofundada, alargada e específica do caso português dos dois «álbuns FTM».

No que concerne à componente temporal, houve a preocupação de proceder a um alargamento pontual mas substancial do período em análise, ou seja, acompanhou-se, no geral, a história da evolução do retrato judiciário e da sua receção até à contemporaneidade, para poder compreender o modo como o nosso olhar «remediado» pela revolução mediática dos séculos XX e XXI perceciona e interpreta este tipo de fotografia, cujos modelos, retóricas e demais elementos constitutivos tiveram, entretanto, uma utilização e disseminação avassaladoras.

Nesta sequência, poderemos também dizer que houve uma grande preocupação em identificar, contextualizar e analisar o que designámos por «eixo infâmia/fama» do retrato judiciário ao longo dos tempos, eixo que considerámos estruturante e paradigmático na análise deste tipo de fotografia, tendo em conta sobretudo as suas raízes arquetípicas e os seus desenvolvimentos mediáticos extremos nos séculos XX e XXI.

Assim, no final deste trabalho, poderemos afirmar que, em grande parte, o enigma dos dois «álbuns FTM» foi desvendado, trazendo novos dados para o conhecimento da fotografia portuguesa do séc. XIX e possibilitando uma nova visão da criminalidade desta época em Portugal. De facto, concluímos estar perante os dois álbuns fotográficos de criminosos mais antigos que se conhecem até hoje em Portugal, elaborados entre 1869 e 1895 pela Polícia Civil de Lisboa com fins de identificação judiciária, sendo, portanto, inéditos e únicos no presente panorama fotográfico português, mas assemelhando-se muito a exemplares similares estrangeiros desta época já conhecidos e estudados noutros países ocidentais. Nesse sentido, tivemos ocasião de verificar que, tal como os seus congéneres sobretudo europeus, os «álbuns FTM» se inserem não só numa linha de atuação estratégica policial com o fito de combater o aumento da criminalidade deste período (inserido num quadro mais vasto de aumento

Infâmia e Fama

demográfico e urbanístico), mas se inscrevem também numa lógica transversal de evolução científica e tecnológica, assim como de crescimento das preocupações taxonómicas, do controlo social biopolítico e da comunicação mediática de finais do séc. XIX.

De facto, no primeiro capítulo, verificámos, no geral, a precocidade do reconhecimento da potencial utilidade do retrato fotográfico para a identificação criminal, quase em simultâneo com a primeira disseminação do advento fotográfico, assim como a sua utilização efetiva por parte de autoridades judiciárias, no mundo ocidental, primeiro de um modo pontual e depois de uma forma cada vez mais sistemática e regulamentada. Vimos que esta utilização e subsequente evolução constituíram uma revolução em termos de resposta ao crescente problema (da reincidência) criminal através de uma substancial melhoria tecnológica nos procedimentos da identificação judiciária.

No capítulo seguinte, compreendemos que os suprarreferidos primeiros retratos judiciários não surgem isolados no seu pragmatismo policial e judiciário, mas que estão inseridos num determinado *Zeigeist* e numa lógica transversal de caráter «científico». Com efeito, testemunhámos que a medicina – sobretudo a psiquiatria –, assim como as várias recém-criadas ciências humanas – sobretudo a etnografia, a antropologia e a criminologia, nas suas diversas interligações –, utilizaram a fotografia de modo bastante semelhante ao do retrato judiciário, imbuídos de um espírito de «objetividade» e com profundas preocupações taxonómicas de estudo e de controlo de diversos «tipos» divergentes do conceito ocidental de «normalidade» de então, seguindo critérios relativos a raça, patologias (mentais) ou comportamentos sociais desajustados.

O terceiro capítulo dedicou-se à análise dos aspetos sobretudo políticos – mas também sociais e jurídicos – que enquadram o aparecimento do retrato judiciário no mundo ocidental, num panorama que abarca os esforços de melhoramento e formalização da organização administrativa e do controlo social por parte dos Estados, perante um acentuado crescimento demográfico, urbanístico, industrial, de mobilidade populacional e de convulsões políticas e sociais que agudizaram os problemas da segurança e da criminalidade no final do séc. XVIII e sobretudo no séc. XIX. Tornando-se centrais, nesta análise, os conceitos de Foucault de «panotismo» e, sobretudo, de «biopolítica», conclui-se que o retrato judiciário constitui uma nova e importante ferramenta panótica e biopolítica de finais do séc. XIX, chegando a ser designado «retrato repressivo» no final do séc. XX (Regener 1999).

O último capítulo da primeira parte identifica e foca o que considerámos um importante paradigma estruturante do retrato judiciário, que designámos por «eixo infâmia/fama». Trata-se de um eixo extremamente ambíguo, por vezes paradoxal, de raízes arquetípicas dificilmente mensuráveis ligadas ao próprio conceito não unívoco de criminoso, tratado frequentemente como «infame», mas também por vezes como «famoso», e como tal profundamente marcante da evolução da produção e da receção do retrato judiciário ao longo dos tempos. Neste capítulo, considerou-se imprescindível um avanço até aos nossos

262

Conclusão

dias, dado o avassalador desenvolvimento mediático das temáticas criminais e policiais e respetiva «remediação», que contaminaram de modo irreversível (e por vezes «glamoroso»)[1] o nosso olhar de séc. XXI perante os retratos em questão.

Uma vez tiradas estas conclusões na primeira parte, estavam criadas as condições para se poder decifrar o «mistério» do caso português dos dois «álbuns fotográficos FTM». Com efeito, após constatar que os primeiros retratos judiciários portugueses anteriormente conhecidos datavam de 1902 e provinham do Posto Antropométrico do Porto, o primeiro capítulo da segunda parte deste trabalho atesta o achamento de retratos portugueses desta tipologia bastante anteriores, datados a partir de 1869 e constantes de dois álbuns fotográficos sem referências institucionais, e como tal enigmáticos, pertencentes a um colecionador particular, FTM. Se o primeiro subcapítulo, dedicado ao enquadramento legal, nos fornece, sobretudo, como conclusão, um grande vazio regulamentar com consequências determinantes, já o segundo nos permite identificar a Polícia Civil de Lisboa (criada em 1867) como instituição mandatária não oficial dos retratos e dos álbuns em questão, recorrendo aos serviços de fotógrafos comerciais de Lisboa devidamente identificados, seguindo, de resto, práticas já hoje conhecidas e muito similares, à época, no mundo ocidental. Tal cenário denota uma preocupação de modernidade e de acompanhamento das práticas e tecnologias mais modernas por parte da também moderna e recém-criada Polícia Civil de Lisboa, embora de modo bastante incipiente, dado o frágil grau de literacia do(s) funcionário(s) que identificámos como mandatado(s) para tal – chefe(s) de esquadra – num país então maioritariamente analfabeto.

Do segundo capítulo desta segunda parte – e antes da análise dos retratos dos «álbuns FTM» propriamente ditos –, concluímos o contexto fotográfico e conceptual em que se inserem: em primeiro lugar, chegamos à conclusão de que os retratos de criminosos dos «álbuns FTM» não se encontram isolados no panorama fotográfico português da época, dado o desenvolvimento da fotografia em Portugal, no geral, e em termos científicos, constatando-se a existência de retratos com características similares, nesse período, de «tipos» humanos, nas áreas da etnografia, medicina e antropologia criminal; em segundo lugar, tomamos conhecimento dos conceitos de «criminoso» por parte da intelectualidade portuguesa da época, que dedicou ao tema um número surpreendentemente elevado de estudos (sobretudo ligados à medicina), que revelam a enorme importância dada à questão e as perspetivas dominantes sob as quais era analisada, com particular ênfase para as teorias de Lombroso. De um modo geral, estes estudos apresentam os criminosos como seres predominantemente degenerados – por motivos biológicos, sociais e/ou psicológicos – e inferiores e desviantes do padrão da normalidade, oriundos das camadas sociais mais desfavorecidas, quase sempre apresentando características ou estigmas físicos negativos. Estes conceitos, que cedo extravasam o meio intelectual, influenciando a imprensa, o discurso público e a opinião pública, não são, porém, resultado de uma influência linear e unilateral, mas também consequência de um movimento inverso,

---

[1] Como procurámos demonstrar ao longo deste trabalho, o *glamour* do criminoso não é exclusivo dos séculos XX e XXI e, muito pelo contrário, acompanhou-o desde tempos primordiais, no citado eixo de infâmia/fama. Nova na nossa época é a dimensão global da escala que essa fama e/ou infâmia atinge.

num processo de contaminação mútua que irá revelar-se determinante para a «construção» dos primeiros retratos judiciários dos «álbuns FTM».

O sétimo capítulo faz uma análise comparativa entre as perceções e representações dominantes da época sobre os criminosos do capítulo anterior e os dados informativos sistematizados retirados das inscrições manuscritas dos retratos FTM – sobretudo no que concerne às tipologias de crimes, profissões e classes sociais de origem dos delinquentes retratados –, concluindo que coincidem, e apontando sobretudo para uma classe perigosa de «gatunos e vadios» como principal problema criminal de Lisboa, muito embora as estatísticas criminais da época e as constantes desordens de raiz política que perturbam a tranquilidade e a ordem públicas da capital neste período apontem noutras direções. A imagem que prevalece, assim, tanto na opinião pública dominante como nas inscrições dos «álbuns FTM», é a de uma «turba medonha» indiferenciada, andrajosa e ameaçadora, constituída por pequenos delinquentes oriundos das classes socialmente mais baixas e com alto potencial criminal.

O capítulo seguinte (o oitavo) demonstra como esta imagem de uma massa criminosa proletária pouco glamorosa e indiferenciada influenciou decisivamente a construção e o resultado das imagens fotográficas dos «álbuns FTM», tanto a nível das convenções como das «correspondências» com os alvos registados. Com efeito, este capítulo «desconstrói» os retratos FTM, começando por fazer uma análise comparativa com o retrato fotográfico então largamente dominante – o modelo do «retrato burguês» ou «de aparato», que invariavelmente procurava apresentar o retratado com dignidade e elevado estatuto social, independentemente de o retratado pertencer à realeza ou à pequena burguesia. Este modelo fotográfico burguês reinante excluía as classes de maior precariedade económica e social, não se baseando apenas em fatores económicos e sociais: o fator estético tinha também grande relevância, na medida em que o «vulgar» e o «feio» estavam excluídos da representação pictórica e, portanto, da fotografia. Como sobretudo os primeiros dois grupos de retratos expostos neste capítulo nos mostram, grande parte dos retratos dos «álbuns FTM» diferencia-se precisamente por incluir o que esse modelo fotográfico burguês excluía, apresentando-nos elementos de uma classe proletária com sinais exteriores de pobreza e total ausência de estatuto social, com aspetos vulgares, descompostos e em desalinho. Tal facto torna estes retratos únicos no panorama fotográfico português da época, a diversos níveis, e deve-se não só a cuidados de objetividade e correspondência com os alvos retratados para fins de identificação criminal, mas também – nunca será demais sublinhá-lo – a preocupações de conformidade e consonância com o estereótipo vigente do «tipo» criminoso tantas vezes repetido pelos criminologistas da época: *monstrum in fronte, monstrum in animo*. Não sendo todos os retratos FTM tão extremados a este nível, há, no entanto, na sua quase totalidade uma (pretensa) ausência de encenação e composição, uma «neutralidade» e «objetividade» que se aproxima do *styleless style* criado pelos primeiros fotógrafos etnográficos, pretendendo «conotar a verdade» (Marien 2002: 39) e que se inscreve numa longa tradição retratista muito anterior à fotografia. Assim, na sua grande maioria, os

Conclusão

retratos FTM conferem uma identificação que pretende ser objetiva, utilitária e burocrática, mas não se interessam pelos indivíduos em si e, como tal, não aprofundam esteticamente esse interesse, resultando em retratos sem «aura», que não pretendem distanciar os retratados do todo estereotipado da classe criminosa da época.

O último capítulo volta a focar de modo muito particular o eixo «infâmia/ /fama» do retrato judiciário, dedicando-se a analisar os retratos de «criminosos célebres» cujas fotografias lograram, excecionalmente, sair do restrito circuito judiciário, sendo disseminadas por uma publicação relativamente importante da época, a *Galeria dos criminosos célebres em Portugal. História da criminologia* (1896-1908), assim como em vários jornais diários da capital, que lhes conferem uma centralidade e um estatuto únicos, ao apresentá-las, em formato aumentado, no centro das suas páginas iniciais. O «redimensionamento» literal e metafórico de que estes retratos específicos são assim alvo, através desta marcante «elevação à celebridade» e desta divulgação importante (atendendo à escala mediática da época), confere aos retratados um rosto, uma narrativa, uma individualidade e, em alguns casos, uma identidade psicológica e até um certo *glamour*. Este importante enquadramento coloca tais retratos específicos num patamar completamente diferenciado dos restantes retratos de criminosos, sublinhando o polo «fama» do eixo «infâmia/fama» e catapultando para as luzes da ribalta retratos de indivíduos, que, a não ser pela sua condição de criminosos invulgares, nunca teriam saído do anonimato e da obscuridade.

Finalmente, na sequência de todas as conclusões que fomos tirando ao longo deste trabalho, estamos em condições de tirar uma última conclusão geral, a partir da comparação entre os álbuns fotográficos de criminosos e os álbuns fotográficos que se tornaram mais comuns no século xx – os álbuns de família, que Marianne Hirsch analisa em *Family frames: photography, narrative, and postmemory* (1997) e Pierre Bourdieu no início de *Photography – A middle-brow art* (1998). Hirsch reconhece e enfatiza o poder por detrás das imagens completamente «construídas» e idealizadas das fotos de família – que pretendem anular todo o tipo de tensões existentes – e Bourdieu atribui ao álbum fotográfico familiar uma relevante função social de agregação e integração, vendo-o como um fator de unificação, um reforço dos laços familiares, algo tido como alvo de reverência, um bem precioso que se herda e se passa de geração em geração como joias de família: «there is nothing more decent, reassuring and edifying than a family album» (Bourdieu 1998: 31).

Perante estas ideias e última afirmação, não podemos deixar de observar que os álbuns fotográficos de criminosos estão no extremo exatamente oposto: pela pesada e poderosa estigmatização que conferem aos retratados, conjuram toda a espécie de conotações negativas, constituindo uma espécie de perigosas caixas de Pandora, cujos conteúdos fotográficos representam um potente fator de insegurança, uma ameaça à ordem social e, sobretudo, um fator de exclusão social ainda hoje porventura incontornável, indestrutível e permanente: «[...] *o retrato judiciário afirma-se como uma imagem indelével que parece selar o destino dos indivíduos*» (About e Denis 2010: 83).

265

Contudo, como vimos mais detalhadamente, sobretudo a partir dos retratos publicados na *Galeria dos criminosos célebres em Portugal* e em vários jornais diários da época, há exceções paradoxais. A exceção da invulgaridade pode conferir celebridade a um criminoso, que, nomeadamente através da divulgação do seu retrato, ganha um certo caráter socialmente inclusivo de fama, muito embora, aparentemente, sem perder o seu estigma de infâmia e de exclusão social. O retrato deste criminoso célebre é, assim, *excluído do conjunto de excluídos*, ganhando um estatuto de dupla exclusão e exceção, que lhe confere enorme fama e, consequentemente, uma certa inclusão social num determinado círculo de celebridades. Como nos diz Agamben: «We shall give the name *relation of exception* to the extreme form of relation by which something is included solely through its exclusion» (Agamben 1998: 18).

Com efeito, se os retratos de criminosos dos «álbuns FTM» trazem, no seu circuito judiciário restrito, apenas infâmia e exclusão social, os que daí foram retirados e constam da *Galeria dos criminosos célebres em Portugal* e dos jornais da época foram como que prodigiosamente catapultados para o extremo oposto, alcançando uma enorme fama – que, *malgré tout*, não logra apagar a infâmia – num percurso mediático e virtual que, como vimos, dá aqui passos determinantes para a multiplicação exponencial e glamorosa que testemunhámos nos séculos XX e XXI.

Poderemos, assim, finalmente concluir, afirmando que tudo o que ficou dito neste trabalho significa que os «álbuns FTM» e os seus retratos fotográficos de criminosos, depois de «desvendados» e contextualizados – no âmbito interdisciplinar dos Estudos de Cultura – constituem um sério contributo para a história da fotografia, da cultura visual e do conhecimento da criminalidade do nosso país, e que o presente estudo, longe de esgotar o filão, surge como um desafio a investigações futuras.

FONTES E BIBLIOGRAFIA

Fontes

Fontes fotográficas (de arquivo):

2 Álbuns fotográficos de criminosos do séc. XIX – Coleção Francisco Teixeira da Mota. Adquiridos no Palácio do Correio Velho, Leilão 88, a 4 de julho de 2000. Lote 10 e Lote 11.

Arquivo Fotográfico Municipal de Lisboa

Arquivo não tratado: Álbum fotográfico de cocheiros de 1896

Arquivo Histórico Fotográfico do Museu de Polícia Judiciária

De IF-95-1 a IF-15-21137

Centro Português de Fotografia – Cadeia da Relação do Porto

Boletins do Posto Antropométrico das Cadeias da Relação do Porto de 1902 a 1905. Consultados em 1998.

Fontes de arquivo:

Arquivos Nacionais /Torre do Tombo (AN/TT)

Arquivo Polícia Civil:
– NT: 2; NP:327; registo de correspondência expedida «Oficios saídos»; 1882-1883
– NT: 3; NP: 328; registo de correspondência expedida «Oficios saídos»; 1883-1885
– NT: 952; NP:1005; Registo dos boletins (dactiloscópicos) 1908 – 1924;

Arquivo Governo Civil:
NT:027; NP:0204; registo de correspondência expedida para autoridades avulsas; 1865-1878
NT:035; NP:0289; registo de correspondência expedida para autoridades subalternas 1868-1870;

Fundo do MNEJ

Maços 205, 301, 303, 305, 381, 382, 393, 403, 443, 506, 526, 702.

Crime Antigo n.º 137 (1870)

Arquivo Nacional Ultramarino

Infâmia e Fama

Arquivo do Tribunal da Relação do Porto

Processo n.º 34511 de 1903-1933, contra o conde de Alves Machado, Maço 177, n.º 1a n.º 15.

Imprensa

Correio da manhã, de 1 de dezembro de 1884 a 31 de outubro de 1885.

Diário de Notícias, janeiro-abril de 1869;

Diário do Governo 1839 – 1915.

Diário Ilustrado, de 1 de julho de 1872 a 31 de março de 1873; 1883: maio; 1886: março; 1887: maio; 1890: de 1 de janeiro a 30 de junho; 1892: julho e agosto; 1893: agosto; 1895: outubro; 1896: janeiro e de 11 de maio a 5 de outubro.

Bibliografia

A Arte Photographica – Revista mensal dos Progressos da Photografia e Artes Correlativas (1884-1885), Porto: Photographia Moderna Editora.

«A Policia de Lisboa» (1897), *Branco e Negro: semanário illustrado*, Lisboa: A. 1, vol. 2, n.º 45 (7 fev.), 298-303.

ABOUT, Ilsen, e Denis, Vincent (2010), *Histoire de l'identification des personnes*, Paris: La Découverte.

AGAMBEN, Giorgio (1998), *Homo Sacer: Sovereign Power and Bare Life* Stanford, Califórnia: Stanford University Press.

––– (2005), *State of Exception*, Chicago and London: Chicago University Press.

ARAÚJO, N. (2008), «Portugal», *Encyclopedia of Nineteenth-Century Photography*. Nova Iorque e Londres: Routledge, 1151-1154.

ARAÚJO, Nuno Borges (2014), «Fotografia científica em Angola no último quartel do séc. XIX: o caso do naturalista José de Anchieta», Vicente, Filipa Lowndes (org.), *O Império da Visão, Fotografia no contexto colonial português (1860-1960),* Lisboa: Edições 70, 1/1-181.

ARENDT, Hannah (1997), «Le process d'Auschwitz», *Auschwitz et Jerusalem*, Paris: Deuxtemps Tierce.

AUGÉ, Marc, DIDI-HUBERMAN, Georges, e ECO, Umberto (2011), *L'expérience des images*, Bry-sur-Marne: INA Éditions.

AUGUSTO, António Ferreira (1902), *Os Postos Anthropometricos – Breve explicação do systema de Mr Bertillon e sua applicação pratica,* Porto: Byblioteca de Criminologia, Typographia Universal.

BARBEDO, Alberto Soares (1960), *A Escola Médica Portuense na História da Criminologia*, Porto: Tipografia Porto.

BAROJA, Julio Caro (1993), *La cara, espejo del alma – Historia de la fisiognómica*, Barcelona: Círculo de Lectores.

BARREIROS, José António (1980), «As instituições criminais em Portugal no séc. XIX: subsídios para a sua história», *Análise Social,* vol. XV1 (63), 3.º, 587-612.

––– (1982), «Criminalização política e defesa do Estado», *Análise Social,* vol. XVIII (72-73-74), 3.º, 4.º e 5.º, 813-828.

Infâmia e Fama

Barrocas, António José de Brito Costa (2014),*Sais De Sangue.O Corpo Foto-grafado: Teoria e prática da fotografia em Portugal (1839-1930).* Tese de Doutoramento em Ciências da Arte pela Faculdade de Belas Artes da Univer-sidade de Lisboa.

Barthes, Roland (2009), *A Câmara Clara. Nota Sobre a Fotografia,* Lisboa: Edições 70.

––– 1977), «The Rhetoric of the Image», Heath, Stephen (ed.) *Image, Music, Text,* New York: Hill and Wang, 32-51.

Batchen, Geoffrey (2008), «A Câmara Clara: Outra pequena história da fotografia», Medeiros, Margarida, org., *Fotografia(s), Revista de comunicação e linguagens,* n.º 39, junho, Lisboa: Centro de Estudos de Comunicação e Linguagens, FCSH da Universidade Nova de Lisboa e Relógio D'Água Editores, 13-26.

Belting, Hans (2014a), *Antropologia da Imagem. Para uma ciência da imagem,* Lisboa: KKYM e Escola de Arquitetura, Universidade do Minho.

––– (2014b), *Faces. Eine Geschichte des Gesichts,* München: C. H. Beck.

Benjamin, Walter (1998), «A Obra de Arte na Era da sua Reprodutibilidade Técnica», Benjamin, Walter, *Textos sobre Arte, Técnica, Linguagem e Política,* Lisboa: Relógio d'Água.

Berlière, Jean-Marc (1998), «Les Archives de police: des fantasmes aux mirages», Chavaud, Fréderic, e Petit, Jacques-Guy, *L'Histoire contemporaine et les usages des archives judiciaires (1800-1939),* Paris: Honoré Champion, 291-304.

––– (2011), *Naissance de la police moderne,* Paris: Perrin.

––– e Fourmié, Pierre (2011), *Fichés? Photographie et Identification 1850-1960,* Paris: Perrin.

Bertillon, Alphonse (1890), *La photographie judiciaire,* Paris: Gauthier-Villars, edição facsimile.

––– (1893), *Identification anthromométrique; instructions signa- létiques,* Paris: Melun.

Bolter, Jay D., e Grusin, Richard (2000), *Remediation – Understanding New Media,* Cambridge Massachussets and London: MIT Press.

Bombarda, Miguel (1896a), *A Pelagra em Portugal: a Tetania, a Catalepsia e a Confusão mental,* Lisboa: tip. do jornal *Dia.*

––– (1896b), *Licções sobre a epilepsia e as pseudo-epilepsias,* Lisboa: Liv. António Maria Pereira

––– (1894), *Contribuição para o Estudo dos Microcephalos,* Lisboa: Typ. da Academia Real das Sciencias.

––– (1877), *Dos Hemispherios Cerebraes e suas Funções Psychicas,* Lisboa: Lallement Frères.

––– (1916), *Licções de Psychiatria: Livro Póstumo, Ornado de Interessantes Fotografias,* Lisboa: Emp. de Publ. Populares.

––– (1892), *Microcephalia,* Lisboa: Medicina Contemporânea.

Bourdieu, Pierre (1998), *Photography a Middle-brow Art,* Cambridge: Polity Press.

Brandão, João (1990), *Apontamentos da vida de João Brandão por ele escritos nas prisões do Limoeiro envolvendo a História da Beira desde 1834,* Lisboa: Vega.

Brilliant, Richard (2002), *Portraiture,* London: Reaktion Books.

Carvalho, Augusto da Silva (1940), *Comemoração do Centenário da Fotografia. Subsídios para a História da Introdução da Fotografia em Portugal*, Sep. Memórias da Academia das Ciências de Lisboa – classe ciências, tomo III, 21-55.

Carvalho, Claudia Lima (2015), «O dia em que Billy "The Kid" jogou croquet com os seus parceiros de crime», jornal *Público* on line http://www.publico.pt/culturaipsilon/noticia/o-dia-em-que-billy-the-kid-jogou-criquete-com-os-seus-parceiros-de-crime-1711529 consultado a 18 de outubro de 2015

Cascais, António Fernando (2014), (org.), *Olhares sobre a Cultura Visual da Medicina em Portugal*, Lisboa: CECL/UNYLEYA

Castello Branco, António de Azevedo (1892), *Cadeias e Manicómios: uma Reforma Necessária*, Lisboa: Imprensa Minerva.

––– (1888), *Estudos Penitenciarios e Criminaes*, Lisboa: Typographia Casa Portuguesa

Castro, Teresa (2014), «O esplendor do atlas: fotografia e cartografia visual do Império no limiar do século xx», Vicente, Filipa Lowndes (org.), *O Império da Visão, Fotografia no Contexto Colonial Português (1860-1960)*, Lisboa: Edições 70, 291- 304.

Cesariny, Mário (1983), *Horta de Literatura de Cordel,* Lisboa: Assírio e Alvim.

Chesnais, Jean-Claude (1981), *Histoire de la violence*, Paris: Editions Robert Laffont.

Chavaud, Fréderic, e Petit, Jacques-Guy (1998), *L'Histoire contemporaine et les usages des archives judiciaires (1800-1939)*, Paris: Honoré Champion

Clarke, Graham (1997), *The Photograph*, Oxford: Oxford University Press

Clode, João José P. Edward (2010), «História da fotografia e da sua aplicação à medicina», *Cadernos Otorrinolaringologia. Clínica, Investigação e Inovação*, Dezembro, 1-23.

Cole, Simon A. (2001), *Suspect Identities – A History of Fingerprinting and Criminal Identification*, Cambridge, Massachusetts, London: Harvard University Press.

Correia, A. A. Mendes (1924), «Antropologia Criminal Integral: o Normal Delinquente e a Crise Moral», *Boletim do Instituto de Criminologia*, V (2), 287-331.

––– (1941), «Notas sobre a fotografia aplicada à antropologia em Portugal», Carvalho, Augusto da Silva, *Comemoração do Centenário da Fotografia. Subsídios para a História da Introdução da Fotografia em Portugal*, Sep. Memórias da Academia das Ciências de Lisboa – classe ciências, tomo III, 123-125.

––– (1931), *A Nova Antropologia Criminal*, Porto, Faculdade de Ciências da Universidade do Porto, Instituto de Antropologia.

––– (1914), *Os Criminosos Portugueses: Estudos de Anthropologia Criminal*, Coimbra: F. França Amado.

Correia, Rita (2012) *Branco e Negro. Semanário ilustrado*. Hemeroteca de Lisboa http://hemerotecadigital.cm-lisboa.pt/RecursosInformativos/Dicionariojornais/Textos/BrancoeNegro.pdf consultado a 15 de setembro 2015

Costa, Afonso (1895), *Commentario ao Codigo Civil Portuguez, vol. I, Introdução. Escolas e Princípios da Criminologia Moderna*, Coimbra: Imprensa da Universidade de Coimbra.

Costa, António Manuel de Almeida (1985), «O Registo Criminal, História. Direito Comparado. Análise político-criminal do Instituto», Suplemento ao *Boletim da Faculdade de Direito da Universidade de Coimbra,* Separata do vol. XXVII, Coimbra: Coimbra, 225-612.

Costa, Fernanda Madalena e Jardim, Maria Estela (coord.) (2014), *100 Anos de Fotografia Científica em Portugal (1839-1939) Imagens e Instrumentos,* Lisboa: Edições 70.

Costa, J. A. Pinto (1993), «História da Dactiloscopia em Portugal», separata de *O Médico,* 1469 (93), 174-175.

Crespo, Jorge (1990), *A História do Corpo,* Lisboa: Difel.

Curto, Diogo Ramada (1995), «Crimes e Antropologia Criminal», *Revista Lusitana,* 13-14, 179-198.

Darwin, Charles (2009), *The Expressions of Emotions in Man and Animals,* London: Harper.

Daston, Lorraine, e Galison, Peter (2010), *Objectivity,* New York: Zone Books.

David, Christian (1975), «A mitologia masculina em relação à feminilidade», Chasseguet--Smirgel, J., *A Sexualidade Feminina – Novas Pesquisas Psicanalíticas,* Petrópolis: Vozes.

Dean, Trevor (2000), (ed.) *The Towns of Italy in the Later Middle Ages,* Manchester and New York: Manchester University Press.

Derrida, Jacques (1995), «Archive Fever: A Freudian Impression», *Diacritics* Vol. 25, n.º 2, John Hopkins University Press, 9-63.

Deusdado, Manuel António Ferreira (1894), *A Antropologia Criminal e o Congresso de Bruxelas,* Lisboa: Imprensa Nacional.

––– (1931), *A Onda do Crime. Etiologia e Profilaxia.* Lisboa: João d'Araújo Moraes, Lda.

––– (1889), *Estudos sobre Criminalidade e Educação: Filosofia e Anthropagogia,* Lisboa: Imprensa de Lucas Evangelista Torres

––– (1889a), «Psicologia Criminal», *Revista de educação e ensino,* vol. IV, 289-307.

Dias, Jorge de Figueiredo, e Andrade, Manuel da Costa (1997), *Criminologia. O Homem Delinquente e a Sociedade Criminógena,* Coimbra: Coimbra Editora.

Didi-Huberman, Georges (2012), *Imagens Apesar de Tudo,* Lisboa: KKYM, acompanhamento do IHA, FCSH, UNL.

––– (2003), *Invention of Hysteria – Charcot and the Photographic Iconography of the Sâlpêtrière,* Cambridge, Massachussetts, London: The MIT Press.

Dumas, Alexandre (1861), *Os Crimes Célebres. Envenenamentos, Parricídios, Assassínios,* Lisboa: Typ. José da Costa.

Durkheim, Émile (1977), *A Divisão do Trabalho Social,* I, Lisboa: Presença.

Edgerton, Samuel (1985), *Pictures and Punishment: Art and Criminal Prosecution during the Florentine Renaissance,* Ithaca, New York: Cornell University Press.

Edwards, Elizabeth (1994), (ed.), *Anthropology & Photography 1860-1920,* New Haven and London: Yale University Press and The Royal Anthropological Institute.

Eiseley, Loren (1961), *Darwin's Century – Evolution and the Men who Discovered it* New York: Anchor Books.

Fontes e Bibliografia

ELLIS, Havelock (1890), *The Criminal*, Nova Iorque: Scribner & Welford.

EMSLEY, Clive (1996), *Crime and Society in England, 1750-1900*, London and New York: Longman.

———, JOHNSON, Eric, e SPIERENBURG, Pieter (ed.) (2004), *Social Control in Europe 1800--2000*, vol. II, Columbus: The Ohio State University.

FATELA, João (1989), *O Sangue e a rua: elementos para uma antropologia da violência em Portugal 1926-1946*, Lisboa: Dom Quixote.

FEHER, Michel (1991), *Fragmentos para una Historia del cuerpo humano* – parte segunda, Madrid: Taurus.

FERNANDES, Paulo Jorge (2014), «A fotografia e a edificação do Estado Colonial: a missão de Mariano de Carvalho à província de Moçambique em 1890», Vicente, Filipa Lowndes, (org.), *O Império da Visão, Fotografia no Contexto Colonial Português (1860-1960)*, Lisboa: Edições 70, 195-210.

FERREIRA, Aurélio da Costa (1922-23), «Anatomia e Criminologia de Criminosos Portugueses», *Boletim do Instituto de Criminologia*, I-II, 1-4.

FERREIRA, J. Bettencourt (1893a), «Antropometria», *Revista de Educação e Ensino*, VIII (6), 245-251.

——— (1893b), «A Identificação Anthropometrica», *Revista de Educação e Ensino*, VIII (11-12), 481-488.

FONSECA, Faustino (1897), *Trez Meses no Limoeiro – Notas da Prisão*, Lisboa: Livraria Bordalo.

«Fotografia portuguesa até aos anos setenta. Notícia breve sobre a História da Fotografia em Portugal» (2004), *Jornal da Exposição A Preto e Branco. Fotografia portuguesa até aos anos setenta*, Centro Português de Fotografia/Câmara Municipal de Tavira.

FOUCAULT, Michel, (1991a), «Politics and the Study of Discourse», Burchell, Graham, e outros, *The Foucault Effect*, Exeter: Harvester Wheatsheaf, 53-72.

——— (2002), FAUBION, James, (ed.), *Power – Essential Works of Foucault 1954-1984*, vol. III, London: Penguin.

——— (2009), SENELLART, Michel, (ed.), *Security, Territory, Population, Lectures at the Collège de France, 1977-1978*, Hampshire and New York: Palgrave Macmillan.

——— (2003), «Society must be defended», *Lectures at the Collège de France 1975-1976*, Fontana, Penguin, 239-264.

——— , (2010), SENELLART, Michel, (ed.), *The Birth of Biopolitics, Lectures at the Collège de France 1978-79*, Hampshire and New York: Palgrave Macmillan.

——— (1978), *The History of Sexuality*, vol. I, An Introduction, New York: Random.

——— (1991b), *Vigiar e Punir: Nascimento da Prisão*, Petrópolis: Vozes.

FRADE, Pedro Miguel (1992), *Figuras do Espanto – A Fotografia Antes da sua Cultura*. Lisboa: Edições Asa.

FREIRE, Basílio Augusto Soares da Costa (1889), *Estudos de Anthropologia Pathologica. Os Criminosos*, Coimbra: Imprensa da Universidade de Coimbra.

——— (1886), *Estudos de Anthropologia Pathologica. Os Degenerados*, Coimbra: Imprensa da Universidade de Coimbra.

Infâmia e Fama

Freire, Pascoal José de Melo (1966), «Ensaio de código criminal – 1789», *Boletim da Administração Penitenciária e dos Institutos de Criminologia*, n.° 18 a n.° 31.

Freud, Sigmund (2012), *Totem and Taboo. Resemblances between the Psychic Lives of Savages and Neurotics*, The Project Gutenberg EBook http://www.gutenberg.org/files/41214/41214-h/41214-h.htm consultado a 21 de setembro 2015

Frias, Caetano Roberto Belarmino do Rosário (1880), *O Crime. Apontamentos para a Sistematização da Criminalidade*, Porto: Tipografia de Alexandre da Fonseca Vasconcelos.

Frizot, M. (1994), «Corps et délits.Une ethnologie des differences», Frizot, M. (dir), *Nouvelle histoire de la photographie*, Paris, Adam Biro / Bordas, 258-271.

Galeria de Criminosos Célebres em Portugal. História da Criminologia Contemporânea sob o Ponto de Vista Descritivo e Científico, (1896 – 1908), 7 volumes, Lisboa: Tipografia Palhares.

Garnot, Benoît (1992), *Histoire et criminalité de l'Antiquité au XXe siècle – nouvelles aproches, Actes du colloque de Dijon-Chenove 3-5 octobre 1991*, Centre d'études historiques sur la criminalité et les déviances, Université de Bourgogne, Editions Universitaires de Dijon.

Gil, Isabel Capeloa (2011), *Literacia Visual, Estudos sobre a Inquietude das Imagens*, Lisboa: Edições 70

Gilardi, Ando (1978), *Wanted, storia, tecnica e estetica della fotografia criminale, signaletica e giudiziara*, Milan: Mazotta.

Ginzburg, Carlos (1980), «Signes, traces, pistes. Racines d'un paradigme de l'indice», *Le Débat*, 6, 3-44.

Gonçalves, Gonçalo Rocha (2007), *A Construção de uma Polícia Urbana (Lisboa 1890--1940) Institucionalização, Organização e Práticas*. Dissertação de mestrado, ISCTE

https://repositorio.iscte-iul.pt/bitstream/10071/632/1/A%20Constru%C3%A7%C3%A3o%20de%20uma%20Pol%C3%ADcia%20Urbana.pdf consultado a 30 de junho 2014.

——— (2012), *Civilizing the police(man): police reform, culture and practice in Lisbon c.1860-1910*, tese de doutoramento policopiada, Milton Keynes: The Open University.

Gonçalves, Luís da Cunha (1913), *As Causas da Criminalidade Segundo a Nova Escola Psico-Patológica*, Coimbra: Imprensa da Universidade de Coimbra.

Hall, Stuart (2012), «The Work of Representaton», Hall, Stuart, (ed.) *Representation: Cultural Representations and Signifying Practices,* London: Sage Publications.

Hamilton, Peter, e Hargreaves, Roger (2001), *The Beautiful and the Damned, the Creation of Identity in Nineteenth Century Photography*, Hampshire, Burlington and London: Lund Humphries and The National Portrait Gallery.

Henisch, Heinz K. e Henisch, Bridget A. (1994), *The Photographic Experience 1839-1914*, Pennsylvania: Penn State Press.

Hevesi, Dennis (2012), «Wilhelm Brass dies at 94; Documented Nazis' Victims» *The New York Times* 24th October http://www.nytimes.com/2012/10/25/world/europe/wilhelm-brasse-dies-at-94-documented-auschwitz.html?_r=0 consultado a 26 de outubro 2012

Hirsch, Marianne (1997), *Family Frames: Photography, Narrative, and Postmemory*, Cambridge: Harvard University Press.

https://criminocorpus.org/en/ consultado a 18 de outubro 2015

«Imagens de Portugal no século xix» (2015), *Visão História* n.º 30, colaboração Museu Nacional de Arte Contemporânea, Paço de Arcos: Medipress.

Ireland, Richard W. (2002), «The Fellon and the Angel Copier: Criminal Identity and the Promise of Photography in Victorian England and Wales», Knafla, Louis A. (ed.), *Policing and War in Europe, Criminal Justice History* vol. 16, Westport, Connecticut, London: Greenwood Press.

Jäger, Jens (2001), «Photography: a means of surveillance? Judicial photography, 1850 to 1900», *Crime, Histoire & Sociétés/Crime, History & Societies* Vol. 5, n.º 1 http:///index1056.html Consultado a 24 de setembro de 2012

Jay, Bill (1991), *Cyanide & Spirits. An Inside-out View of early Photography.* München: Nazraeli Press.

Kaplan, Ann (1997), *Looking for the Other – Feminism, Film, and the Imperial Gaze*, London and New York: Routledge.

Kress, Günther, e Theo van Leeuwen (1996), *Reading Images: The Grammar of Visual Design,* New York: Routledge.

Kurtz, Gerardo (1995), «Sobre el retrato fotográfico y el proyecto fotográfico-policial de Julián de Zugasti», *Archivos de la Fotografia* vol. I, n.º 1, Zarautz, Photomuseum.

Labourieu, Th. (1885), *Les criminels célèbres*, Paris: Jules Rouff.

Lacan, Ernest (1854), «Photographie signalétique ou Application de la photographie au signalement des libérés, par Moreau-Christophe», *La Lumière. Revue de photographie*, n.º 29, 22 juillet.

——— (1986), *Esquisses photographiques*, Paris: Jean-Michel Place.

Lapa, Albino (1954), "Subsídios para a história da Polícia Judiciária" *Investiga*ção: revista mensal de ciência e literatura policial. N. º 11, Lisboa: Sociedade Industrial Gráfica João Pinto, 169-179

——— (1942), *História da Polícia de Lisboa*, Lisboa: PSP e Bertrand.

Lawrence, Paul (2004), «Policing the Poor in England and France, 1850-1900», Emsley, Clive; Johnson, Eric; e Spierenburg, Pieter (ed.), *Social Control in Europe 1800-2000*, vol.II, Columbus: The Ohio State University.

Lemagny, Jean-Claude e Rouillé, André (dir.) (1987), *A History of Photography,* Cambridge, New York, Melbourne: Cambridge University Press.

Lombroso, Cesare; Gibson, Mary, e Rafter, Nicole Hahn (ed.) (2006), *Criminal Man*, Durham and London: Duke University Press.

Lucas, Bernardo (1888), *A Loucura Perante a Lei Penal*, Porto: Barros

Macedo, Francisco Ferraz de (1900), *Bosquejos de anthropologia criminal – Relatorio apresentado a 5 de fevereiro de 1897 ao Ill.mo e Ex.mo Sr. Ministro dos Negocios Ecclesiasticos e de Justiça – IV Congresso de anthropologia criminal dado em Genebra, de 24 a 29 de agosto de 1896*, Lisboa: Imprensa Nacional.

——— (1892), *Crime et criminel. Essai synthétique d'observations anatomiques, physiologiques, pathologiques et psychiques sur les délinquants vivants et morts selon la méthode et les procédés anthropologiques les plus rigoreux,* Lisboa: Imprensa Nacional.

——— (1901), *Os criminosos Evadidos da Cadeia Central do Limoeiro,* Lisboa: Palhares.

——— (1903), *Os Mendigos Criminosos,* Lisboa: Palhares.

MADUREIRA, Nuno (2003), «A estatística do corpo: antropologia física e antropometria na alvorada do séc. XX», *Etnográfica,* VII (2), 283-303.

——— (2005), «Polícia sin ciência: la investigacion criminal en Portugal: 1880-1936», *Política e Sociedad,* 42 (3), 45-62.

MAGALHÃES, Paula Gomes (2014), *Belle Epoque. A Lisboa de Finais do séc. XIX e início do séc. XX,* Lisboa: A Esfera.

MAGLI, Patrizia (1991), «El rosto y el alma», Feher, Michel (ed.), *Fragmentos para una Historia del cuerpo humano* – parte segunda, Madrid: Taurus, 87-127.

MAH, Sérgio (2005), «A imagem cesura – Apresentação», MAH, Sérgio; e CAISSOT, Miguel (ed.) *Lisboa photo: A Imagem Cesura. Catálogo de Exposição LisboaPhoto 2005,* Lisboa: Câmara Municipal de Lisboa, 15-21.

——— (2005), «Corpo diferenciado», MAH, Sérgio; e CAISSOT, Miguel (ed.) *Lisboa photo: A Imagem Cesura. Catálogo de Exposição LisboaPhoto 2005,* Lisboa: Câmara Municipal de Lisboa, 243-253.

——— (2005), (ed.) *Lisboa photo: A Imagem Cesura. Catálogo de Exposição LisboaPhoto 2005,* Lisboa: Câmara Municipal de Lisboa.

MALDONADO, Mário Artur da Silva (s.d.) «Alguns aspectos da história da criminologia em Portugal», separata do n.º 22 do *Boletim da Administração Penitenciária e dos Institutos de Criminologia Lisboa:* Tip. Escola da Cadeia Penitenciária de Lisboa.

MARIEN, Mary Warner (2002), *Photography: A Cultural History,* London: Lawrence King Publishing.

MARTINS, Leonor Pires (2014), «Imaginar o império através da revista ilustrada *O Occidente* (1878-1915)», VICENTE, Filipa Lowndes (org.), *O Império da Visão, Fotografia no Contexto Colonial Português (1860-1960),* Lisboa: Edições 70, 277-289.

MARQUES, Severino de Sant'Anna (1898), *Anthropometria Portuguesa,* Lisboa, Tipografia Minerva.

MARQUES, Tiago Pires (2007), «Da "personalidade criminosa" ao "criminoso perverso". Médicos, juristas e teólogos na crise do positivismo» *Ler História* n.º 53, Lisboa: ISCTE, 135-161.

MARTIN, Paul (1973), *Victorian Snapshots – The Literature of Photography,* New York: Arno Press.

MATOS, Júlio (1889), *A Loucura: Estudos Clínicos e Médico-legais,* S. Paulo: Teixeira & Irmão.

——— (1911), *Elementos de Psychiatria,* Porto: Livr. Chardron de Lello & Irmão.

——— (1884), *Manual das doenças mentais,* Porto: Campos e Godinho.

MATTOSO, José (dir.) (1993 e 1994), *História de Portugal.,* vols. V e VI, Círculo de Leitores.

MEDEIROS, Margarida (2014), (ed.) *Augusto Bobone, Foto-radiografias 1896,* Maia: Fundação EDP e Documenta.

Fontes e Bibliografia

——— (2008), (org.) *Fotografia(s), Revista de Comunicação e Linguagens*, n.º 39, junho, Lisboa: Centro de Estudos de Comunicação e Linguagens, FCSH da Universidade Nova de Lisboa e Relógio D'Água Editores.

Mesquita, Vitória; e Pessoa, José (1997), *Jorge de Almeida Lima, Fotógrafo Amador*, Lisboa: Museu Nacional de Arte Contemporânea, Arquivo Nacional de Fotografia, Instituto Português dos Museus, Ministério da Cultura.

Mitchell, W.J.T. (2007), «Showing Seeing – A critique of visual culture», Mirzoeff, Nicholas (ed.), *The Visual Culture Reader*, London and New York: Routledge, 86-101.

Mulvey, Laura (1975), «Visual Pleasure and Narrative Cinema», *Screen*, 16.3 Autumn, 6-18.

Nadar, Paul (1892), «Progrès et application de la photographie», *Paris photographe*.

Najman, Charlie; e Tourlière, Nicolas (1980), *La police des images,* Paris: Encre.

Natário, Anabela (2015a), «Giraldinha, a gatuna mais famosa do séc. xix», *Expresso* on line http://expresso.sapo.pt/sociedade/2015-09-14-Giraldinha-a-gatuna-mais-famosa--do-seculo-XIX. Consultado a 13 de outubro 2015.

——— (2015b), «Guilhermina Adelaide, a gatuna pianista», *Expresso* on line http://expresso.sapo.pt/sociedade/2015-08-31-Guilhermina-Adelaide-a-gatuna-pianista. Consultado a 13 de outubro 2015.

Neves, Azevedo (1930), *Do valor do retrato na investigação da paternidade, Comunicação feita à Academia das Sciencias de Lisboa em Sessão de 20 de Fevereiro de 1930*, Lisboa: Imprensa Nacional.

Nunes, Maria de Fátima (2005), «Arqueologia de uma prática científica em Portugal – uma história da fotografia», *História – Revista da Faculdade de Letras*, III Série, Vol. 6, 169-183.

Ochoa, Arturo Aguilar (1996), «Fotografias de prostitutas», *La fotografia durante o império de Maximiliano,* México: Universidade Nacional Autónoma de México, 79-91.

Ortigão, Ramalho (1991), *As Farpas. O País e a Sociedade Portuguesa*, tomo VII «A capital 1871-1888», Porto: Clássica Editora.

Pais, José Machado (1983), «A prostituição na Lisboa boémia dos inícios do século xx», *Análise Social* vol. XIX (77-78-79) 3.º, 4.º, 5.º, 939-960.

Palácio do Correio Velho (2000), catálogo do Leilão n.º 88, de 4 de julho.

Pavão, Luís (1990), *The Photographers of Lisbon: Portugal from 1886 to 1914*, Rochester (NY): University Educational Services at International Museum of Photography at George Eastman House.

Pereira, Artur; e Silva, Nuno (2012), «Elementos para a história da Polícia de Investigação Criminal – século xix a 1945», *Investigação Criminal* n.º 4, Lisboa: ASFIC.

Pereira, Rui (1987), «O Desenvolvimento da Ciência Antropológica na Empresa Colonial do Estado Novo», *O Estado Novo das Origens ao Fim da Autarcia*, vol. II, Lisboa: Fragmentos, 89-106.

Peres, Isabel Marília (2014), «Fotografia médica», Costa, Fernanda Madalena e Jardim, Maria Estela (coord.), *100 Anos de Fotografia científica em Portugal (1839-1939) Imagens e instrumentos*, Lisboa: Edições 70, 111-147.

Perloff, Marjorie (1998), *Poetry on & Off the Page – Essays for Emergent Occasions*, Evanston, Illinois: Northwestern University Press.

Pessoa, Alberto (1914), *A Fotografia Métrica na Prática Judiciária I – Fotografia nos Locais,* Coimbra: França e Arménio livreiros editores.

––– (1929), *Guia de Técnica Policial,* Coimbra: Imprensa da Universidade de Coimbra.

––– 1940), «História da Introdução em Portugal dos Métodos Científicos de Investigação Criminal», *Congresso do Mundo Português,* vol. XVII, 709-722.

Phéline, Christian (1985), «L'image accusatrice», *Les Cahiers de la Photographie* 17, Lasclèdes, Brax, ACCP e Laplume.

Piazza, Pierre (2011 a), *Aux origines de la police scientifique, Alphonse Bertillon, pré-curseur de la science du crime,* Paris: Karthala.

––– (2004), *Histoire de la carte nationale d'identité,* Paris: Odile Jacob.

––– , e Ceyhan, Aye (2011 b), *L'identification biométrique: champs, acteurs, enjeux et controverses,* Paris: Maison des sciences de l'homme.

Piers, Beirne (1987*),* «Adolphe Quetelet and the Origins of Positivist Criminology», *American Journal of Sociology 92(5),* 1140–1169.

Pimentel, J. Cortez (1996), *A Documentação pela Imagem em Medicina. História da sua Utilização em Lisboa,* Lisboa: Universitária Editora.

Pina, Ana Maria (2007), «Criminosos, crianças e selvagens. A maldade humana, na cultura portuguesa, no ocaso do século XIX», *Ler História* n.º 53, Lisboa: ISCTE, 113-134.

Pina, Luiz de (1936), *A Identificação Humana em Portugal. História e Realizações,* Porto: Tip. da Enciclopédia Portuguesa Lda.

––– (1966), «Doutrinas criminológicas e sistemas carcerários em Portugal. Aspectos histórico-críticos», *Boletim da Administração Penitenciária e dos Institutos de Criminologia,* n.º 19, 2.º semestre, 39-107.

Pinheiro, Alexandre Sousa; e Oliveira, Jorge Meneses (1995), «O Bilhete de Identidade e os Controlos de Identidade», separata da *Revista do Ministério Público,* 60, 16-17.

Pinheiro, Nuno (1997), «Classes populares na fotografia do início do século XX», *Ler História* n.º 32, Lisboa: ISCTE, 65-82.

––– (2006), *O Teatro da Sociedade – Fotografia e Representação Social no Espaço Privado e no Público,* Lisboa: CEHCP, ISCTE.

Poignant, Roslyn (1994), «Surveying the Field of View: The Making of the RAI Photographic Collection», Edwards, Elizabeth (ed), *Anthropology & Photography 1860-1920,* New Haven and London: Yale University Press and The Royal Anthropological Institute, 42-73.

Pommier, Édouard (1998), *Théories du Portrait. De la Renaissance aux Lumières,* Paris: Gallimard

Pontos nos iis, (1886) 2.º anno, 25 de março.

Portela, Arthur (1903), «O Posto Anthropométrico Junto da Cadeia Civil do Porto», *Revista Amarela,* n.º 4, 59-60.

Porto, João (1941), «Eugenismo e Hereditariedade», separata de *Semanas Sociais Portuguesas,* 7-21.

Priestman, Martin (ed) (2012), *The Cambridge Companion to Crime Fiction,* Cambridge: Cambridge University Press.

Fontes e Bibliografia

PROCTOR, Robert (1988), «From Anthropology to Rassenkunde», Stocking, George W. (org.), *Bones, Bodies, Behaviour*, University of Wisconsin, Madison, 138-179.

PRODGER, Phillip (2009), «Photography and *The Expressions of Emotions*», Darwin, Charles, *The Expressions of Emotions in Man and Animals* London: Harper, 399-410.

RAMOS, Rui (1994), *História de Portugal. A Segunda Fundação (1890-1926)*, Mattoso, José, (direc.), vol.VI, Círculo de Leitores.

RANCIÈRE, Jacques (2003), *Le destin des images*, Paris: La Fabrique éditions.

REDMENT, Sean; e HOLMES, Su (ed.) (2007), *Stardom and Celebrity, A Reader*, London: Sage.

REGENER, Susana (1999), *Fotografische Erfassung: zur Geschichte medialer Konstruktionen des Kriminellen*, München: Wilhelm Fink Verlag.

——— (1992), «Verbrecherbilder. Fotoporträts der Polizei und Physionomierung des Kriminellen», *Etnologia Europea*, n.º 22, 67-85.

RELVAS, José (1977), *Memórias políticas*, Lisboa: Terra Livre.

Revista Amarella, scientifica, litteraria e ilustrada, (1903-04), Moreira, Manuel, e Taborda, Annibal, (ed.), Lisboa: Posto Anthropometrico Central de Lisboa.

Revista d'Anthropologia Criminal. Boletim do Posto Anthropometrico junto das Cadeias da Relação do Porto (1902), Augusto, António Ferreira, e Viegas, Luiz de Freitas (ed.).

Revista Jurídica, (1892 – 1893) Lucas, Bernardo (dir.), Porto: Typographia Oriental.

ROCHA, M.A. Tavares (1985), «Antropologia Criminal», *Cem Anos de Antropologia em Coimbra*, Instituto de Antropologia – Universidade de Coimbra.

ROQUE, Ricardo (2001), *Antropologia e Império: Fonseca Cardoso e a Expedição à Índia*, Lisboa: Imprensa de Ciências Sociais.

ROSE, Gillian (2007), «The good eye – Looking at pictures using compositional interpretation», Rose, Gillian, *Visual Methodologies – An Introduction to the Interpretation of Visual Materials*, London, Thousand Oaks and New Delhi: Sage, 35-106.

ROUILLÉ, André (1989), *La Photographie en France – Textes & Controverses: une Anthologie 1816-1871*, Paris: Macula.

——— e MARBOT, Bernard (1986), *Le corps et son image – photographies du dix-neuvième siècle*. Paris: Contrejour.

——— (1984), «Les images photographiques du monde du travail sous le Second Empire», *Actes de la Recherche en Sciences Sociales*, n.º 1, volume 54.

SÁ, Leonor (2012), «Dimensões performativas do retrato judiciário: elaboração, receção – e autonomia retórica», *Comunicação & Cultura* n.º 14, Lisboa: Centro de Estudos de Comunicação e Cultura da Universidade Católica Portuguesa/BonD, 125-158.

——— (1995), «O Arquivo Histórico Fotográfico do Museu do Instituto Nacional de Polícia e Ciências Criminais», Lisboa, *Boletim da Associação para o Desenvolvimento da Conservação e Restauro*, n.º 3, novembro.

——— (2015), «Estado, Repressão, Identidade e Corpo: Antecedentes de uma relação íntima em Portugal 1821-1872», https://ucp.academia.edu/LeonorS%C3%A1 consultado a 15.10.2015

SANTANA, Noeme (2014), «Olhares britânicos: Visualizar Lourenço Marques na ótica de *J and M Lazarus*, 1899-1908», Vicente, Filipa Lowndes (org.), *O Império da Visão, Fotografia no contexto colonial português (1860-1960)*, Lisboa: Edições 70, 211-222.

Santos, Jorge Costa (2005), «Memórias e imagens do desvio e do corpo desviante – fotogramas do espólio da Delegação de Lisboa do Instituto Nacional de Medicina Legal», *Lisboaphoto: a imagem cesura. Catálogo de exposição LisboaPhoto 2005*, ed. Mah, Sérgio, e Caissot, Miguel. Lisboa: Câmara Municipal de Lisboa, 255-263.

––– (2010), «Corpo desviante: um olhar médico-legal», *Corpo, Estado, Medicina e Sociedade no Tempo da I República: Catálogo*, Lisboa: Imprensa Nacional Casa da Moeda, 139-149.

Santos, Maria José Moutinho (2006), «A introdução da Polícia Civil em Portugal: entre projectos e realidade, os equívocos de uma política de segurança», *Lei e Ordem: Justiça Penal, Criminalidade e Polícia (séculos XIX-XX)*. Lisboa: Livros Horizonte.

––– (1999), *A Sombra e a Luz*, Porto: Afrontamento.

––– 2007), «Os menores no Porto: entre o desamparo e o crime (1880-1911)», *Ler História* n.° 53, Lisboa: ISCTE, 71-92.

Segal, David (2013), «Mugged by a Mugshot on line», *The New York Times*, 5 outubro, http://www.nytimes.com/2013/10/06/business/mugged-by-a-mug-shot-online.html consultado a 6 de outubro 2013.

––– (2013), «Mug-Shot Websites, Retreating or Adapting», *The New York Times*, 9 novembro, http://www.nytimes.com/2013/11/10/your-money/mug-shot-web-sites-retreating-or-adapting.html?ref=technology&_r=1& consultado a 10 de novembro de 2013.

Sekula, Allan (1986), «The Body and the Archive», *October*, 39, MIT Press, 3-64.

Sena, António (1998), *História da Imagem Fotográfica em Portugal*, Porto: Porto Editora.

––– (1991), *Uma História de fotografia*, Lisboa: Europália 91 – Portugal, Imprensa Nacional Casa da Moeda.

Serén, Maria do Carmo (2010), «A doença de viajar: Portugal no roteiro das excursões fotográficas dos anos 60 do século XIX», *Cem Cultura, Espaço & Memória: revista do CITCEM*, n.° 1, 73-86.

––– (2009), *A Fotografia em Portugal*, Rodrigues, Dalila (dir.) *A arte portuguesa da pré-história ao século XX*, s.l., Fubu Editores, IGESPAR, IMC.

––– , e Molder, Maria Filomena (1997), *Murmúrios do Tempo*, Porto: Centro Português de Fotografia.

Silva, Susana Serpa (2003), *Criminalidade e Justiça na Comarca de Ponta Delgada – Uma Abordagem com Base nos Processos Penais (1830-1841)*, Ponta Delgada: Instituto Cultural de Ponta Delgada.

Silva, Xavier da (1916), *Os Reclusos de 1914: Estudo Estatístico e Antropológico*, Lisboa: Oficinas Gráficas da Cadeia Nacional.

Siza, Teresa; e Serén, Maria do Carmo (2001), *Tripé da Imagem – Porto e os seus Fotógrafos*, Porto: Porto Editora.

Sontag, Susan (2003), *Regarding the Pain of Others*, Nova Iorque: Picador.

––– (1979), *On Photography*, London: Penguin.

Stigler, Stephen M. (1999), «Galton and Identification by Fingerprints», *Statistics on the Table*, Harvard: Harvard University Press, 131-140.

Fontes e Bibliografia

Sturken, Marisa; e Cartwright, Lisa (2001), «Practices of Looking: Images, Power, and Politics», *Practices of Looking: An Introduction to Visual Culture,* Oxford: Oxford University Press.

Sueur, Laurent (1994), «La fragile limite entre le normal et l'anormal: lorsque les psychiatres français essayaient, du xix ème siècle, de reconnaître la folie», *Revue historique,* n.° 591, 31-51.

Tagg, John (1988), *The Burden of Representation: Essays on Photographies and Histories.* Minneapolis: University of Minnesota Press.

Tavares, Emília (2010), «O Retrato: entre pose e posses, entre a fotografia e a pintura» *Columbano,* Lisboa: Leya/MNAC-MC.

——— e Medeiros, Margarida (2015), *Tesouros da Fotografia Portuguesa do século xix,* catálogo, Lisboa: MNAC – SEC.

Tomás, Paula (2013), revisão científica de Romão, Miguel «A Antropometria e a Fotografia na Identificação de Presos», Homem, A. P. B. e outros (ed.), *Cadeia do Limoeiro – Da Punição dos Delinquentes à Formação dos Magistrados,* Lisboa: Centro de Estudos Judiciários, 93-103, http://www.cej.mj.pt/cej/recursos/ebooks/outros/cadeia_do_limoeiro_exposicao_2013.pdf consultado a 3 de novembro 2013.

Tuttle, Harris (1961), «History of Photography in Law Enforcement», *Finger Print and Identification Magazine,* outubro, Chicago: The Institute of Applied Science, 3-28.

Vaz, Maria João (1998), *Crime e Sociedade,* Oeiras, Celta Editora.

——— (1997), «Crime e Sociedade em Portugal no final do século xix», *Ler História* n.° 32, Lisboa: ISCTE, 33-64.

——— (2014), *O Crime em Lisboa 1850-1910,* Lisboa: Tinta da China/CEHC – IUL.

——— (2007), «Prevenir o crime: o corpo da Polícia Civil de Lisboa», *Ler História* n.° 53, Lisboa: ISCTE, 9-46.

Vicente, Filipa Lowndes (org.) (2014), *O Império da Visão, Fotografia no Contexto Colonial Português (1860-1960),* Lisboa: Edições 70.

——— (2014), «Viagens entre a Índia e o arquivo: Goa em fotografias e exposições (1860--1930)», Vicente, Filipa Lowndes (org.), *O Império da Visão, Fotografia no contexto colonial português (1860-1960),* Lisboa: Edições 70, 319-342.

Vieira, Lopes (1904), «A Anthropometria e os Tribunais Criminais», *Revista Amarela,* n.° 5, 68-70.

West, Shearer (2004), *Portraiture. Oxford History of Art.* Oxford and New York: Oxford University Press.

Wiener, Martin (1990), *Reconstructing the Criminal – Culture, law, and policy in England, 1830-1914,* Cambridge, New York, Port Chester, Melbourne, Sydney: Cambridge University Press.

Wittgenstein, Ludwig (1987), *Tratado lógico-filosófico * Investigações Filosóficas,* Lisboa: Fundação Calouste Gulbenkian.

Wright, Terence (1994), «Photography: Theories of Realism and Convention», Edwards, Elizabeth, (ed.), *Anthropology & Photography 1860-1920,* New Haven and London: Yale University Press and The Royal Anthropological Institute, 18-31.